STARK

Training
Abschlussprüfung

2019

Realschule Niedersachsen

Deutsch

Bildnachweis

Fotolia:
S. 1 (unten) und 16 © Kurt MISAR, S. 5 © LianeM, S. 14 © runzelkorn, S. 34 © Stephan Koscheck, S. 39 © Sandor Jackal, S. 42 © Marty Kropp, S. 60 © Timothy Stone, S. 61 © Julian Weber, S. 64 © awhelin, S. 83 © Evgeny Korshenkov, S. 85 (rechts) und 145 (oben) © Bobo Ling, S. 89 © corepics, S. 97 © TimM, S. 100 © Dusan Kostic, S. 103 © amridesign, S. 106 © Daniel Gale, S. 114 © rekemp, S. 130 © Suprijono Suharjoto, S. 145 (Mitte) und 151 © Heike Rau, S. 155 © Irina Fischer, S. 164 © julien tromeur, S. 113

iStockphoto:
S. 1 (Mitte), 4 und 59 © Chris Schmidt, S. 11 © Monika Adamczyk, S. 23 © Andrea Krause, S. 37 © George Peters, S. 46 © Nikolay Stoilov, S. 76 © Steve Pepple, S. 85 (links) © viki2win, S. 87 (links) © Gene Chutka, S. 95 © Boris Yankov, S. 98 © nicholas belton, S. 115 © Roberto A Sanchez, S. 120 © Dan Brandenburg, S. 123 © Huseyin Turgut Erkisi, S. 124 © Cat London, S. 126 © Miroslav Ferkuniak, S. 127 © rusm

Dreamstime:
S. 6 und 166 (oben) © Sebastian Czapnik, S. 47 © Massimo Valicchia, S. 75 © Andrew Kazmierski, S. 104 © Ron Chapple Studios, S. 125 © Jan Martin Will, S. 153 © Dtvphoto, S. 166 (Mitte) © Monkey Business Images

Shutterstock:
S. 1 (oben) und 71 © Andrea Danti, S. 24 © Anthonycz, S. 25 © jorgen mcleman, S. 31 © sharpner, S. 32 © Morphart Creation, S. 44 © Claudia Naerdemann, S. 48 © Kalenik Hanna, S. 53 © ArtFamily, S. 72 © Ase, S. 117 © Stefan Schurr

ullstein bild:
S. 9 © TopFoto, S. 87 © Imagebroker.net (Mitte), © Vision Photos (rechts), S. 94 © Reuters picture alliance: S. 93 © dpa-infografik, S. 149 und 157 © dpa

Sonstige:
S. 20 © INTERFOTO / Moore, S. 21 © imago / Manngold, S. 22 © Verlag Herder, S. 63 © Jean Scheijen / www.vierdrie.nl, S. 78 © John Foxx Collection / Imagestate, S. 79 © Radiat-r, CC BY-SA 3.0, S. 91 © Digitalpress, S. 145 (unten) und 159 © imago / Xinhua, S. 148 © Jochen Hätty / www.skyphab.com

Tonnachweis

Track 1, Übung 60: Zwischen Bingo und Seifenduft. © 2011 Deutschlandradio (Andrea Lueg, 16. 04. 2011), Länge: 4 min 12 sek.

Track 2, Übung 61: Sibylle Berg: Hauptsache weit. In: Dies.: Das Unerfreuliche zuerst. Herrengeschichten. Kiepenheuer & Witsch, Köln 2001.; Sprecherin: Carolin Graml, Länge: 5 min 07 sek.

Track 3, Übungsaufgabe 1: Summ, summ, summ. © Vattenfall; Interview: Jessica Martin, Länge: 2 min 05 sek.

Track 4, Übungsaufgabe 2: Ein Roboter zieht alleine los. © Deutschlandradio (Christine Ricken, 22. 8. 2012), Länge: 3 min 49 sek.

Track 5, Abschlussprüfung 2018: Studenten-Oscar für "Invention of trust, Alexander Schaad". Deutschlandradio Kultur, 30.08.2016; Länge: 4 min 26 sek.

© 2018 Stark Verlag GmbH
9. ergänzte Auflage
www.stark-verlag.de

Das Werk und alle seine Bestandteile sind urheberrechtlich geschützt. Jede vollständige oder teilweise Vervielfältigung, Verbreitung und Veröffentlichung bedarf der ausdrücklichen Genehmigung des Verlages. Dies gilt insbesondere für Vervielfältigungen, Mikroverfilmungen sowie die Speicherung und Verarbeitung in elektronischen Systemen.

Inhalt

Interaktives Prüfungstraining
Vorwort

Die Abschlussprüfung – 10 wichtige Fragen und Antworten

A   Training Grundwissen

Lesekompetenz 3

1	Den Leseprozess steuern	3
2	Leseaufgaben lösen	6
2.1	Geschlossene Aufgaben lösen	6
2.2	Halboffene Aufgaben lösen	13
3	Sachtexte verstehen	17
3.1	Die Absicht des Verfassers erkennen	17
3.2	Arten von Sachtexten unterscheiden	19
3.3	Nichtlineare Texte lesen: Tabellen und Diagramme ...	24
4	Literarische Texte verstehen	31
4.1	Epische Texte untersuchen	31
4.2	Gedichte untersuchen	41
5	Die sprachliche Gestaltung beurteilen	48
5.1	Die Sprachebene bestimmen	48
5.2	Auf die Wortwahl achten	49
5.3	Den Satzbau berücksichtigen	51
5.4	Sprachbilder erkennen	51
5.5	Ironie richtig deuten	53

Schreibkompetenz 55

6	Den Schreibprozess steuern	55
7	Schreibaufgaben lösen	62
7.1	Offene Fragen zu einem Text beantworten	62
7.2	Den Inhalt eines Textes zusammenfassen	67
7.3	Einen Text analysieren	73
7.4	Eine literarische Figur charakterisieren	81
7.5	Texte vergleichen	82
7.6	Einen argumentativen Text schreiben: Erörterung und Stellungnahme	86
7.7	Einen informierenden Text verfassen	90
7.8	Produktiv-kreative Texte schreiben	95

Inhalt

8	**Einen Text überzeugend gestalten**	**100**
8.1	Geschickt formulieren	100
8.2	Zitate gezielt einsetzen	102
9	**Richtig schreiben**	**104**
9.1	Rechtschreibung	104
9.2	Zeichensetzung	107

Kompetenz Sprachwissen und Sprachbewusstsein ... **109**

10	**Wortarten unterscheiden**	**110**
10.1	Nomen	112
10.2	Adjektive	115
10.3	Pronomen	116
10.4	Verben	118
11	**Satzglieder und Satzbau beherrschen**	**125**
11.1	Sätze untergliedern	125
11.2	Hauptsätze und Nebensätze unterscheiden	126
11.3	Sätze verbinden	128
11.4	Relativsätze geschickt nutzen	130
11.5	„Das" und „dass" auseinanderhalten	131

Kompetenz Hörverstehen ... **133**

Merkwissen: Stilmittel; Arbeitsaufträge (Operatoren) ... **140**

B   Übungsaufgaben im Stil der Abschlussprüfung

Übungsaufgabe 1 –
Thema: „Urban Gardening – Gärtnern in der Stadt"

Hörverstehen	147
Basisteil	149
Wahlteil	154

Übungsaufgabe 2 –
Thema: „Roboter"

Hörverstehen	156
Basisteil	159
Wahlteil	164

Inhalt

C Original-Prüfungsaufgabe

Realschulabschluss/Sekundarabschluss I – Deutsch 2018
Thema: „Der gläserne Mensch"

Hauptteil 1:	Hörverstehen	2018-1
Hauptteil 2:	Basisteil	2018-5
Wahlteil:	A Informierend-appellierender Text	2018-12
	B Informierend-appellierender Text	2018-15

Audiodateien

A Training Grundwissen

Übung 60 *(4:12 Min.)*	Track 1
Übung 61 *(5:07 Min.)*	Track 2

B Übungsaufgaben im Stil der Abschlussprüfung

Übungsaufgabe 1 *(2:05 Min.)*	Track 3
Übungsaufgabe 2 *(3:49 Min.)*	Track 4

C Original-Prüfungsaufgabe

Hörverstehen Abschlussprüfung 2018 *(4:26 Min.)*	Track 5

Autorin: Marion von der Kammer (Training und Übungsaufgaben)

Hinweis: Dieses Buch ist in **zwei Versionen** erhältlich: mit und ohne ActiveBook. Die Ausgabe **mit ActiveBook** (Best.-Nr. 31540**ML**) erkennst du an dem Ausklappbogen vorne im Buch und am ActiveBook-Button auf der Umschlagvorderseite.

Im Folgenden findest du das Inhaltsverzeichnis zum ActiveBook. Die **Symbole**, die du am Rand siehst, findest du auch auf anderen Seiten im Buch wieder. Sie zeigen dir, zu welchen Kompetenzbereichen es im ActiveBook **zusätzliche interaktive Aufgaben** gibt.

Inhalt Interaktives Prüfungstraining

- für Computer und Tablet
- online (mit Zugangscode) oder von CD

Inhalt

eText
Das komplette „Training Grundwissen" dieses Buchs in digitaler Form mit vielen Zusatzfunktionen, wie z. B. Navigation, Zoom, Verlinkungen

Interaktive Aufgaben
Aufgaben mit Tipps, Feedback und sofortiger Auswertung zu allen Bereichen der Prüfung:

    Thema: „Fast Fashion"

    Hauptteil I
    1 Hörverstehen

    Hauptteil II
    2 Basisteil

    Wahlteil
    3 Wahlteil A: Leserbrief
    4 Wahlteil B: Informierender Artikel für die Schülerzeitung

    Aufsatzhilfe
    5 Rechtschreibung und Zeichensetzung
    6 Ausdruck und Stil

Flashcards
Interaktive Lernkarten zu wichtigen Fragen und Fehlerschwerpunkten

Digitales Glossar
Einfaches und schnelles Nachschlagen von Fachbegriffen, wie z. B. Textsorten, Stilmittel, Grammatikwissen

Vorwort

Liebe Schülerin, lieber Schüler,

dieses Buch hilft dir, dich selbstständig und effektiv auf die **Realschul-Abschlussprüfung im Fach Deutsch in Niedersachsen** vorzubereiten. Wenn du die einzelnen Kapitel gründlich durcharbeitest, bist du für alle Anforderungen der Prüfung sicher gut gerüstet.

▶ Im Kapitel „**Die Abschlussprüfung – Training und Tipps**" erfährst du, welche Strategien und Kernkompetenzen von dir in der Prüfung erwartet werden. Dir wird gezeigt, wie die einzelnen Aufgaben aussehen können und wie sie Schritt für Schritt zu bearbeiten sind. Wichtige **TIPPs**, praktische Übersichten **Auf einen Blick** und zahlreiche Hinweise (gekennzeichnet mit ✏) helfen dir, nichts zu vergessen und ein gutes Ergebnis zu erzielen.

▶ Anhand von einzelnen **Übungen** kannst du trainieren, wie du mit möglichen Aufgabenstellungen umgehen kannst und wie du sie erfolgreich löst.

▶ Fachbegriffe, die du aus deinem Deutschunterricht kennst und die in der Prüfung vorkommen könnten, solltest du dir mithilfe des **Merkwissens** noch einmal in Erinnerung rufen.

▶ Mit den anschließenden **Übungsaufgaben im Stil der Prüfung** trainierst du selbstständig, wie du die Prüfungsaufgaben erfolgreich bearbeiten kannst. Am besten führst du zu Hause schon einmal eine „eigene" Prüfung durch. Das hilft dir auch bei der Zeiteinteilung während der Prüfung.

▶ Am Schluss findest du die **Original-Prüfungsaufgabe** aus dem Jahr **2018**. Sie zeigt dir genau, was du in der Prüfung zu erwarten hast, und unterstützt dich so bei der gezielten Vorbereitung.

Zu diesem Buch gibt es ein **Lösungsheft** im A5-Format (Bestell-Nr. 31540L). Es enthält ausführliche Lösungsvorschläge zu allen Aufgaben und hilfreiche Hinweise und Tipps zur Bearbeitung.

Weitere zentral gestellte **Original-Prüfungsaufgaben** mit Lösungen zum Üben findest du in unserem Band „Realschule 2019 – Original-Prüfungsaufgaben mit Lösungen" (Best.-Nr. 315401).

Wichtig: Sollten nach Erscheinen dieses Bandes vom Kultusministerium noch **Änderungen** für die Abschlussprüfung 2019 bekannt gegeben werden, findest du aktuelle Informationen dazu im Internet unter:
www.stark-verlag.de/pruefung-aktuell

Viel Spaß beim Üben und vor allem viel Erfolg in der Prüfung!

Die Abschlussprüfung – 10 wichtige Fragen und Antworten

Wann findet die Abschlussprüfung statt?

1 In Niedersachsen kannst du **am Ende der 10. Klasse** an der zentral gestellten Abschlussprüfung teilnehmen, um den **Sekundarabschluss I – Realschulabschluss** zu erwerben. Die Abschlussprüfung umfasst je eine schriftliche Arbeit in Deutsch und Mathematik sowie in einer Fremdsprache. In Deutsch findet die Prüfung am **Freitag, den 26. April 2019** statt.

Was wird im Fach Deutsch geprüft?

2 Die Abschlussprüfung im Fach Deutsch ist eine **schriftliche Prüfung**, die aus **zwei Teilen** besteht: einem **Pflichtteil**, der von jedem Schüler zu bearbeiten ist, und einem **Wahlteil**, bei dem du aus zwei Aufgaben auswählen kannst. Alle Materialien und Aufgaben drehen sich um **denselben Themenschwerpunkt**.

▶ Die Prüfung beginnt mit einem für alle verbindlichen Aufgabenteil zum **Hörverstehen (Hauptteil 1)**. Dabei wird dir ein Hörtext zweimal vorgelesen oder vorgespielt. Nach dem ersten Durchgang darfst du dir Notizen machen. Die Aufgaben zum Hörverstehen erhältst du erst nach dem zweiten Anhören des Beitrags. Es handelt sich um geschlossene oder halboffene Aufgaben.

Danach folgt ein **Basisteil (Hauptteil 2)**, der ebenfalls für alle Prüflinge verpflichtend ist. Er umfasst meist **mehrere Materialien**, z. B. Sachtexte, literarische Texte, Grafiken, Tabellen, Bilder oder Karikaturen. Hierzu werden dir halboffene Aufgaben gestellt. Das heißt, es werden kurze bis mittellange Antworten von dir erwartet.

▶ Im **Wahlteil** entscheidest du dich für einen der beiden Aufgabenvorschläge. Dabei handelt es sich um offene Aufgaben, genauer gesagt um **Schreibaufträge**, zu denen du einen längeren Text ausformulieren sollst. Nutze dabei deine Ergebnisse aus dem Basisteil. In der Regel erhältst du im Wahlteil auch noch **weiteres Text- oder Bildmaterial**, das du berücksichtigen sollst.

Wie läuft die Prüfung ab?

3 Zur Bearbeitung der Prüfungsteile hast du insgesamt **180 Minuten** Zeit, also drei volle Stunden. Hinzu kommen weitere **15 Minuten**, um die beiden Alternativen des Wahlteils zu sichten und dich für eine der Möglichkeiten zu entscheiden. Diese **Auswahl** erfolgt gleich zu Beginn der Prüfung. Triff deine Entscheidung aber **nicht übereilt**! Den Wahlteil, den du nicht bearbeiten möchtest, streichst du gut sichtbar durch und kannst dich später nicht mehr umentscheiden.

Welche Aufgabentypen kommen dran?

4 Es kommen verschiedene Arten von Aufgaben vor: Im ersten Teil der Prüfung musst du geschlossene und halboffene Aufgaben zum Hör- und Leseverstehen lösen; der anschließende zweite Prüfungsteil besteht aus offenen Schreibaufgaben.

▶ Bei **geschlossenen Aufgaben** gibt es in der Regel keinen Spielraum, d. h., es ist nur genau eine Antwort richtig. Meist handelt es sich um Multiple-Choice-Aufgaben, bei denen du aus einer Reihe von Aussagen die richtige auswählen musst.

Die Abschlussprüfung – 10 wichtige Fragen und Antworten

- Bei **halboffenen Aufgaben** sind Fragen kurz und treffend mit eigenen Worten zu beantworten. Es kann auch sein, dass du Tabellen ausfüllen musst. Wenn nicht ausdrücklich gesagt wird, dass Stichworte genügen, werden von dir immer vollständige Sätze erwartet.
- Bei **offenen Aufgaben** musst du ausführliche Antworten formulieren. In der Regel bekommst du dazu mehrere Teilaufgaben, die du nach und nach bearbeitest, um so einen zusammenhängenden Aufsatz zu schreiben.

Wie gehst du am besten vor?

5 Verschaffe du dir zuerst einen **Überblick**. Dazu überfliegst du die Texte und die Aufgaben einmal. Entscheide dich dann für einen Wahlteil. Anschließend **liest** du die Materialien **genau** durch und stellst Überlegungen zu den einzelnen Aufgaben an. Am besten nimmst du schon **Markierungen** vor und vermerkst **Stichworte** am Rand. Danach bearbeitest du Schritt für Schritt die Aufgaben.

Ist die Reihenfolge der Aufgaben festgelegt?

6 Grundsätzlich kannst du die Aufgaben in beliebiger Abfolge bearbeiten. Es empfiehlt sich aber, die **vorgegebene Reihenfolge** einzuhalten. Die Aufgaben des Basisteils, die zuerst kommen, bereiten dich nämlich auf den Aufsatz vor, den du später im Wahlteil schreiben sollst. Gehst du der Reihe nach vor, fällt dir also das Schreiben des Textes meistens leichter.

Wird auch die Rechtschreibung gewertet?

7 Ja! Die **Sprachrichtigkeit** fließt in die Benotung ein. Dazu wird ein sogenannter Fehlerquotient errechnet, indem die Zahl deiner Fehler mit 100 multipliziert und dann durch die Anzahl der Wörter geteilt wird, die du geschrieben hast. Je höher der Quotient ausfällt, desto weniger Punkte erhältst du. Bemühe dich daher unbedingt, deine Antworttexte möglichst **fehlerfrei** (Rechtschreibung und Zeichensetzung) und **grammatisch korrekt** zu schreiben, Wiederholungen zu vermeiden und dich **präzise und angemessen** auszudrücken.

Welche Hilfsmittel sind erlaubt?

8 Du darfst ein **Wörterbuch** benutzen. Es hilft dir, wenn du nicht genau weißt, wie ein Wort geschrieben wird oder welche Bedeutung ein Wort hat.

Wie kannst du dich auf die Prüfung vorbereiten?

9 Beginne deine Vorbereitung möglichst **frühzeitig** und übe **kontinuierlich**. Mit diesem Buch kannst du deine Fertigkeiten im Fach Deutsch **ab Klasse 9** gezielt trainieren und somit effektiv auf Klassenarbeiten und die Abschlussprüfung am Ende der Klasse 10 hinarbeiten. Um gut vorbereitet zu sein, solltest du die Kapitel des Buches allerdings nicht nur überfliegen, sondern sie **aktiv durcharbeiten**.

Wie wird die Prüfung bewertet?

10 Die Bewertung der schriftlichen Prüfung erfolgt durch die Vergabe von Punkten. In der Regel sind insgesamt **46 Punkte** zu erreichen. Diese verteilen sich normalerweise folgendermaßen:

- 6 Punkte entfallen aufs **Hörverstehen**.
- 12 Punkte werden für die Sprachrichtigkeit vergeben, also für korrekte **Rechtschreibung und Zeichensetzung** sowie für **Grammatik und Ausdruck**.
- Die restlichen 28 Punkte verteilen sich in **unterschiedlicher Gewichtung** auf den **Basis-** und den **Wahlteil**. Wie viele Punkte bei einer Aufgabe maximal zu erreichen sind, ist jeweils angegeben.

▶ **Training
Grundwissen**

Lesekompetenz

Was muss man können? Was wird geprüft?

Ein Text (lat. *textus*: Gewebe) ist ein komplexes Geflecht, dessen Botschaften gar nicht so leicht zu verstehen sind. Ein guter Leser muss Folgendes können:

- **Wörter erlesen:** Er muss Buchstabenfolgen zu dem entsprechenden Wort zusammenfügen (z. B. *B – a – u – m* zu *Baum*).
- **Bedeutungen kennen:** Er muss sein Erfahrungswissen mit den Wörtern im Text verknüpfen (muss also z. B. wissen, was ein Baum ist).
- **Zusammenhänge herstellen:** Die Wörter in einem Text beziehen sich aufeinander und bilden Sinnzusammenhänge. Diese Zusammenhänge muss der Leser erkennen und verstehen.
- **Leerstellen füllen:** Ein Verfasser kann einen Sachverhalt nie lückenlos darstellen – und oft will er das auch gar nicht. Deshalb muss der Leser das, was „zwischen den Zeilen" steht, ergänzen. Er muss also **Schlussfolgerungen ziehen** und ableiten können, was **nicht** ausdrücklich gesagt wird.

Die ersten beiden Punkte werden normalerweise vorausgesetzt. **Geprüft** wird vor allem, ob du Zusammenhänge herstellen kannst, und zwar …

- **textinterne Zusammenhänge** zwischen Wörtern und Sätzen sowie
- **textübergreifende Zusammenhänge** zwischen Textinformationen und deinem Erfahrungswissen.

1 Den Leseprozess steuern

Gewöhne dir an, einen Text **dreimal zu lesen**, ehe du anfängst, die Aufgaben zu bearbeiten. Keine Angst: Was dir wie Zeitverschwendung erscheinen mag, ist in Wirklichkeit Zeitersparnis! Denn diese Zeit sparst du später beim Lösen der Aufgaben. Hinzu kommt, dass du einen Text auf diese Weise besonders gut verstehen kannst. Im Übrigen sind die Texte (oder Textauszüge), die dir in der Prüfung vorgelegt werden, ohnehin nur von begrenztem Umfang.

4 LESEKOMPETENZ

Schritt für Schritt

Richtig lesen

Arbeitsschritt 1 **Überfliege** den Text. Lies ihn zügig durch. Es macht nichts, wenn du noch nicht alles verstehst. Finde zunächst nur Antworten auf diese Fragen und notiere sie:
- Um was für eine Art von Text handelt es sich? Bestimme die **Textsorte**. (Eine Übersicht über die wichtigsten Textsorten findest du auf S. 19 und S. 33 f.).
- Worum geht es in dem Text? Bestimme das **Thema**.
- Was ist die **Absicht des Verfassers**? Will er sachlich informieren, den Leser unterhalten oder einen Sachverhalt kommentieren? (vgl. S. 17)

Arbeitsschritt 2 **Lies** den Text **ganz genau**. Markiere Stellen, die dir bedeutsam erscheinen, und kennzeichne sie mit **!**. Bei Textstellen, deren Sinn dir noch unklar ist, notierst du **?**.

Arbeitsschritt 3 Danach stellst du folgende Überlegungen an:
- Welche **Schlüsselwörter** gibt es in dem Text? (vgl. Tipp S. 5)
- Was ist die **Kernaussage** (die „Botschaft")?
- In wie viele **Sinnabschnitte** lässt sich der Text untergliedern? Markiere Stellen, an denen ein neuer Gedanke oder Inhalt auftaucht, mit ⌐. Notiere am Rand, mit welchem (Unter-)Thema sich jeder Abschnitt befasst. *Achtung*: Nicht immer entspricht ein Sinnabschnitt einem Absatz im Text.
- Wie lauten wichtige **allgemeine Aussagen**? (vgl. Tipp S. 5)
- Wo wird die Darstellung durch **Beispiele** veranschaulicht? (vgl. Tipp S. 5)

Arbeitsschritt 4 **Lies** den Text **selektiv**. Wirf noch einmal gezielt einen Blick auf die Textstellen, die du mit **?** gekennzeichnet hast. Versuche, ihren Sinn jetzt zu klären.

Übung 1 Lies den Text „Ruhelos im Großraumbüro" einmal überfliegend, einmal genau und einmal selektiv. Löse dann die Aufgaben auf der nächsten Seite.

1 In modernen Großraumbüros ist Lärmschutz angesagt. Die Störungen am Arbeitsplatz nehmen dadurch allerdings nur zu – weil nun die Gespräche der
5 Kollegen besser zu hören sind.
70 Prozent aller befragten Büroangestellten sind „oft bis immer" durch Geräusche und Gespräche abgelenkt. Das ergab eine Studie der Hochschule
10 Luzern. Dabei wird eine Unterhaltung von Kollegen störender empfunden als mechanischer Lärm. Besonders gravierend ist die Situation in modernen Großraumbüros. Hier hat die verbesserte
15 Dämpfung des Geräuschpegels durch leisere Geräte und Schallschlucker zu einer paradoxen Situation geführt: Stimmen treten noch deutlicher hervor.
Am wenigsten geschätzt werden trendige
20 „Multi-Space-Büros" mit einer Aufteilung in Zonen wie „Arbeiten", „Nachdenken", „Kommunizieren": Das stete Nomadisieren zwischen den Zonen erschwert es den Beschäftigten, wirklich
25 zur Ruhe zu kommen. Beliebt ist hingegen das klassische Kombi-Büro: zwei separate Arbeitsräume mit dazwischen liegender Kommunikationszone.

Quelle: Gruner + Jahr, Geo; www.presseportal.de/pm/7861/1581681

Den Leseprozess steuern | 5

Tipp

Achte beim Lesen eines **Sachtextes** auf diese fast immer vorhandenen Elemente:

- **Schlüsselwörter:** Sie fallen besonders auf – entweder, weil sie mehrmals wiederholt werden oder weil sie einem anderen Sprachgebrauch angehören als die übrigen Wörter im Text (z. B. Umgangssprache statt Standardsprache, Fachbegriffe statt Alltagswörter).
- **Allgemeine Aussagen:** Sie vermitteln die wesentlichen Informationen und beziehen sich auf Sachverhalte, die grundsätzlich gelten oder als Verallgemeinerungen zu verstehen sind. Oft stehen sie im Plural oder enthalten verallgemeinernde Wörter (z. B. *man*).
- **Erläuterungen:** Sie führen allgemeine Aussagen genauer aus, oft mithilfe eines Beispiels.
- **Beispiele:** Beispiele sind konkrete Einzelfälle. Sie veranschaulichen allgemeine Aussagen, liefern aber keine neuen Informationen.

Aufgaben

1. Nach dem **überfliegenden Lesen:** Bestimme …

   Textsorte: _____

   Thema: _____

   Absicht des Verfassers: _____

2. Nach dem **genauen Lesen:** Gib das jeweils Geforderte an.

   Schlüsselwörter: _____

   Kernaussage: _____

   _____

   Anzahl der Sinnabschnitte: _____

   Unterthemen: _____

   _____

   _____

   Allgemeine Aussagen: _____

   _____

   _____

   Beispiele: _____

   _____

3. Nach dem **selektiven Lesen**: Erkläre den Sinn dieser Wörter.

   mechanischer Lärm (Z. 12): _____

   Multi-Space-Büro (Z. 20): _____

   Nomadisieren (Z. 23): _____

   Kombi-Büro (Z. 26): _____

   Kommunikationszone (Z. 28): _____

LESEKOMPETENZ

Interaktive Aufgaben: Basisteil

2 Leseaufgaben lösen

In der Prüfung werden dir **drei Arten von Aufgaben** zum Leseverstehen vorgelegt, um festzustellen, ob du die Sinnzusammenhänge in einem Text verstanden hast: **geschlossene**, **halboffene** und **offene** Aufgaben. Löse die geschlossenen Aufgaben möglichst zuerst. In der Regel kostet es nämlich mehr Zeit, die halboffenen oder offenen zu lösen.

Hinweis: Das Lösen von offenen Aufgaben gehört genau genommen zu den Schreibaufgaben. Deshalb findest du die Erläuterungen dazu im Kapitel „Schreibkompetenz" ab Seite 62.

2.1 Geschlossene Aufgaben lösen

Geschlossene Aufgaben sind so gestellt, dass es für die richtigen Antworten praktisch keinen Spielraum gibt. Das Prinzip ist immer gleich: Auf eine Frage ist jeweils nur **eine einzige Antwort** möglich und richtig.

Schritt für Schritt

Geschlossene Aufgaben lösen

Arbeitsschritt 1   Zur Vorbereitung:
- **Lies** den Text zweimal durch: einmal überfliegend und einmal genau (vgl. S. 4).
- Wirf einen Blick auf die **Aufgaben**, damit du weißt, worauf du beim Lesen achten musst. Lies den Text dann selektiv (vgl. S. 4).

Arbeitsschritt 2   Bearbeite die **Aufgaben**:
- Halte dich an die gegebene **Reihenfolge**, denn das Bearbeiten der ersten Fragen bereitet dich auf die schwierigeren Aufgaben am Schluss vor.
- **Lies** jede Aufgabe **ganz genau** durch. Erst wenn du hundertprozentig verstanden hast, wonach gefragt wird, kannst du die passende Antwort finden.

Arbeitsschritt 3   Arbeite **mit dem Text:**
- Orientiere dich immer **am Text**, spekuliere nicht! Stelle dir bei jeder Aussage, die du ankreuzt, die Frage: *Wo steht das im Text?*
- Aber nicht jede Antwort steht wortwörtlich im Text. Suche dann nach einer Aussage, die **sinngemäß** zur Frage passt.
- Manchmal musst du auch **mehrere Informationen** im Text miteinander kombinieren, um die richtige Antwort zu finden.

Arbeitsschritt 4   Sollte **am Schluss** noch eine ungelöste Aufgabe übrig bleiben, dann **sei mutig:** Kreuze die Aussage an, die dir am wahrscheinlichsten vorkommt. Vielleicht kommt dir der Zufall zu Hilfe und du landest einen Treffer.

Auf den folgenden Seiten lernst du die **verschiedenen Arten von geschlossenen Aufgaben** kennen, die dir gestellt werden können.

Leseaufgaben lösen

Multiple-Choice-Aufgaben

Es wird eine Frage gestellt; dazu gibt es mehrere Auswahlantworten (meist vier), von denen die richtige angekreuzt werden muss. Multiple-Choice-Aufgaben (= Mehrfachwahlaufgaben) können sich auf einzelne Inhalte, aber auch auf die Textsorte, sprachliche Besonderheiten oder die Absicht des Verfassers beziehen. Auch nach Falschaussagen (welche Aussage *nicht* zutrifft) kann gefragt werden.

Beispiel

Warum solltest du mutig sein, wenn eine Aufgabe am Schluss noch ungelöst geblieben ist? Kreuze die passende Aussage an.

- [ ] Man darf keine Aufgabe ungelöst lassen.
- [ ] Es ist egal, ob die Lösung stimmt oder nicht.
- [X] Vielleicht kreuzt man zufällig die richtige Aussage an.
- [ ] Ungelöste Aufgaben machen einen schlechten Eindruck.

Tipp

> Gehe nach dem **Ausschlussverfahren** vor, wenn du beim Lösen einer Multiple-Choice-Aufgabe unsicher bist: Überlege, welche Antworten auf keinen Fall infrage kommen, und sondere sie aus. Von den verbliebenen Auswahlantworten kreuzt du die an, die dir am plausibelsten erscheint.

Richtig-/Falsch-Aufgaben

Zu einem Text werden mehrere Aussagen präsentiert. Jede Aussage ist auf ihre Richtigkeit hin zu überprüfen: Passt sie zum Text – oder nicht? Entsprechend muss jeweils angekreuzt werden.

Beispiel

Wie sollte man beim Lösen von geschlossenen Aufgaben vorgehen? Kreuze an.

Man sollte …	trifft zu	trifft nicht zu
jede Aufgabe ganz genau lesen.	X	
im Text nach der passenden Information suchen.	X	
sich vor allem an seinem Erfahrungswissen orientieren.		X
nur Aussagen ankreuzen, die wortwörtlich im Text stehen.		X
sich möglichst an die gegebene Reihenfolge halten.	X	

Tipp

> Deine Antworten sollten **eindeutig** sein. Falls du einmal etwas falsch angekreuzt hast, streichst du es durch. Die richtige Lösung kannst du dann z. B. so kennzeichnen: *richtige Lösung* → X .

Geschlossene Fragen

Es werden Fragen gestellt, auf die es nur eine bestimmte Antwort gibt. Die richtige Antwort muss jeweils aufgeschrieben werden. Manchmal ist sie auch in eine Lücke einzutragen. In der Regel genügen dabei Stichworte.

Beispiel

Nenne den deutschen Begriff, den man anstelle des Wortes *Multiple-Choice-Aufgabe* verwenden könnte.

Mehrfachwahlaufgabe

LESEKOMPETENZ

Umordnungsaufgaben

Du erhältst ungeordnete Aussagen zum Text. Deine Aufgabe ist es, sie in die richtige Reihenfolge zu bringen. In der Regel sollst du die Aussagen nummerieren.

Beispiel

Die Erläuterungen zu den Aufgaben, mit denen die Lesekompetenz geprüft wird (S. 6 ff.), geben Antworten auf verschiedene Fragen. In welcher Reihenfolge werden diese Fragen im Text beantwortet? Nummeriere sie entsprechend.

Nummer	Frage
2	Welche Arten von Aufgaben gibt es, um die Lesekompetenz zu testen?
4	Wie können Beispiele für geschlossene Aufgaben aussehen?
1	Was soll anhand von geschlossenen Aufgaben geprüft werden?
3	Wie solltest du beim Lösen von geschlossenen Aufgaben vorgehen?

Zuordnungsaufgaben

Es werden bestimmte Aussagen zu einem Text gemacht. Zugleich werden einige Bezugsgrößen genannt, z. B. Namen von Personen. Bei jeder Aussage ist zu prüfen, auf was oder wen sie sich bezieht.

Beispiel

Worauf beziehen sich die folgenden Aussagen?
Trage den passenden Buchstaben in die Tabelle ein.

- **A** Multiple-Choice-Aufgaben
- **B** Richtig-/Falsch-Aufgaben
- **C** Geschlossene Fragen
- **D** Umordnungsaufgaben
- **E** Zuordnungsaufgaben

Buchstabe	Aussage
B	Man prüft bei jeder Aussage, ob sie zum Text passt oder nicht.
C	Man bekommt eine Frage, die man kurz und knapp beantwortet.
D	Man sortiert ungeordnet vorliegende Aussagen zum Text.
A	Man kreuzt von mehreren Auswahlantworten die passende an.
E	Man bestimmt, worauf sich verschiedene Aussagen zum Text beziehen.

Auf einen Blick

Was du bei geschlossenen Aufgaben beachten solltest	
Multiple-Choice-Aufgaben	Es darf nur eine Aussage angekreuzt werden.
Richtig-/Falsch-Aufgaben	Mache in jeder Zeile ein Kreuz.
Geschlossene Fragen	Die Antworten findest du in der Regel wortwörtlich im Text.
Umordnungsaufgaben	Überlege dir zu jedem Textabschnitt eine mögliche Zwischenüberschrift *(Worum geht es hier?)* und ordne sie passend den vorliegenden Aussagen zu.
Zuordnungsaufgaben	Suche Textstellen, in denen die Bezugsgrößen (z. B. Namen) genannt werden. Im Umfeld dieser Textstellen findest du meist die passende Aussage – allerdings ist der Wortlaut oft etwas anders.

Lies den Text „O Sohle mio!" und bearbeite dann die Aufgaben.

Übung 2

O Sohle mio[1]!

1 [...] Freitags ist Chucks-Tag an der Lakewood Elementary School[2] in Modesto, Kalifornien. Morgens entscheidet der graubärtige Schuldirektor Doug Fraser,
5 welches Modell von seinen 104 Paaren er anziehen wird: Das mit den Zebrastreifen? Oder dem Batman-Print? Fluoreszierendes Grün oder Disco-Glitter? Auch die Schüler tragen freitags Chucks.
10 Wer Glück hat und eine ähnliche Farbe wie der Schuldirektor wählt, gewinnt einen Preis. „Das nimmt den Kids die Hemmungen, sich mit mir zu unterhalten", sagt Fraser. Und während sich
15 der 56-jährige Vorzeigepädagoge lächelnd für ein pflaumenblaues Modell entscheidet, rotiert irgendwo auf einem Friedhof an der Ostküste der USA Joey Ramone in seinem Grab.
20 Der Chuck Taylor All Star, kurz Chuck genannt, steckt in einem Dilemma[3]. Über Jahrzehnte hinweg war dieser Schuh ein Symbol von Rebellion und Ausdruck von Individualität. James
25 Dean trug ihn, Joey Ramone trug ihn, Kurt Cobain trug ihn sogar, als er starb. Und plötzlich sind Chucks Mainstream[4] geworden. Es gibt sie in allen Farben des Regenbogens: Der Schuh soll nicht
30 mehr zur Lebenseinstellung, sondern zur Handtasche passen. [...]
Das aktuelle Comeback haben The Strokes eingeläutet, die 2001 einfach mal die Uniform der Punk-Urgesteine Ra-
35 mones kopierten: Lederjacke, Röhrenjeans und Chucks. Die Schuhe machten danach genauso rasant Karriere wie die Band. Zunächst waren sie die Lieblingstreter von Künstlern und Kreativen,
40 die sie aus Understatement[5]-Gründen überstreiften. Kein Schuhmodell sagt so schön „Ist mir doch egal, was du über mich denkst." Außerdem verleihen sie selbst Mittvierzigern eine gewisse Jun-
45 genhaftigkeit, da kann das Haar noch so schütter sein und das Hemd noch so sehr um den Bauch spannen.

**Harry Potter trägt Chucks –
wie konnte das passieren?**

50 Die Gummisohle marschiert weiter, aus den Clubs und den Werbeagenturen hinein in den Alltag. Wer heute zur Hauptverkehrszeit in einer beliebigen Stadt U-Bahn fährt, zählt mindestens
55 fünf Paar Chucks pro Waggon. Alternde Linke und Teenies mit Emocore-Buttons auf dem Rucksack tragen sie genauso wie Mütter und Kleinkinder im Partnerlook. Sogar Harry Potter – der
60 Gegenentwurf zu cool – war in „Der Orden des Phönix" in Chucks zu sehen. Spätestens seit Carine Roitfeld, Chefredakteurin der französischen Vogue[6], 2007 in einem goldenen Paar bei den
65 Fashion Shows in Mailand erschien, sind Chucks gesellschaftsfähig. Die österreichische Außenministerin Ursula Plassnik kombinierte ihre Converse prompt zum schwarzen Hosenanzug.
70 Wie konnte das geschehen?
Rückblick: 1908 gründete Marquis Converse in Massachusetts die „Converse Rubber Shoe Company", die zunächst Gummistiefel herstellte, später auch
75 Sportschuhe. Der Legende nach kontaktierte im Jahr 1921 der Basketballspie-

ler Charles „Chuck" Taylor die Firma, um Verbesserungsvorschläge zu machen. Er ließ unter anderem den Con-
80 verse-Sticker mit seinem Logo auf die Innenseite des Schuhs nähen, um die Knöchel der Spieler zu schützen. Die Erfolgsgeschichte begann, nachdem die amerikanische Basketballmannschaft in
85 Converse Chucks 1936 erstmalig olympisches Gold einfuhr.

Doch Sport allein hätte diesen Schuhen nie einen so unglaublichen Siegeszug ermöglicht. Der Rock'n'Roll, er war es.
90 Schon Elvis hatte schnell kapiert, dass die „Blue Suede Shoes", die guten Sonntagsschuhe, zu schade und zu unbequem waren, um damit auf der Bühne herumzuspringen. In den sechziger
95 Jahren trafen sich die Beach Boys in pastellfarbenen Hemden am Strand und verpassten dem erstmals niedrig geschnittenen All-Star-Modell „Oxford" kalifornische Lässigkeit.

100 **Der Schuh für alle Außenseiter**
In den späten Sechzigern tauchten auch Yoko Ono und John Lennon in Chucks auf. Genau wie viele andere Hippies, die sie mit Peace-Zeichen bemalten und
105 Blumen durch die Schnürbandösen flochten. In den Siebzigern beanspruchten die Punks die Chucks für sich. Schwarz mussten sie sein, logisch, der Schuh wurde so lange mit Tape oder Si-
110 cherheitsnadeln geflickt, bis er endgültig auseinanderfiel. In den Achtzigern paarten Hard-Rocker wie Van Halen ihre Chucks mit engen Streifenhosen. In den Neunzigern ergänzten Chucks das
115 Grunge-Outfit: Eddie Vedder und Kurt Cobain trugen sie zu zerlöcherter Jeans und Holzfällerhemd.

Auch im Kino steckten die Chucks bevorzugt an den Füßen von Außensei-
120 tern oder unbequemen Helden. Etwa in den Achtziger-Filmen wie „The Breakfast Club" und „Fast Times At Ridgemont High". In „Trainspotting" (1996) trug sie Ewan McGregor in seiner Rolle
125 als Junkie Renton.

Es scheint, als ob jede Generation den Schuh wieder neu für sich entdeckt. Das aktuelle Comeback sprengt jedoch alle Ausmaße. Zum ersten Mal besteht die
130 Gefahr, dass ein Massenkult das Image erstickt. […]

Rebellenmythos recycelt
Im Hause Converse hat man die Gefahr erkannt. Obwohl die Verkaufszahlen
135 durch die Decke knallen, lancierte die Company eine gigantische Imagekampagne in 75 Ländern. Ein Versuch, den alten Rebellenmythos in die Zukunft zu retten. Auf Schwarzweißporträts wirbt
140 Converse mit Helden von gestern wie James Dean, Sid Vicious oder Hunter S. Thompson. […]

Vielleicht hätten sich die Marketing-Strategen aber gar nicht so ins Zeug le-
145 gen müssen. Denn die größte Stärke des Chucks liegt ganz woanders – im Design. Ein einfacher, schöner, bequemer Schuh – genau das, wonach sich Menschen in hochtechnisierten Zeiten
150 sehnen.

Und selbst wenn alle Chucks-Fans ihre Treter jetzt entnervt nach hinten ins Regal schieben, ist eines sicher: Irgendwann holt sie ein gelangweilter Teenie
155 hervor und beginnt in den Schulstunden auf dem Stoff herumzukritzeln. Wie ein Boomerang wird der Schuh dann wieder da sein und sein nächstes Comeback feiern.

160 Immerhin ist den Chucks das gelungen, was vielen Politikern bislang versagt blieb: flächendeckende Demokratisierung! Ob es der Punk ist, der vor dem Bahnhof sein Dosenbier trinkt, oder die
165 Chefredakteurin der Vogue. In Chucks riechen alle Füße gleich.

Quelle: Iris Soltau, SPIEGEL Online vom 14.07.2008; www.spiegel.de/einestages/100-jahre-turnschuhkult-a-949397.html

Anmerkungen
1 *O Sohle mio!*: Die Überschrift spielt auf einen italienischen Schlager an, der vor vielen Jahren populär war: *O sole mio*. Die italienischen Worte bedeuten: *Meine Sonne* (*sole*: Sonne; *mio*: mein).
2 *Elementary School*: Grundschule
3 *Dilemma*: die Auswahl zwischen zwei Möglichkeiten, die beide schlecht sind
4 *Mainstream*: etwas, das allgemein üblich ist, das der Meinung oder dem Geschmack der Mehrheit entspricht
5 *Understatement*: Untertreibung; hier: das Gegenteil von seriöser, eleganter Kleidung
6 *Vogue*: Titel einer französischen Modezeitschrift

Leseaufgaben lösen | 11

Aufgaben

1. Multiple-Choice-Aufgaben
   a) Welches Signal sendete man früher damit aus, dass man Chucks trug? Kreuze die passende Aussage an.
      ☐ Ich lege Wert darauf, nach der neuesten Mode gekleidet zu sein.
      ☐ Durch meine Schuhe hebe ich mich von der Masse meiner Mitmenschen ab.
      ☐ Ich möchte für Schuhe möglichst wenig Geld ausgeben.
      ☐ Bei Schuhen achte ich vor allem auf Bequemlichkeit.

   b) Welche Absicht verfolgt der Verfasser hauptsächlich mit seinem Text? Kreuze die passende Aussage an.
      In erster Linie will der Verfasser …
      ☐ den Leser mit einer Geschichte unterhalten.
      ☐ den Leser über ein Modephänomen informieren.
      ☐ den Leser zum Tragen von Chucks auffordern.
      ☐ den Imagewandel von Chucks kritisieren.

2. Richtig-/Falsch-Aufgabe

   Welche Aussagen über Chucks lassen sich aus dem Text ableiten und welche nicht? Kreuze entsprechend an.

	trifft zu	trifft nicht zu
a) Früher wurden Chucks vor allem von Außenseitern getragen.	☐	☐
b) Heute werden Chucks von vielen Menschen getragen.	☐	☐
c) Chucks werden besonders von Sportlern bevorzugt, die ihre Knöchel schonen wollen.	☐	☐
d) Wer Chucks trägt, kommt leicht mit anderen ins Gespräch.	☐	☐
e) Ältere Leute, die Chucks tragen, wirken dadurch oft jünger.	☐	☐

3. Geschlossene Fragen
   a) Wie heißt der Gründer der Firma, in der Chucks hergestellt werden? Nenne seinen Namen.

   _____

   b) In welchem Jahr wurde die Firma gegründet?

   _____

   c) Womit begann die Erfolgsgeschichte der Chucks? Stichworte genügen.

   _____

4. Umordnungsaufgabe

Bringe die folgenden Aussagen in die richtige zeitliche Reihenfolge. Nummeriere sie entsprechend. Beginne beim frühesten Ereignis mit der 1.

Nummer	Aussage
	a) Eine Musikband machte die Chucks von Neuem populär.
	b) Der Basketballspieler Charles „Chuck" Taylor setzte bei der Herstellerfirma Verbesserungsvorschläge durch.
	c) In Filmen wurden Chucks von Außenseitern und rebellischen Helden getragen.
	d) Die amerikanische Basketballmannschaft gewann in Chucks erstmalig olympisches Gold.
	e) Rock'n'Roll-Sänger trugen Chucks auf der Bühne.
	f) Chucks sind heute Schuhe für jedermann.
	g) Marquis Converse gründete die „Converse Rubber Shoe Company" in Massachusetts.

5. Zuordnungsaufgabe

Ordne die folgenden Aussagen den passenden Personen zu. Trage die Buchstaben in die linke Spalte ein. Ein Buchstabe bleibt übrig.

A Hippies
B Künstler und Kreative
C Männer mittleren Alters
D The Strokes
E der Schulleiter einer amerikanischen Grundschule
F Harry Potter
G Yoko Ono und John Lennon
H Punks
I eine österreichische Außenministerin

Buchstabe	Aussage
	a) Sie trug Chucks einmal zu einem Hosenanzug.
	b) Er trägt Chucks immer freitags.
	c) Sie trugen Chucks in der Farbe Schwarz.
	d) Sie haben das aktuelle Comeback der Chucks eingeleitet.
	e) Er trug Chucks in einem Film.
	f) Sie dekorierten ihre Chucks mit dem Peace-Zeichen.
	g) Sie wirken durch Chucks direkt noch etwas jungenhaft.
	h) Sie tragen Chucks aus Gründen des Understatements.

Tipp

Verharre nicht bei Aufgaben, deren Lösungen dir Kopfzerbrechen bereiten, sondern **überspringe** sie erst einmal. Bearbeite zügig alle Aufgaben, die du sicher lösen kannst, damit du nicht unnötig Zeit verlierst. **Am Schluss** kehrst du noch einmal zu den **ungelösten Aufgaben** zurück und versuchst, sie doch noch zu lösen.

2.2 Halboffene Aufgaben lösen

Bei halboffenen Aufgaben sollst du die **Antwort** auf eine Frage mit **eigenen Worten** zum Ausdruck bringen. Auswahlantworten werden nicht vorgegeben. Du hast beim Lösen von halboffenen Aufgaben deshalb einen gewissen **Spielraum:** Ganz bestimmte Formulierungen werden nicht von dir erwartet.

Halboffene Aufgaben lösen — *Schritt für Schritt*

Arbeitsschritt **1** — Lies jede Aufgabe **genau durch**, um zu verstehen, wonach gefragt wird. Auch bei halboffenen Aufgaben müssen die Antworten sowohl zur Aufgabenstellung als auch zum Text passen.

Arbeitsschritt **2** — Arbeite mit dem **Text**. Beziehe dich bei deinen Antworten auf passende Textstellen, um nachzuweisen, dass deine Lösungen richtig sind.

Arbeitsschritt **3** — Zur **Form** der Antworten:
- Antworte immer in **vollständigen Sätzen** – selbst wenn du nicht dazu aufgefordert wirst. Das macht einen besseren Eindruck und du vermeidest Unklarheiten und Missverständnisse. Stichwortartige Antworten schreibst du nur, wenn das ausdrücklich verlangt wird.
- Bezüglich der **Länge** der Antworten orientierst du dich an der Anzahl der vorgegebenen Linien. Gehe davon aus, dass du die Linien möglichst füllen sollst. Wenn nur eine Linie vorgegeben ist, genügen wenige Wörter. Bei fünf Linien schreibst du ca. 40 bis 50 Wörter.

Es gibt verschiedene Arten von halboffenen Aufgaben:

Textstellen deuten

Hier sollst du erklären, was eine bestimmte Textstelle bedeutet. Es kann sich um ein einzelnes Wort, eine Wortgruppe oder eine komplette Aussage handeln.

Beispiel

Es heißt, beim Lösen von halboffenen Aufgaben gebe es einen gewissen **Spielraum**. Erkläre, was das bedeutet.

Es wird nicht erwartet, dass man ganz bestimmte Formulierungen verwendet. Die Antwort muss nur sinngemäß stimmen.

Offene Fragen zum Text beantworten

In diesem Fall wird dir eine Frage zum Text gestellt, die du eigenständig beantworten sollst. Oft handelt es sich um Wie- oder Warum-Fragen. Beantworte die Fragen mit eigenen Worten und belege deine Aussagen anhand des Textes.

Hinweis: Detaillierte Erklärungen zum Beantworten von offenen Fragen und zum Aufbau deiner Antwort findest du im Kapitel „Schreibkompetenz" ab S. 62.

Beispiel

Warum ist es wichtig, dass du dir die Formulierungen der einzelnen halboffenen Aufgaben sehr genau durchliest?

Man kann eine Aufgabe nur dann richtig lösen, wenn man verstanden hat, wonach gefragt wird. Frage und Antwort müssen nämlich genau zusammenpassen.

Aussagen zum Text bewerten

Meist erhältst du zu einem Text einen Leserkommentar, zu dem du Stellung nehmen sollst. Deine Aufgabe ist es dann, zu sagen, ob du der Meinung dieses Lesers (z. B. eines Schülers) zustimmst oder nicht. Deine Einschätzung musst du ausreichend begründen. Beziehe dich dabei auf den Text.

Beispiel

Nachdem die Schülerin Jessica die Erläuterungen zu den halboffenen Aufgaben gelesen hatte, äußerte sie sich so:
„Was sollen diese ganzen Erklärungen und Hinweise? Man könnte uns doch gleich einen richtigen Text geben und dazu ein paar passende Aufgaben stellen!"
Nimm Stellung zu Jessicas Äußerung. Begründe deine Meinung.

Ich stimme Jessica nicht zu. Es stimmt zwar: Man könnte tatsächlich gleich ein paar Aufgaben zu einem Text bekommen und sie bearbeiten. Allerdings erhält man durch die Erläuterungen gute Hinweise und auch nützliche Tipps. So kann man beim Lesen des Textes und beim Lösen der Aufgaben gezielter vorgehen. Ich glaube deshalb, dass die Erklärungen für uns Schülerinnen und Schüler doch sehr hilfreich sind.

Grafische Darstellungen beurteilen

Manchmal werden Textinhalte auch in Form einer Grafik dargestellt. Es geht dann darum, den Zusammenhang, der in der Grafik dargestellt ist, entweder zu erklären (Welcher Zusammenhang ist gemeint?) oder zu bewerten (Passt die Darstellung zum Text?). Beziehe dich bei deiner Antwort wieder auf den Text.

Beispiel

Diese Grafik fasst die Erläuterungen zum Lösen von halboffenen Aufgaben zusammen. Ist die Darstellung gelungen? Entscheide dich. Begründe deine Meinung.

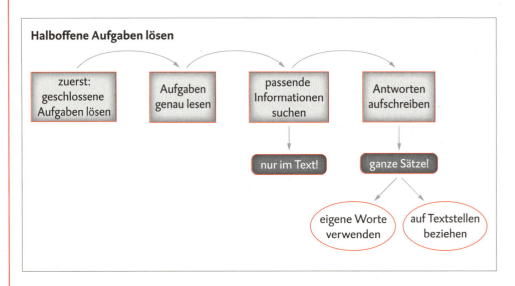

Ja, die Darstellung ist gelungen, denn sie beinhaltet alle entscheidenden Arbeitsschritte, die beim Lösen von halboffenen Aufgaben zu beachten sind. Sie sind sinnvoll angeordnet und in der richtigen Reihenfolge dargestellt. Dank der knappen Stichworte ist die Grafik sehr übersichtlich. So kann man sich leicht an dem Schema orientieren.

Leseaufgaben lösen | 15

Auf einen Blick

Was du bei halboffenen Aufgaben beachten solltest	
Textstellen deuten	Verwende unbedingt eigene Worte, schreibe nicht vom Text ab! Ausnahme: Du kennzeichnest ein Wort als Zitat, um anschließend zu erklären, was es bedeutet.
Offene Fragen zum Text beantworten	Wenn in der Frage auf eine Textstelle Bezug genommen wird, solltest du noch einmal den Abschnitt lesen, der diese Textstelle enthält. Meist findest du dort Informationen für deine Antwort.
Aussagen zum Text bewerten	Hier sollst du meistens sagen, was du von einer Äußerung oder einer Behauptung hältst: Stimmst du ihr zu – oder hältst du sie für falsch? Begründe deine Meinung immer.
Grafische Darstellungen beurteilen	Oft sind beide Einschätzungen möglich: Die grafische Darstellung passt zum Text – oder sie passt nicht. Wichtig ist, dass du deine Einschätzung gut begründest.

Übung 3

Lies noch einmal den Text „O Sohle mio!" (S. 9 f.) und bearbeite anschließend die Aufgaben.

1. Textstellen deuten
   a) Erkläre, von welchem „Dilemma" (Z. 21) im Text die Rede ist.

   _____
   _____

   b) Die erste Zwischenüberschrift lautet: „Harry Potter trägt Chucks – wie konnte das passieren?" (Z. 48 f.) Erkläre, was damit gemeint ist.

   _____
   _____

   c) „Der Schuh soll nicht mehr zur Lebenseinstellung, sondern zur Handtasche passen." (Z. 29–31) Erkläre den Sinn dieser Textstelle.

   _____
   _____

2. Offene Fragen beantworten
   a) Wie kam es dazu, dass die Chucks ihren ersten richtigen Erfolg hatten?

   _____
   _____
   _____

   b) Warum hat die Firma Converse eine „Imagekampagne" (Z. 136 f.) gestartet?

   _____
   _____
   _____
   _____

3. Eine Aussage zum Text bewerten

Der Schüler Sven meinte nach der Lektüre des Textes „O Sohle mio!":

„Der Schulleiter, der freitags immer Chucks trägt, will sich bei seinen Schülern bloß einschmeicheln."

Nimm Stellung zu dieser Aussage.
Begründe deine Meinung anschließend. Beziehe dich auf den Text.

_____
_____
_____
_____
_____
_____
_____

4. Eine grafische Darstellung beurteilen

Die Schülerin Dana hat versucht, die wesentlichen Textaussagen grafisch darzustellen. Ist ihr das gelungen? Begründe deine Meinung.

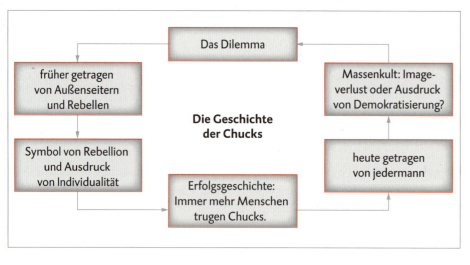

_____
_____
_____
_____
_____
_____
_____

3 Sachtexte verstehen

Sachtexte befassen sich mit Dingen, die es tatsächlich gibt, gab oder geben wird. Sie teilen vor allem **Fakten** mit. Das heißt aber nicht automatisch, dass Sachtexte immer wahr sind. Schließlich kann sich der Verfasser auch einmal irren, z. B. weil seine Kenntnisse oder Beobachtungen nicht ausreichen. Ein Beispiel für einen Sachtext ist der Artikel „O Sohle mio!" (S. 9 f.).

3.1 Die Absicht des Verfassers erkennen

Es gibt verschiedene Arten von Sachtexten. Man unterscheidet sie u. a. danach, welche **Absicht** (Intention) der Verfasser verfolgt: Beispielsweise kann er versuchen, den Leser zu beeinflussen, weil er möchte, dass dieser sich seiner Meinung anschließt. Es ist deshalb wichtig, dass du erkennst, ob ein Sachtext **neutral** oder **subjektiv** ist. Seine Absicht kann der Verfasser allerdings auch „verstecken", z. B. indem er sie nur **indirekt** zum Ausdruck bringt, etwa durch die Wortwahl. Berücksichtige deshalb auch die **Ausdrucksweise**.

Nach der Absicht des Verfassers unterscheidet man diese Sachtexte:

- **Informierende Texte:** Der Verfasser will über einen Sachverhalt **informieren**. Er teilt dem Leser Tatsachen mit.
  ein Bericht über ein Ereignis, ein wissenschaftlicher Aufsatz

- **Kommentierende Texte:** Der Verfasser will einen Sachverhalt **kommentieren**. Dann äußert er seine Meinung zu einem Ereignis oder einer Entwicklung.
  ein Kommentar zu einem strittigen Thema, eine Buchrezension, ein Leserbrief

- **Appellierende Texte:** Der Verfasser will an den Leser **appellieren**. Er will ihn dazu bewegen, etwas Bestimmtes zu denken oder zu tun.
  Werbetexte, Reden über politische Programme

- **Instruierende Texte:** Der Verfasser will den Leser **instruieren** (= belehren). Das bedeutet, dass er dem Leser Anweisungen erteilt, die ihm helfen sollen, eine bestimmte Handlung auszuführen.
  eine Bedienungsanleitung, Kochrezepte

Ein häufiges Ziel ist es außerdem, den Leser mit einem Text zu **unterhalten**. Der Verfasser will also erreichen, dass man beim Lesen auch Vergnügen empfindet. Bei einem Sachtext ist die Unterhaltungsfunktion allerdings zweitrangig.

Hinweis: Genaueres zu den Merkmalen von Sachtexten findest du auf S. 19.

> Ein Autor kann mit einem Text auch **mehrere Absichten** verfolgen. Wenn du unsicher bist, dann überlege, worum es ihm **hauptsächlich** geht. Frage dich z. B.: *Will der Verfasser in erster Linie, dass ich seine Meinung verstehe und sie übernehme?* Dann wäre es ein kommentierender Text. *Will er mich dazu bewegen, seinen Vorschlägen zu folgen?* Dann wäre sein Text appellierend.

Übung 4 Lies die folgenden Textauszüge und bestimme jeweils die Absicht des Verfassers. Trage die passende Bezeichnung (appellierend, instruierend etc.) in die Tabelle ein.

Text A

Als weltweit erstes Großserienmodell mit Hybrid-Antrieb hat der Prius bereits 1997 Geschichte geschrieben. Eine Erfolgsgeschichte, die mit dem neuen Prius jetzt fortgesetzt wird. Dank seines intelligenten Designs, modernster Technologien und der neuesten Generation des Toyota-Hybrid-Antriebs ist er noch effizienter und bietet mehr Fahrvergnügen als je zuvor. Entdecken Sie jetzt die Hybrid-Ikone der Toyota-Modellpalette.

Quelle: Toyota Deutschland GmbH; www.toyota.de/automobile/prius/index.json

Text B

Soll der Staat eine Kaufprämie für Elektroautos zahlen? [...] Das Ganze könnte wie ein Geschenk an eine verwöhnte Branche aussehen. Aber die Regierung könnte dem Vorwurf begegnen, wenn sie im Gegenzug die Steuerbegünstigung für den Diesel streicht. Und in Brüssel die strengeren CO_2-Grenzwerte für die Flotten der Konzerne durchsetzt, statt als Lobby für dicke, alte Autos aufzutreten.

Quelle: Petra Pinzler, Die ZEIT Nr. 6 vom 4. 2. 2016 ; www.zeit.de/2016/06/subventionen-elektroauto-staat-pro-contra

Text C

Je länger man einen Gang ausfährt, also je höher die Drehzahl ist, desto mehr Kraftstoff verbraucht ein Wagen. Wer Benzin sparen möchte, sollte den Drehzahlenbereich daher niedrig halten. Man lässt das Fahrzeug nur kurz anrollen, schaltet sofort in den zweiten Gang und gibt etwas Gas, um in den dritten Gang zu schalten.

Quelle: SAT 1; www.sat1.de/ratgeber/auto-technik/auto/benzin-sparen-beim-autofahren-clip

Text D

Handelsblatt

Winterliche Minusgrade bringen Elektroautos an den Rand der Nutzbarkeit. Das ist das Ergebnis eines Vergleichstests von „AutoBild". [...] Besonders beim Reichweiten-Test zeigten sich teils dramatische Einschränkungen. [...] Bei vier von fünf Testkandidaten sackte die Reichweite auf unter 70 Kilometer ab. Nur der Tesla brachte es aufgrund seines gewaltigen 85-kWh-Akkus auf mehr als 200 Kilometer. [...]

Quelle: Frank G. Heide, 3. 1. 2014 ; www.handelsblatt.com/auto/test-technik/reichweite-bricht-ein-elektroautos-versagen-bei-kaelte/9284156.html

	Absicht des Verfassers
Text A	
Text B	
Text C	
Text D	

3.2 Arten von Sachtexten unterscheiden

Bei vielen Sachtexten, die uns im Alltag begegnen, handelt es sich um **Zeitungstexte**. Sie informieren über wichtige Ereignisse, die passiert sind, und veranlassen den Leser, sich zu den Geschehnissen eine eigene Meinung zu bilden.
Es erleichtert dir das Verständnis, wenn du die **Merkmale** der einzelnen Textsorten kennst. Am häufigsten kommen diese Zeitungstexte vor:

Digitales Glossar: Begriffe nachschlagen

Bericht
Er informiert **sachlich und neutral** über wichtige aktuelle Ereignisse. Berichte sind in der Regel so aufgebaut: Zuerst werden die **W-Fragen** beantwortet: Was ist geschehen? Wer ist betroffen? Wo ist es geschehen? Wann ist es geschehen? Evtl. wird auch gleich am Anfang etwas über die Folgen gesagt. Erst danach folgen genauere Ausführungen zum Ablauf: Wie ist es geschehen? Warum ist es passiert? Berichte sind in der Regel im Präteritum verfasst.

Merkmale der verschiedenen Sachtextsorten

Kommentar
Er ist eine Art Stellungnahme: Der Verfasser äußert seine **Meinung** über ein aktuelles Ereignis oder eine aktuelle Entwicklung. Zuerst nimmt der Autor Bezug auf das Thema, zu dem er sich kommentierend äußern will. Danach sagt er, was er davon hält. Die Meinung des Verfassers kann **positiv** (befürwortend) oder **negativ** (kritisch) ausfallen. Kommentare sind überwiegend im Präsens verfasst. Die Darstellung ist meist sachlich, aber nicht neutral (denn der Autor vertritt ja eine bestimmte Meinung!).
Eine besondere Art von Kommentar ist die **Rezension**, also die Besprechung und Beurteilung eines Buches, eines Films oder einer Theaterinszenierung.

Reportage
Sie informiert **ausführlich, anschaulich und unterhaltsam** über ein Thema. Der Einstieg erfolgt oft über eine „Nahaufnahme", also eine konkrete Situation; davon ausgehend wird Grundlegendes zum Thema dargestellt. In einer Reportage gibt es sowohl **anschauliche Beispiele** als auch **allgemeine Informationen** und **Hintergrundwissen** zu einem Sachverhalt. Typisch ist auch die Befragung von Augenzeugen oder Experten. Reportagen sind in der Regel im Präsens verfasst, denn das wirkt lebendig, so, als sei der Verfasser direkt vor Ort.

Interview
Es gibt den **Ablauf eines Gesprächs** in Form eines Dialogs wieder: Ein Vertreter einer Zeitung oder Zeitschrift stellt einer Person Fragen und diese antwortet darauf. Sowohl die Fragen als auch die Antworten werden abgedruckt. Das Interview lebt davon, dass die Äußerungen des Befragten **spontan** und echt wirken, umgangssprachliche Äußerungen werden daher nicht „geglättet".

Glosse
Sie ist eine Art **humorvoller Kommentar**. Der Verfasser übt darin **Kritik** an einem Ereignis oder einer Entwicklung; das aber tut er auf äußerst lässige und witzige Art. Eine Glosse lebt von der **ironischen Darstellung** (vgl. zur Ironie: S. 53 f.). Häufig wird darin auch Umgangssprache verwendet. Glossen sind – wie Kommentare – meist im Präsens und (bei Vorzeitigkeit) im Perfekt verfasst.

Übung 5 Lies die Texte A–D (S. 20–22) und bearbeite dann die Aufgaben.

Text A

SPORT NDR Susi Kentikian — Durchs Leben geboxt

Als Susi Kentikian das Zwei-Zimmer-Apartment betritt, macht sie einen Schritt in ihre eigene Vergangenheit. „Es ist 1:1 so wie früher. Die Räumlichkeiten sind noch ganz genauso, wie ich es in Erinnerung habe", sagt die Box-Weltmeisterin: „Aber hier ist es ganz gemütlich eingerichtet. Das war bei uns damals anders." Sie ist zu Besuch bei den Demirovs aus Mazedonien. Die Flüchtlingsfamilie lebt seit zwei Jahren im Pavillon-Dorf in Hamburg-Bramfeld. „Immer schön fleißig sein – und immer Deutsch lernen, das ist wichtig", rät die 27-Jährige den beiden kleinen Kindern. Die 1,55-Meter-Frau weiß, wovon sie spricht. 1992 floh sie mit Mutter, Vater und ihrem zwei Jahre älteren Bruder aus Armenien. […]

Kentikian ist fünf Jahre alt, als sie mit ihrer Familie nach Hamburg kommt. In den ersten beiden Jahren wohnen sie auf der „Bibi Altona" im Hamburger Hafen, einem Flüchtlingsschiff für Personen ohne Bleiberechtsperspektive. „Ich kann mich erinnern, dass da immer Gewalt war. Draußen wurde immer gekämpft", berichtet die in Eriwan geborene Boxerin. Es folgen acht Jahre in einem alten Schulgebäude in Hamburg-Langenhorn, das zur Asylbewerberunterkunft umfunktioniert worden ist. Die Familie Kentikian ist vor dem Krieg zwischen Armenien und Aserbaidschan im Kaukasus geflohen. Damals sterben 50 000 Menschen, mehr als eine Million werden zu Flüchtlingen. Der Vater, der in Armenien als Tierarzt arbeitete, muss sich allein um die Kinder kümmern, weil die Mutter lange im Krankenhaus liegt. In Deutschland darf er nicht mehr als putzen gehen. […]

Quelle: Florian Neuhauss, 6. 5. 2015; www.ndr.de/sport/mehr_sport/Susi-Kentikian-Durchs-Leben-geboxt,boxen632.html

Text B

ZEIT ONLINE
Über Geld spricht man (nicht)

Susi Kentikian kam als Flüchtling nach Hamburg und war so arm, dass sie klaute. Dann wurde sie Profiboxerin – und plötzlich reich.

DIE ZEIT: Frau Kentikian, was denken Sie, wenn Sie im Fernsehen tobende Rechtsradikale vor Flüchtlingsheimen sehen?

KENTIKIAN: Wenn ich solche Leute sehe, kriege ich gleich einen Abtörner. Sie machen mir Angst und ekeln mich an. Die Flüchtlinge haben nichts, gar nichts. So ein Leben ist echt die Härte, ich kenne das.

DIE ZEIT: Sie sind mit Ihrer Familie als Kind aus Armenien geflohen, lebten insgesamt acht Jahre in Flüchtlingsunterkünften in Hamburg und hatten selbst nichts. Wie lebt man mit nichts?

KENTIKIAN: Wir wohnten damals auf dem Asylschiff *Bibi Altona*. Wir hatten wirklich ganz wenig Geld. Einmal, als ich neun war, lief ein betrunkener Mann auf der Straße. Er hatte einen Batzen Geldscheine dabei, 500-Mark-Scheine. Wirklich! Er schwankte, und einer der Scheine fiel aus seiner Tasche. Ich habe ihn aufgehoben, bin zu ihm gelaufen und habe es ihm zurückgegeben. Ich weiß noch, dass mein Vater von hinten schrie: Susi! Neeein! Geh nicht dahin! Aber zu spät. Der Mann hat sich nicht mal bedankt. Das war schlimm für meinen Vater.

DIE ZEIT: Durften Sie sich jemals selbst etwas kaufen?

KENTIKIAN: Nein. Ich konnte mir nicht mal ein Croissant leisten und hatte immer große Augen auf alles, was ich nicht haben konnte. Meine Mutter hat mir manchmal mit ihrem letzten Geld eins gekauft, das war ein Highlight für mich. Oder einen Cheeseburger bei McDonald's. Sie hat immer versucht, mir meine Wünsche zu erfüllen. Als Kind will man so viel. […]

Quelle: Die ZEIT Nr. 40 vom 1.10.2015, das Interview führten Sarah Levy und Kilian Trotier; www.zeit.de/2015/40/susi-kentikian-boxerin-fluechtling-hamburg

Text C

AD HOC NEWS

Boxweltmeisterin Susi Kentikian hat einen weiteren WM-Gürtel gewonnen

Boxweltmeisterin Susi Kentikian hat einen weiteren WM-Gürtel gewonnen. Die 28 Jahre alte Hamburgerin bezwang in ihrer Heimatstadt die mexikanische Herausforderin Susana Cruz Perez einstimmig nach Punkten (97:94, 98:92, 97:93).

Damit verteidigte Kentikian ihren WBA-Titel[1] im Fliegengewicht erfolgreich und gewann zusätzlich den WIBF-Gürtel[2]. Die gebürtige Armenierin, die elf Monate nicht mehr geboxt hatte und deshalb ihren Leistungsstand nicht einschätzen konnte, hatte mit der konditionsstarken Mexikanerin Mühe. Vor 2 500 Zuschauern in der Inselparkhalle der Hansestadt ließ sie sich häufig in den Nahkampf zwingen. Von der zweiten Runde an kämpfte Kentikian mit einer Verletzung an der rechten Augenbraue und musste mehrfach behandelt werden. Die Weltmeisterin traf vor allem im Schlussgang häufiger. „Ich habe nicht damit gerechnet, dass sie so stark kämpfen wird", sagte die Hamburgerin.

Die 1,55 Meter große Kentikian, die sich seit einigen Monaten selbst vermarktet, hat nunmehr von 38 Profikämpfen 35 gewonnen. Ihre zwei Zentimeter kleinere Rivalin musste im 24. Kampf die siebte Niederlage hinnehmen. Zu den Zuschauern in der Halle gehörte die frühere Boxweltmeisterin Regina Halmich.

Quelle: DPA, 3.10.2015; www.ad-hoc-news.de/hamburg-boxweltmeisterin-susi-kentikian-hat-einen-weiteren--/de/News/46210201

Anmerkungen
1 WBA: World Boxing Association (Welt-Boxverband)
2 WIBF: Women's International Boxing Federation (Internationaler Verband für Frauenboxen)

Text D

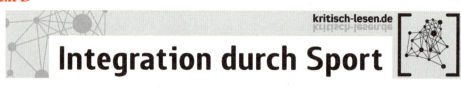
Integration durch Sport

1 „Abgedroschen" ist so ein Wort, das einem nicht nur beim Lesen des Titels der Autobiografie „Mir wird nichts geschenkt. Mein Leben, meine Träume" von „Killer Queen" Susi Kentikian in den Sinn kommt. Auch der Klappentext macht mit klischeebeladenen[1] Trainerzitaten wie „Das Leben hat sie stark gemacht. Aber das Boxen hat ihr eine Möglichkeit gegeben, diese Stärke zu nutzen" zu Recht Angst vor sehr viel Pathos[2]. Dennoch lohnt es sich diesem Werk etwas Aufmerksamkeit zu schenken. Denn wenn es heißt, dass sich in Susi Kentikian „wie in einem Brennglas Themen und Entwicklungen unserer Gesellschaft spiegeln", ist dem nur zuzustimmen. […]

Es ist anzunehmen, dass ihr wachsender Erfolg und ihre damit zusammenhängende Bekanntheit im Leistungs- und nun auch im Profisport wohl ein nicht unwichtiger Faktor für den guten Ausgang des jahrelangen Kampfes ums Bleiberecht ihrer Familie darstellt. Ebenso wie ihre Serie an erfolgreichen Weltmeisterschaftskämpfen, in denen sie „für Deutschland" an den Start ging, brachten ihr wohl die Auszeichnungen als „Sportlerin des Jahres 2007" der Stadt Hamburg und als Deutschlands „Boxerin des Jahres" 2008 letztendlich die deutsche Staatsbürger(innen)schaft ein. Auch die […] erfolgreiche Verhinderung der Abschiebung 2001 und weitere zivilbürgerliche[3] Unterstützung für die Familie in Form einer Petition[4] sind klar auf Susis sportliche Erfolge und die Bereitschaft der Familie zur „Integration" zurückzuführen. […] In Ansätzen leistet Kentikian aber selbst Kritik am politischen Umgang mit dem Leben von ihr und ihrer Familie zur damaligen Zeit. Allerdings bleibt sie dabei innerhalb einer Denkstruktur von schlechten versus[5] guten Menschen, die sie (nicht) unterstützt haben […]

So bietet die Geschichte der Susianna Kentikian ein gutes Analysematerial für die Rolle von Sport im System aus Asylpolitik, Medien und Kommerzialisierung[6].

Quelle: Cora Schmechel, 2.4.2013; www.kritisch-lesen.de/rezension/integration-durch-sport
(aus didaktischen Gründen leicht geändert)

Anmerkungen
1 *klischeebeladen*: voller Klischees (Klischee: Vorurteil, abgegriffene Vorstellung)
2 *Pathos*: übertriebenes Gefühl
3 *zivilbürgerlich*: durch normale Bürger
4 *Petition*: Bittstellung an einen Entscheidungsträger, z. B. an ein Parlamentsmitglied oder eine Behörde
5 *versus*: gegen
6 *Kommerzialisierung*: Streben nach Gewinn, Geschäftemacherei

Aufgaben

a) Bestimme bei den Texten A bis D die Textsorte.
b) Erkläre anschließend, an welchen Merkmalen du die Textsorte erkannt hast.
c) Belege deine Erklärungen jeweils anhand von zwei Textstellen.

Trage deine Lösungen auf der nächsten Seite (S. 23) ein.

© Verlag Herder

Sachtexte verstehen | 23

Text A – „Susi Kentikian. Durchs Leben geboxt"

Textsorte: _____

Merkmale: _____
_____
_____

Textbelege: _____
_____
_____
_____

Text B – „Über Geld spricht man (nicht)"

Textsorte: _____

Merkmale: _____
_____
_____

Textbelege: _____
_____
_____
_____

Text C – „[...] Susi Kentikian hat einen weiteren WM-Gürtel gewonnen"

Textsorte: _____

Merkmale: _____
_____
_____

Textbelege: _____
_____
_____
_____

Text D – „Integration durch Sport"

Textsorte: _____

Merkmale: _____
_____
_____

Textbelege: _____
_____
_____
_____

3.3 Nichtlineare Texte lesen: Tabellen und Diagramme

Eine besondere Art von Sachtexten sind **nichtlineare** Texte. Im Gegensatz zu Fließtexten, bei denen die Sätze lückenlos aufeinanderfolgen, stellen nichtlineare Texte **wichtige Informationen verkürzt** in einer Übersicht dar. Man unterscheidet **zwei Arten** von nichtlinearen Texten: **Tabellen** und **Diagramme**.

Zahlenangaben spielen in nichtlinearen Texten eine große Rolle. Die wenigen Worte, die enthalten sind, sagen dem Leser vor allem, wie die Zahlenangaben zu verstehen sind. In der Regel werden diese Auskünfte erteilt:

- das **Thema** oder die **Fragestellung**, der nachgegangen wurde,
- die **Einheiten**, in denen die Zahlen angegeben sind (z. B. in Prozent),
- die **Herkunft** der Zahlen (z. B. aus einer Umfrage oder aus einer statistischen Erhebung),
- die **Bezugsgrößen** (z. B. der befragte Personenkreis, die Menge der Niederschläge innerhalb eines bestimmten Zeitraums o. Ä.),
- der **Zeitpunkt**, zu dem die Daten erhoben wurden (z. B. wann eine Umfrage oder Messung durchgeführt wurde), oder der **Zeitraum**, auf den sich die Zahlen beziehen,
- der **Herausgeber**; meist handelt es sich bei dem Herausgeber um eine Institution (z. B. eine Behörde oder ein Meinungsforschungsinstitut) oder eine Interessengemeinschaft,
- das **Datum der Veröffentlichung**.

Einige dieser Auskünfte stehen außerhalb des eigentlichen nichtlinearen Textes, z. B. rechts unten. Man nennt diese Informationen die **Legende**.

Tipp

> Interessant sind bei nichtlinearen Texten vor allem **Übereinstimmungen** und **Unterschiede**. Daraus lassen sich nämlich bestimmte Aussagen ableiten. Achte also insbesondere darauf, wo sich Zahlenangaben ähneln – und wo sie deutlich voneinander abweichen! Zum Beispiel kann ein Sachverhalt auf die Mitglieder einer bestimmten Gruppe **besonders oft, durchschnittlich oft, vergleichsweise selten** oder **gar nicht** zutreffen.
>
> Deine Aussagen zu Tabellen und Diagrammen kannst du beispielsweise so formulieren:
> - *Es gibt mehr/weniger/genauso viele ... als/wie ...*
> - *Es kommt öfter/genauso oft/seltener vor, dass ...*
> - *Je ..., umso häufiger/seltener ...*

Tabellen

In einer Tabelle sind die Informationen in Spalten und Zeilen angeordnet. Meist finden sich in der äußeren Spalte links und in der obersten Zeile Erläuterungen zu dem **Zahlenmaterial**, das in den übrigen Spalten und Zeilen abgebildet ist. In nichtlinearen Texten, also auch in Tabellen, werden die Daten **nur genannt**, aber nicht interpretiert. Es werden also **keine Gründe** dafür angegeben, warum einige Zahlen höher ausfallen als andere.

Sieh dir die Tabelle genau an und löse anschließend die Aufgaben.

Übung 6

Shell Jugendstudie 2015

Freizeitbeschäftigungen von Jugendlichen nach Geschlecht und Alter (bis zu fünf Nennungen, Angaben in %)	m	w	12–14	15–17	18–21	22–25
Sich mit Leuten treffen	53	62	51	60	60	57
Musik hören	51	57	64	64	48	47
Im Internet surfen	60	44	51	51	52	54
Fernsehen	52	49	57	41	47	56
Soziale Netzwerke nutzen	35	36	26	39	40	34
Training/Aktiv Sport treiben (Fitnessclub, Sportverein ...)	35	26	30	39	31	25
Sport in der Freizeit, wie Rad fahren, Skaten, Kicken usw.	32	24	33	32	23	27
Etwas mit der Familie unternehmen	16	33	27	20	22	27
Playstation, Nintendo spielen, Computerspiele	39	7	43	27	14	17
Bücher lesen	13	31	23	20	22	23
In die Disco, zu Partys oder Feten gehen	20	21	4	21	30	23
Videos/DVDs anschauen	18	13	19	13	16	15
Nichts tun, „Rumhängen"	17	15	17	16	19	13
Shoppen, sich tolle Sachen kaufen	5	25	15	13	19	12
Etwas Kreatives, Künstlerisches machen	8	11	8	8	10	10
In die Kneipe gehen	10	4	0	3	9	12
Sich in einem Projekt/einer Initiative/einem Verein engagieren	8	6	3	6	8	9
Zeitschriften oder Magazine lesen	5	7	6	6	3	7
Jugendfreizeittreff besuchen	4	5	6	7	3	3

Jugendliche im Alter von 12 bis 25 Jahren; m = männlich, w = weiblich

Quelle: 17. Shell Jugendstudie: Jugend 2015. TNS Infratest. Gudrun Quenzel, Klaus Hurrelmann, Mathias Albert. Shell Hamburg.

Aufgaben

1. Welche Auskünfte gibt die Tabelle? Beantworte die folgenden Fragen. Stichworte genügen.

    a) Welcher Fragestellung wurde nachgegangen?
    _____

    b) In welchen Einheiten sind die Zahlen angegeben?
    _____

    c) Woher stammen die Zahlen?
    _____

    d) Wer wurde befragt? Nenne den Personenkreis.
    _____

    e) Wann wurden die Daten erhoben?
    _____

    f) Wer hat die Daten veröffentlicht?
    _____

2. Welche Aussagen lassen sich aus den Daten ableiten und welche nicht? Kreuze entsprechend an.

Aussagen	trifft zu	trifft nicht zu
a) Heutzutage lesen Jugendliche in ihrer Freizeit keine Bücher mehr.	☐	☐
b) Je älter die Befragten sind, desto häufiger engagieren sie sich in einem Projekt oder Verein.	☐	☐
c) Jungen interessieren sich mehr für Computerspiele als Mädchen.	☐	☐
d) Mit zunehmendem Alter nimmt das Interesse an Sport ab.	☐	☐
e) Jungen und Mädchen verbringen ihre Freizeit gleich gerne mit der Familie.	☐	☐
f) In Kneipen zu gehen kommt für die Jüngsten überhaupt nicht infrage.	☐	☐

3. Kreuze die Freizeitbeschäftigung an, bei der die Unterschiede zwischen Jungen und Mädchen am größten sind.

    ☐ Sich mit Leuten treffen
    ☐ Im Internet surfen
    ☐ Bücher lesen
    ☐ Shoppen, sich tolle Sachen kaufen

4. Ordne die folgenden Aussagen den Altersgruppen passend zu. Trage den entsprechenden Buchstaben ein.

   Hinweis: Einmal musst du zwei Buchstaben eintragen.

   A 12- bis 14-Jährige
   B 15- bis 17-Jährige
   C 18- bis 21-Jährige
   D 22- bis 25-Jährige

Buchstabe	In dieser Altersgruppe ...
	ist das Surfen im Netz genauso beliebt wie Treffen mit Freunden.
	wird am meisten Sport getrieben.
	ist die häufigste Freizeitbeschäftigung, sich mit Freunden zu treffen.
	ziehen die Jugendlichen Videos und DVDs Computerspielen vor.
	gehen nur wenige Jugendliche in Discos und auf Partys.
	wird am meisten gelesen, z. B. Bücher und Zeitschriften.

Diagramme

In einem Diagramm werden die Daten in Form einer **Grafik** dargestellt. Eine grafische Darstellung bietet sich immer dann an, wenn die Anzahl der Daten überschaubar, also nicht zu umfangreich ist. So kann man die wichtigsten Informationen auf einen Blick erfassen.

Am häufigsten kommen diese Diagramme vor:

▶ **Balkendiagramm:** Hier sind die Daten in Form von waagerechten Balken dargestellt. Je länger ein Balken ist, umso größer ist die Zahl. Wenn die in einem Balkendiagramm abgebildeten Zahlen in Prozent angegeben sind, müssen sie zusammengerechnet nicht unbedingt 100 Prozent ergeben. Die Gesamtzahl aller Daten kann die 100-Prozent-Marke z. B. dann überschreiten, wenn bei einer Umfrage Mehrfachnennungen möglich waren.

▶ **Säulendiagramm:** Diese Diagramme sind ähnlich wie Balkendiagramme. Der einzige Unterschied besteht darin, dass die Säulen vertikal ausgerichtet sind, also von unten nach oben.

▶ **Kreisdiagramm:** Ein Kreisdiagramm sieht aus wie eine Torte, die in unterschiedlich große Tortenstücke unterteilt ist. Darum nennt man es manchmal auch „Tortendiagramm". Die einzelnen Abschnitte eines Kreisdiagramms sind meistens in Prozent angegeben; zusammengerechnet ergeben die Prozentzahlen aller „Tortenstücke" in der Regel 100 Prozent.

▶ **Kurvendiagramm:** Die Daten werden mithilfe einer Linie abgebildet, die steigt und/oder fällt. Je größer die Zahl, umso höher verläuft die Linie. Kurvendiagramme zeigen häufig eine Entwicklung an, die über einen längeren Zeitraum zu beobachten war.

Übung 7 — Sieh dir die Diagramme genau an und bearbeite dann die Aufgaben.

A Balkendiagramm

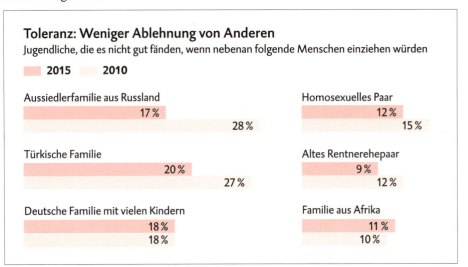

B Säulendiagramm

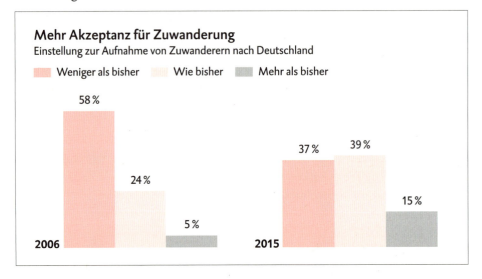

C Kreisdiagramm

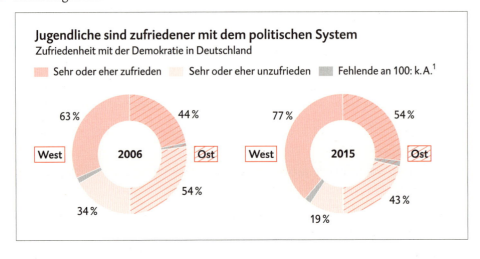

D Kurvendiagramm

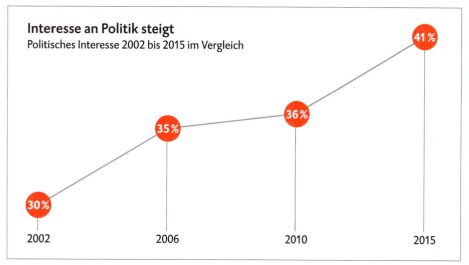

Basis (alle Diagramme): Jugendliche im Alter von 12 bis 25 Jahren

Quelle (alle Diagramme S. 26/27): 17. Shell Jugendstudie: Jugend 2015. TNS Infratest. Gudrun Quenzel, Klaus Hurrelmann, Mathias Albert. Shell Hamburg.

Anmerkung
1 Fehlende an 100: Bei diesem Kreisdiagramm bildet jeweils ein Halbkreis eine Gesamtmenge von 100 % ab.
  k. A.: keine Angabe

Aufgaben

1. Gegenüber welchen Personengruppen hat die Toleranz zugenommen (+), gegenüber welcher Personengruppe ist sie gleich geblieben (=) und gegenüber welcher hat sie abgenommen (–)? Trage jeweils das passende Symbol (+/=/–) ein. Orientiere dich am **Balkendiagramm**.

   _____ Aussiedlerfamilien aus Russland

   _____ homosexuelle Paare

   _____ türkische Familien

   _____ alte Rentnerehepaare

   _____ deutsche Familien mit vielen Kindern

   _____ Familien aus Afrika

2. Kreuze die Aussage an, die aus dem **Säulendiagramm** hervorgeht.

   Der Anteil derer, die ...

   ☐ Zuwanderer skeptisch sehen oder gar ablehnen, hat sich seit 2006 verdreifacht.

   ☐ Zuwanderung ablehnen, hat sich seit dem Jahr 2006 um mehr als 20 Prozent verringert.

   ☐ ihre Meinung gegenüber Zuwanderern nicht verändert haben, ist gleich geblieben.

   ☐ über ihre Einstellung zur Zuwanderung keine Angaben gemacht haben, ist gestiegen.

LESEKOMPETENZ

3. Welche der folgenden Aussagen lassen sich dem **Kreisdiagramm** entnehmen und welche nicht? Kreuze passend an.

Aussagen	trifft zu	trifft nicht zu
Sowohl im Westen als auch im Osten Deutschlands hat die Zustimmung zur Demokratie zugenommen.	☐	☐
Die Zufriedenheit mit der Demokratie ist im Westen stärker gestiegen als im Osten.	☐	☐
Der Anteil der Jugendlichen, die mit der Demokratie unzufrieden sind, ist im Osten stärker gesunken als im Westen.	☐	☐
Der Anteil derer, die mit der Demokratie zufrieden sind, ist im Westen um 14 Prozent gestiegen.	☐	☐
Im Osten ist die Zustimmung zur Demokratie um mehr als zehn Prozent gestiegen.	☐	☐
Der Anteil derer, die zu diesem Thema keine Angaben gemacht haben, ist im Osten etwas größer als im Westen.	☐	☐

4. Was sagt das **Kurvendiagramm** über das Interesse der Jugendlichen an Politik aus? Beschreibe die Entwicklung.

_____
_____
_____
_____
_____
_____
_____
_____

Auf einen Blick

Sachtexte und Diagramme verstehen und untersuchen	
Thema und Textsorte	Bestimme möglichst zu Anfang, worum es geht und in welcher Form die Informationen präsentiert werden (sachlicher Bericht, wertender Kommentar, bloße Zahlen in einem Diagramm …).
Absicht des Verfassers	Beurteile, welche Absicht der Verfasser verfolgt: Will er über einen Sachverhalt informieren, den Leser von seiner Meinung überzeugen oder an die Leser appellieren?
Kernaussage	Überlege, welche Hauptaussage der Text bzw. das Diagramm vermittelt.
Detail-Informationen	Unterscheide allgemeine Aussagen und Beispiele.

4 Literarische Texte verstehen

Interaktive Aufgaben: Basisteil

Literarische Texte werden in drei Kategorien unterteilt, und zwar in diese **drei Gattungen: Epik** (Erzählungen), **Lyrik** (Gedichte) und **Dramatik** (Theaterstücke).

Anders als Sachtexte beziehen sich literarische Texte nicht auf Tatsachen, sondern sie sind **fiktional**, also (vom Autor) erfunden. Dabei gestaltet der Autor die Inhalte stets auf eine besondere Weise. Literarische Texte sind nämlich **Kunstwerke**.

Eine Besonderheit, die literarische Texte auszeichnet, sind die „versteckten Botschaften". Vieles steht „zwischen den Zeilen", sodass der Leser immer wieder auf **Lücken** stößt, die er **mithilfe seiner eigenen Gedanken schließen** muss.

Wenn es im Text heißt: „Susi hat mit Karim Schluss gemacht", dann bedeutet das zugleich: „Die beiden waren vorher ein Paar."

Beispiel

> Überlege bei literarischen Texten immer, ob sich hinter einer Formulierung noch eine **Zusatzbotschaft** verbirgt. Wenn es im Text heißt: *sonst immer*, bedeutet das zugleich: *diesmal nicht*. Wenn es heißt: *Es hat aufgehört zu regnen*, drückt das aus, dass es vorher geregnet haben muss.

Tipp

4.1 Epische Texte untersuchen

Epische Texte, auch Prosatexte genannt, sind Texte, in denen **eine Geschichte erzählt** wird. Sie können kurz oder lang sein. In der Regel sind epische Texte im Präteritum verfasst, denn der Leser soll sich vorstellen, es handle sich um Geschichten, die wirklich einmal passiert sind.

> Macht man eine Aussage über eine Person aus einem Text, verwendet man den Begriff „**Figur**". Damit wird deutlich, dass es sich um eine ausgedachte Person handelt. Man sagt also nicht: *Katniss Everdeen ist die Hauptperson in „Die Tribute von Panem"*, sondern: *Sie ist die Hauptfigur*.

Tipp

In der Regel geht es in Erzählungen um Erlebnisse einer **Hauptfigur** (Fachbegriff: **Protagonist**). Manchmal gibt es auch zwei Figuren, die gleichermaßen wichtig sind. Oft kommt es zu einem **Konflikt** zwischen dem Protagonisten und anderen Figuren. Die Handlung kann gut oder schlecht ausgehen; es ist auch möglich, dass das Ende offen bleibt.

> Versuche nach dem Lesen eines epischen Textes als Erstes, diese fünf **W-Fragen** zu beantworten: *Wer? Was? Wann? Wo? Welche Folgen?* Auf diese Weise hast du die zugrunde liegende Situation und die Handlung im Wesentlichen erfasst.
> Danach stellst du dir die **Wie-Frage:** *Wie ist es dazu gekommen?* Mit der *Wie*-Frage kannst du wichtige Einzelheiten erfassen und Zusammenhänge (z. B. Handlungsmotive) verstehen.

Tipp

Übung 8 — Lies den Text „Anekdote" von Heinrich von Kleist. Bearbeite dann die Aufgaben.

Heinrich von Kleist: Anekdote (1803)

Zwei berühmte englische Boxer, der eine aus Portsmouth gebürtig, der andere aus Plymouth, die seit vielen Jahren von einander gehört hatten, ohne sich zu sehen, beschlossen, da sie in London zusammentrafen, zur Entscheidung der Frage, wem von ihnen der Siegerruhm gebühre, einen öffentlichen Wettkampf zu halten. Demnach stellten sich beide, im Angesicht des Volks, mit geballten Fäusten, im Garten einer Kneipe, gegeneinander; und als der Plymouther den Portsmouther, in wenig Augenblicken, dergestalt auf die Brust traf, dass er Blut spie, rief dieser, indem er sich den Mund abwischte: brav! – Als aber bald darauf, da sie sich wieder gestellt hatten, der Portsmouther den Plymouther, mit der Faust der geballten Rechten, dergestalt auf den Leib traf, dass dieser, indem er die Augen verkehrte, umfiel, rief der letztere: das ist auch nicht übel –! Worauf das Volk, das im Kreise herumstand, laut aufjauchzte, und, während der Plymouther, der an den Gedärmen verletzt worden war, tot weggetragen ward, dem Portsmouther den Siegsruhm zuerkannte. – Der Portsmouther soll aber auch tags darauf am Blutsturz gestorben sein.

Quelle: Heinrich von Kleist: Anekdote. In: Ders.: Sämtliche Werke. R. Löwith GmbH, Wiesbaden o. J., S. 941 f.

Aufgaben

1. Beantworte die folgenden W-Fragen in Stichworten.

   Wer? _____

   Wo? _____

   Was? _____

   Wann? _____

   Welche Folgen? _____

2. Beantworte nun ausführlich die Wie-Frage: *Wie ist es dazu gekommen?*

   Hinweis: Du musst keinen zusammenhängenden Text schreiben. Es genügt, wenn du die Handlungsschritte aufzählst. Schreibe aber vollständige Sätze.

   _____
   _____
   _____
   _____
   _____
   _____

Arten von epischen Texten unterscheiden

Es gibt verschiedene Arten von epischen Texten. Sie unterscheiden sich bezüglich ihres Umfangs, ihres Aufbaus und der Darstellung:

Erzählungen
„Erzählung" ist die allgemeine Bezeichnung für epische Texte von mittlerer Länge.

Anekdoten
Anekdoten sind kleine epische Texte, die von einer ungewöhnlichen Begebenheit aus dem Leben einer Person erzählen und mit einer Pointe enden. Bei der Person, um die es geht, handelt es sich oft um einen Menschen, der tatsächlich lebt oder gelebt hat. Die Darstellung erweckt den Eindruck, als würde der Erzähler seine Geschichte in einer geselligen Runde zum Besten geben.

Fabeln
Fabeln sind kurze Geschichten, in denen – direkt oder indirekt – eine Lehre erteilt wird. Meist sind die Hauptfiguren Tiere. Sie stehen jedoch für Menschen; das zeigt sich schon daran, dass sie sprechen können. Häufig geht es um einen Konflikt zwischen einem Stärkeren und einem Schwächeren.

Kalendergeschichten
Kalendergeschichten sind kurze Erzählungen, die ursprünglich (im 17. und 18. Jahrhundert) auf Kalenderblättern abgedruckt waren und sich an die ungebildeten Schichten richteten. Sie handeln von merkwürdigen oder lustigen Ereignissen aus dem Alltagsleben der einfachen Leute. Oft vermitteln sie auch eine Lehre. Im 20. Jahrhundert wurden sie in moderner Form wiederbelebt.

Kurzgeschichten
Kurzgeschichten sind Erzählungen von geringem Umfang. Auffällig ist vor allem ihr Aufbau. Typisch sind die fehlende Einleitung und das offene Ende: Der Erzähler springt sofort ins Geschehen hinein, der Ausgang der Handlung bleibt offen. Erzählt wird ein Ausschnitt aus dem Alltag ganz normaler Menschen. Auch die Sprache wirkt alltäglich; manchmal wird sogar Umgangssprache verwendet. Die Handlung strebt auf einen Höhe- bzw. Wendepunkt zu, in der Regel auf einen Moment, in dem eine Figur plötzlich eine neue Einsicht gewinnt.

Parabeln
Parabeln sind gleichnishafte Erzählungen. Die Handlung ist stark vereinfacht, es steckt aber mehr dahinter: Anhand eines konkreten Einzelfalls wird eine Lebensweisheit veranschaulicht. Der Leser kann eine Lehre aus der Handlung ziehen.

Novellen
Novellen sind Erzählungen von mittlerer Länge, in deren Zentrum ein besonderes Ereignis steht, eine „unerhörte Begebenheit" (Goethe). Die Handlung wird meist chronologisch erzählt, also entsprechend ihrem zeitlichen Ablauf. Es gibt eine hinführende Einleitung, einen Höhepunkt und einen Schluss. Der Leser erfährt, wie das Geschehen ausgeht.

Digitales Glossar: Begriffe nachschlagen

Merkmale der verschiedenen epischen Texte

Schwänke

Schwänke sind kurze scherzhafte Erzählungen, die von einfachen Leuten handeln. In der Regel gibt es eine Hauptfigur (z. B. Till Eulenspiegel), die auf witzige Art andere hereinlegt. Das Gelingen des Streichs kennzeichnet den Höhepunkt der Geschichte. Der überlisteten Person wird damit eine Lehre erteilt.

Romane

Romane sind längere Erzählungen, die in Buchform veröffentlicht werden. Die Handlung ist oft vielschichtig und weit verzweigt und sie erstreckt sich meist über einen längeren Zeitraum. Deshalb kann der Leser verfolgen, welche Entwicklung die Hauptfigur durchmacht. Es gibt viele unterschiedliche Arten von Romanen, z. B. Liebes-, Kriminal- oder Jugendromane.

Tipp

> In der **Prüfung** wird dir meist eine **Kurzgeschichte** oder ein Auszug aus einem (Jugend-) **Roman** zum Bearbeiten vorgelegt.

Übung 9 Ordne die genannten Merkmale den jeweiligen Textsorten zu. Trage die entsprechenden Buchstaben ein.

Hinweis: Einige Merkmale lassen sich mehr als einer Textsorte zuordnen.

- A Anekdote
- B Fabel
- C Kalendergeschichte
- D Kurzgeschichte
- E Novelle
- F Parabel
- G Roman
- H Schwank

Merkmal	Textsorte(n)
Der Protagonist macht eine Entwicklung durch.	
Die Handlung strebt auf einen Höhepunkt (auch: Wendepunkt) zu.	
Eine Person wird hereingelegt.	
Die Hauptfiguren sind ganz normale Alltagsmenschen.	
Die Handlung erstreckt sich über einen längeren Zeitraum.	
Im Zentrum steht eine ungewöhnliche Begebenheit aus dem Leben einer Person.	
Die Geschichte ist stark vereinfacht.	
Es handelt sich um einen epischen Text von geringem Umfang.	
Die Hauptfiguren sind oft Tiere, die sprechen können.	
Im Mittelpunkt steht ein ganz besonderes Ereignis.	
Die Einleitung fehlt, und das Ende ist offen.	
Es gibt eine Einleitung und ein richtiges Ende; die Handlungsschritte werden chronologisch dargestellt.	
Es wird eine Lehre erteilt.	

Die Erzählperspektive bestimmen

Eine Handlung lässt sich aus unterschiedlichen Perspektiven erzählen. Grundsätzlich unterscheidet man zwei Erzählperspektiven: den **Ich-Erzähler** und den **Er-Erzähler**. Die Perspektive des Er-Erzählers lässt sich noch genauer bestimmen: entweder als **auktorialer** oder als **personaler Erzähler**.
Die Erzählperspektive zeigt an, welche Haltung der Erzähler zur erzählten Handlung einnimmt: ob er dem Geschehen eher sachlich und nüchtern gegenübersteht oder ob er z. B. mit einer Figur mitfühlt.

Die verschiedenen **Erzählperspektiven** haben folgende Merkmale:

▶ Ein **Ich-Erzähler** erzählt die Handlung aus der **Sicht des Protagonisten**. Das bedeutet: Protagonist und Erzähler sind identisch.

  Bisher glaubte ich, Mörder müsse man an ihren Händen erkennen, Massenmörder an ihren Augen. — Beispiel

▶ Ein **Er-Erzähler** erzählt die Handlung aus der **Sicht eines Beobachters**. Dieser kann dem Protagonisten sehr **nah** sein – er kann aber auch **distanziert** wirken, wie ein neutraler Berichterstatter.

  - Hat man den Eindruck, dass der Erzähler die Welt **mit den Augen des Protagonisten** sieht (oder mit denen einer anderen Figur aus dem Text), handelt es sich um einen **personalen Erzähler**.

    Er verdrückt sich in die Schulhofecke neben den Toiletten. Dort finden sie ihn nicht mit ihren blöden Fragen. Hast du den Science-Fiction-Film im Fernsehen gesehn? Warst du die Woche im Kino? — Beispiel

  - Erweckt die Darstellung den Eindruck, dass der Erzähler ein **unbeteiligter Beobachter** ist, so handelt es sich um einen **auktorialen Erzähler**.

    Das erste Trockendock in Toulon, das gegen Ende des 18. Jahrhunderts von einem Ingenieur namens Grognard erbaut wurde, verdankt seinen Ursprung einer merkwürdigen Begebenheit. — Beispiel

Quellen (von oben nach unten): Max von der Grün: Kinder sind immer Erben. In: Ders.: Etwas außerhalb der Legalität und andere Erzählungen. Darmstadt: Luchterhand 1980.
Fritz Deppert: Vielleicht auch ein Wunder. In: J. Pestum (Hrsg.): Ich singe gegen die Angst. Würzburg: Arena 1980.
Stefan Andres: Das Trockendock. In: Die Verteidigung der Xantippe. Zwölf Geschichten. München: Piper 1960.

> **Tipp**
> Du erkennst den auktorialen Erzähler nicht unbedingt daran, dass er allwissend ist. Auch der personale Erzähler kennt z. B. die Gedanken der Hauptfigur!
> Entscheidend ist, dass der auktoriale Erzähler die Handlung völlig **gelassen** und **neutral** darstellt, als würde ihn das Geschehen überhaupt nicht berühren.
> Der personale Erzähler dagegen fühlt sich **betroffen**: Er erweckt mit seiner Darstellung den Eindruck, dass er auf alles eine **persönliche Sicht** hat.

LESEKOMPETENZ

Übung 10 Lies die drei Textauszüge und bestimme jeweils die Erzählperspektive.

Text A

Die Frau lehnte am Fenster und sah hinüber. Der Wind trieb in leichten Stößen vom Fluss herauf und brachte nichts Neues. Die Frau hatte den starren Blick neugieriger Leute, die unersättlich sind. Es hatte ihr noch niemand den Gefallen getan, vor ihrem Haus niedergefahren zu werden. Außerdem wohnte sie im vorletzten Stock, die Straße lag zu tief unten. Der Lärm rauschte nur mehr leicht herauf. Alles lag zu tief unten. […]

Quelle: Ilse Aichinger: Das Fenster-Theater. In: Dies.: Der Gefesselte. Erzählungen. Frankfurt am Main: Fischer Verlag 1955.

Text B

[…] Jenös Leute standen dicht zusammengedrängt auf einem Lastwagen. Es war nicht herauszubekommen, was man ihnen erzählt hatte, denn sie lachten und schwatzten, und als Jenö mich sah, steckte er zwei Finger in den Mund und pfiff und winkte rüber zu mir. Nur seine Großmutter und die übrigen Alten schwiegen; sie hatten die Lippen zusammengepresst und sahen starr vor sich hin. Die anderen wussten es nicht. Ich habe es damals auch nicht gewusst; ich war nur traurig, dass Jenö jetzt weg war. Denn Jenö war mein Freund.

Quelle: Wolfdietrich Schnurre: Jenö war mein Freund. In: Ders.: Als Vaters Bart noch rot war. Ein Roman in Geschichten. Frankfurt/Main, Berlin, Wien: Ullstein Verlag 1985, S. 152.

Text C

Leute starrten nach oben. Sie warteten. Ihre Gesichter waren feindlich. Trotzdem fühlte er sich ihnen verpflichtet. Er musste springen, damit sie ihre Sensation bekamen. Er fühlte, dass er es nicht schaffen würde. Er war noch nicht so weit. Aber er musste beweisen, dass er ein Mann war. Lieber tot sein, als sich vor diesen Gesichtern blamieren. Nur noch ein paar Sekunden atmen, dachte er, mehr verlange ich gar nicht.

Quelle: Annette Rauert: Der Schritt zurück. In: Dies.: Geschichten zum Nachdenken. Christian Kaiser Verlag 1977.

Erzählperspektive	Text A	Text B	Text C
Ich-Erzähler	☐	☐	☐
Er-Erzähler			
personaler Erzähler	☐	☐	☐
auktorialer Erzähler	☐	☐	☐

Auf einen Blick

Epische Texte verstehen und untersuchen	
Basisinformationen	Benenne Titel und Autor des Textes. Bestimme die Textsorte und das Thema. Oft ist es auch sinnvoll, das Erscheinungsjahr anzugeben.
Figuren	Überlege, wer der Protagonist oder die Protagonistin ist und welche Nebenfiguren eventuell wichtig für die Handlung sind.
Handlung	Rekonstruiere das Geschehen/den Handlungsverlauf.
Erzählperspektive	Beurteile die Darstellung durch den Erzähler: Wird das Geschehen auktorial, personal oder aus der Ich-Perspektive erzählt?
Kernaussage	Frage dich, welche Botschaft der Text den Lesern vermitteln soll.

Lies die Kurzgeschichte „Marathon" und bearbeite dann die Aufgaben.

Reinhold Ziegler: Marathon

1 Ob ich meinen Vater schon hasste, als ich auf die Welt kam, bezweifle ich. Ich vermute, ich fing damit erst an, als ich laufen lernen musste.

5 Ein Sohn, der nur krabbeln konnte, der sich später mühsam von einem Bein aufs andere fallend, durch die Welt hangelte, der schließlich gehen konnte, aber noch nicht lief, noch nicht federnd aus 10 den Fußgelenken, noch nicht abrollend mit der ganzen Sohle, noch nicht locker aus den Hüften heraus, noch nicht exakt im Knie geführt, der eben ging, wie ein Kind geht – all das muss ihn ungeduldig 15 geschmerzt haben in seinem großen Sportlerherz. Und diese Ungeduld ließ er mich damals schon spüren.

Mit fünf hatte er mich schließlich so weit. Ob wir morgens Brötchen holten, 20 ob er mich zum Einkaufen in die Stadt mitnahm oder ob wir unseren abendlichen „Spaziergang" mit unserem Hund Nurmi machten, immer liefen wir, joggten wir, würde man heute sagen, 25 obwohl unser verbissenes Laufen bei weitem nicht die Leichtigkeit und den Spaß des heutigen Joggens hatte.

[…] Wenn ich an meine Kindheit denke, sehe ich nur ein Bild vor mir: Es ist mein 30 Vater, laufend, schräg rechts vor mir. Er blickt über seine linke Schulter zurück und ruft: „Auf, auf!" Und wenn ich länger hineinhöre in dieses Bild, dann höre ich sein gleichmäßiges Atmen, 35 höre seinen Rhythmus: Schritt, Schritt, ein – Schritt, Schritt, aus. Und ich höre mein eigenes Keuchen, spüre mein Herz stechen und spüre den Hass, der mich zurückhalten will und der mich doch 40 immer hinter ihm hertreibt.

Und dann mein Vater, wie er zu anderen redete: „Der Junge hat Talent", höre ich. „Aus dem wird mal was", höre ich. „Das ist mein kleiner Sieger", höre ich.
45 Wenn er zu mir redete, hörte ich nur: „Auf, auf!"

An meinem dreizehnten Geburtstag lief ich zum ersten Mal die fünftausend Meter. Es war ein Sportfest, und ich musste 50 mit den Achtzehnjährigen starten, weil in meiner Altersklasse und den zweien darüber niemand sonst auf diese Distanz antrat. Meine Vereinskameraden standen am Rand der Bahn und feuerten 55 mich an. Fast zehn Runden hielt ich mit den Großen mit, dann fiel ich ab. Vater wartete an Start und Ziel, bei jeder Runde schrie er mir sein „Auf, auf!" ins linke Ohr, die letzte Runde lief er auf dem 60 Rasen neben mir her. „Auf, auf, auf!", schrie er, aber ich hörte nichts mehr, lief wie bewusstlos, Schritt, Schritt, ein – Schritt, Schritt, aus – bis mir irgendwer eine Decke überwarf und ich verstand, 65 dass es vorbei war. Ich ließ mich auf die weiche, kühle Kunststoffbahn fallen, er hielt mich fest, zog mir die Haut neben der Nase hoch, damit ich besser Luft bekam.

70 „Gut gemacht, mein Läuferlein", flüsterte er in mein Keuchen.

Und ich nahm diese Worte und schloss sie ein wie einen Edelstein, den man immer mal wieder ganz alleine hervor-75 holt, um ihn zu betrachten.

„Gut gemacht, gut gemacht."

Später standen wir beieinander, alle die, denen Laufen Spaß machen musste.

„Viel hat da nicht gefehlt", hörte ich 80 meinen Vater. „Nächstes Jahr packen wir den ganzen Tross."

Ich ging weg, nahm mein „Gut gemacht" heraus und sah es von allen Seiten an. Es hatte viele Facetten, das wusste ich nun. 85 Ich wollte nicht an das nächste Jahr denken, aber natürlich tat ich es.

Und natürlich hatte Vater Recht. Es war dasselbe Sportfest, ein Jahr später, als ich tatsächlich zum ersten Mal die fünf-90 tausend Meter gewann.

Von nun an war ich, wie die Zeitungen schrieben, abonniert auf Sieg, das große deutsche Talent, unsere Olympiahoffnung und vieles andere mehr, was mich 95 vergessen ließ, wie sehr ich meinen Vater hasste, vielleicht auch, dass ich ihn überhaupt hasste.

Ich studierte in einer anderen Stadt. Sport natürlich, was sonst. Ich trainierte täglich zweimal, professionell, wie man mir sagte, obwohl es auch nicht viel mehr war als das „Auf, auf!" meines Vaters, nur besser organisiert, wissenschaftlicher verpackt und anonymer. […] Dann verpasste ich die Qualifikation, wurde nicht zur deutschen olympischen Hoffnung. Knapp zwar nur, aber der Flieger ging ohne mich den fünf Ringen entgegen. […]

Ich fing an, auf Marathon zu trainieren. Irgendjemand hatte meinen Laufstil analysiert und mir von der Bahn, von fünftausend und zehntausend weg hin zu Marathon geraten.

[…] Ich war gut im Marathon, aber meine Zeiten zeigten mir, für die Welt, die ganz große Welt, war ich auch hier nicht gut genug.

In dieser Zeit – es war kurz nachdem ich auch diese Qualifikation verpasst hatte – fuhr ich einmal nach Hause. Wie fremd saß ich dort an dem vertrauten Esstisch, trank Kaffee mit meinen Eltern wie früher und fand doch keine Worte, um das Versagen auszulöschen oder an die kleinen Siege meiner Vergangenheit anzuknüpfen.

Komm, lass uns laufen, sagte mein Vater, noch immer, ohne zu begreifen, wie sehr ich auch diesen Satz hasste.

Als wir die Schuhe aussuchten, fragte er: „Wie weit?"

„Marathon", sagte ich, ohne ihn anzusehen. Er war noch nie Marathon gelaufen, das wusste ich, und er war älter geworden.

Ich ließ ihn voranlaufen und merkte nach den ersten paar hundert Metern, dass er es zu schnell anging. Ich ließ mich zurückfallen, aber immer wieder kam sein Kopf über die linke Schulter zu mir: „Auf, auf!"

Nach nicht mal einem Viertel der Strecke begannen ihn die Kräfte zu verlassen. Wieder drehte er sich um: „Auf, sei nicht so faul!", rief er. „Führ du mal!"

Ich zog an ihm vorbei, hörte sein Atmen, viel zu hastig, viel zu ausgepumpt, viel zu verkrampft. […]

Ich wollte ihn umbringen, wollte ihn winseln hören, wollte seine Ausflüchte hören, sein „Ich habe es doch nur gut gemeint". […]

Ich zog noch ein bisschen an und er ging das Tempo mit. Sein Kopf wurde allmählich rot und fing an zu pendeln, seine Füße rollten jetzt nicht mehr, sondern platschten auf den Boden wie bei einem Kind, das froh ist, überhaupt von der Stelle zu kommen. Ab und zu drehte ich mich um: „Auf, auf!", rief ich ihm über die Schulter zu.

[…] Keuchend und nach Luft ringend, lief er hinter mir her. Wir waren jetzt viel zu schnell, selbst ich würde dieses Tempo nicht bis zum Ende halten können, aber es würde ohnehin keinen Einlauf durchs große Marathontor geben, nicht heute und nie mehr. Dies war das letzte Rennen meines Lebens, und nichts und niemand konnte mich daran hindern, es für immer zu gewinnen.

Plötzlich taumelte er, wie zwei Kreisel liefen seine Arme neben ihm her. Ich blieb stehen, um ihn aufzufangen, aber er stolperte an mir vorbei, ließ sich ein paar Meter weiter in die Wiese fallen und übergab sich. Ich drehte ihn um, stützte ihm die Stirn, verschaffte ihm mehr Luft. Sag es, dachte ich. Sag dieses verdammte: „Ich wollte doch nur dein Bestes!"

Aber er konnte nicht mehr sprechen, würgte alles heraus, was in ihm war, schnappte nach Luft wie ein Kind im Heulkrampf.

Allmählich kam er zur Ruhe, sah mich an, sah mir von unten her lange in die Augen. „Hasst du mich so sehr?", fragte er.

Da war etwas wie erstauntes Entsetzen in seinen Augen. Aber ich schwieg, sah ihn nur an in all seiner Hilflosigkeit.

„Nein, nicht mehr", antwortete ich schließlich. „Nicht mehr, es ist vorbei, es ist gut."

Wir blieben lange sitzen, wortlos, aber zum ersten Mal in unserem Leben einig. Dann trabten wir zurück. Ganz ruhig, fast gelassen.

Nebeneinander.

Quelle: Reinhold Ziegler: Marathon. In: Ders.: Der Straßengeher. Weinheim/Basel: Beltz & Gelberg 2001. S. 82–87.

Literarische Texte verstehen | 39

Aufgaben

1. Welches Problem hat der Ich-Erzähler gehabt? Kreuze passend an.
   - [ ] Sein Vater hat ihn schon als Kind zum Laufen gezwungen.
   - [ ] Er hat trotz seines harten Trainings als Sportler versagt.
   - [ ] Er hat geglaubt, die Erwartungen seines Vaters erfüllen zu müssen.
   - [ ] Das Laufen ist für ihn immer nur eine Qual gewesen.

2. Welche Eigenschaften schreibt der Ich-Erzähler seinem Vater zu – und welche nicht? Kreuze entsprechend an.

Eigenschaften	trifft zu	trifft nicht zu
a) Ungeduld	☐	☐
b) Egoismus	☐	☐
c) Gleichgültigkeit	☐	☐
d) Ehrgeiz	☐	☐
e) Einfühlsamkeit	☐	☐

3. Bringe die Handlungsschritte in die richtige Reihenfolge. Nummeriere sie.

Nummer	Der Ich-Erzähler ...
	wird als Olympia-Hoffnung gefeiert.
	steigt auf Marathon um.
	will mit dem Laufen aufhören.
	nimmt zum ersten Mal an einem Fünftausendmeterlauf teil.
	verpasst die Qualifikation für Olympia.
	läuft mit seinem Vater Marathon.
	schafft es nicht, seinen ersten Fünftausendmeterlauf zu gewinnen.
	fängt an, Sport zu studieren.
	muss bei jeder Gelegenheit mit seinem Vater laufen.
	gewinnt einen Fünftausendmeterlauf.

4. Erzähle die ersten drei Absätze (Z. 1–27) aus der Sicht eines auktorialen Erzählers neu. (→ Heft) Achte auf Formulierungen, die zu einem außenstehenden Beobachter passen. Du darfst stellenweise kürzen.

   Hinweis: Du kannst dem Protagonisten einen Namen geben.

5. „Und ich nahm diese Worte und schloss sie ein wie einen Edelstein, den man immer mal wieder ganz alleine hervorholt, um ihn zu betrachten." (Z. 72–75)
Welche Aussage lässt sich aus diesem Satz **nicht** ableiten? Kreuze sie an.

☐ Die Worte haben ihm gut getan.
☐ Der Ich-Erzähler hat sich gern an diese Worte erinnert.
☐ Der Ich-Erzähler hat diese Worte schnell vergessen.
☐ Diese Worte waren ein Ansporn für ihn.

6. Warum fühlt sich der Ich-Erzähler zu Hause „fremd" (Z. 121)?
Kreuze die passende Aussage an.

☐ Seine Eltern haben sich verändert.
☐ Die Möbel sind umgestellt worden.
☐ Seine Eltern machen ihm Vorwürfe.
☐ Er findet keine Worte für seinen Misserfolg.

7. „Ich wollte doch nur dein Bestes!" (Z. 181 f.) Warum möchte der Ich-Erzähler diese Worte von seinem Vater hören? Kreuze die passende Aussage an.

Mit diesen Worten soll ihm sein Vater zeigen, dass er ...

☐ seine Fehler eingesehen hat.
☐ seine Erwartungen zurückschrauben wird.
☐ ihm seinen Misserfolg verzeiht.
☐ ihn immer sehr geliebt hat.

8. Nenne vier Gefühle, die der Ich-Erzähler im Laufe seines Lebens empfunden hat, und erläutere sie kurz. Du kannst Stichworte verwenden. (→ Heft)

9. „Dies war das letzte Rennen meines Lebens, und nichts und niemand konnte mich daran hindern, es für immer zu gewinnen." (Z. 169–172)
Welche beiden Vorstellungen stecken in diesen Gedanken des Ich-Erzählers?

a) _____

b) _____

10. Erkläre, was der Ich-Erzähler mit dem letzten Wort („Nebeneinander", Z. 201) zum Ausdruck bringt. Stelle einen Zusammenhang mit dem ganzen Text her. (→ Heft)

11. Erkläre den Sinn der Überschrift. (→ Heft)

Hinweis: Denke daran, dass der Titel eines (literarischen) Textes oft mehrdeutig ist.

4.2 Gedichte untersuchen

Gedichte sind besonders kunstvoll gestaltete Texte. Man erkennt sie gleich an ihrer **Form:** Die Zeilen sind verkürzt (**Verse**), und mehrere Verse sind jeweils zu Blöcken (**Strophen**) zusammengefasst. Gedichte sind oft nicht einfach zu verstehen. Darauf weist schon das Wort „Gedicht" hin: Der Dichter hat seine Aussagen so stark verdichtet, dass es einiger Mühe bedarf, den Sinn zu erfassen.

Tipp

> Derjenige, der im Gedicht „spricht", also bestimmte Gedanken oder Gefühle äußert, ist *nicht* der Autor, sondern eine von ihm ausgedachte Stimme (wie der Erzähler bei epischen Texten). Bei Gedichten verwendet man dafür den Begriff „**lyrisches Ich**" oder „**lyrischer Sprecher**".

In der Prüfungssituation liegt der Vorteil eines Gedichts oft in seiner **überschaubaren Länge**. Außerdem kann man gerade beim Untersuchen von Gedichten **planmäßig vorgehen**. Wenn du die entscheidenden Merkmale kennst, kannst du dich dem **tieferen Sinn** Stück für Stück nähern.

Schritt für Schritt

Ein Gedicht untersuchen

Arbeitsschritt 1 — Überfliege den Gedichttext einmal. **Bestimme** danach das **Thema** zunächst ganz allgemein (*Frühling? Leben in der Stadt? Liebe? Krieg?*).

Arbeitsschritt 2 — Lies das Gedicht noch einmal genau und stelle dir folgende Fragen zum **Sprecher** und zum **Adressaten** (= der Angesprochene): *Gibt es ein lyrisches Ich? Wird jemand direkt angesprochen (ein Du oder ein Ihr)? Welche Gedanken äußert der lyrische Sprecher?*

Arbeitsschritt 3 — Überlege, was den lyrischen Sprecher veranlasst, sich diese Gedanken zu machen. Bestimme seine **Situation** und sein **Motiv**.

Arbeitsschritt 4 — Gehe **jede Strophe einzeln** durch. Lies Satz für Satz ganz genau. Frage dich jeweils: *Welche Bedeutung hat diese Aussage (in Bezug auf die Gedanken des lyrischen Sprechers)?* Textstellen, die dir unklar sind, kennzeichnest du am Rand mit **?**.

Arbeitsschritt 5 — Denke darüber nach, wie die einzelnen **Aussagen zusammenhängen**. Frage dich z. B.: *Ist die Aussage als Grund zu verstehen? Oder als Bedingung? Gibt es wiederkehrende Gedanken? Findet eine Entwicklung statt?*

Arbeitsschritt 6 — Gelange zu einem **Ergebnis**. Präzisiere das Thema, das du anfangs nur allgemein bestimmt hast. Frage dich: *Was genau bringt der lyrische Sprecher zum Ausdruck: einen Wunsch? eine Klage? Kritik? einen Appell?*

Hinweis: Es geht hier zunächst um das Erfassen des **Sinns**. Hinweise zu **Form und Sprache** von Gedichten findest du ab Seite 44.

Tipp

> Eine besondere Art von Gedicht ist die **Ballade**. Meist haben Gedichte einen lyrischen Sprecher, der seine Gedanken und Gefühle äußert. In Balladen dagegen wird eine **Geschichte** erzählt. Fast alle Balladen zeichnen sich außerdem dadurch aus, dass sie **wörtliche Rede** enthalten. So wirkt die Darstellung nicht nur anschaulich, sondern geradezu dramatisch.

Übung 12

Lies das Gedicht „Septemberliches Lied vom Storch" von Günter Eich und bearbeite dann die Aufgaben.

Günter Eich: Septemberliches Lied vom Storch

1 Die Sonne brennt noch überm Luch[1],
vom Grummet[2] weht der Grasgeruch,
die Beere kocht im Brombeerschlag[3],
und lang noch steht die Sonn' im Tag.

5 Er aber glaubt nicht mehr ans Jahr,
der auf dem First zu Hause war.
Nach Süden schwang sein Flügelschlag
und lang noch steht die Sonn' im Tag.

Die Frösche quarren[4] doppelt hell,
10 die Maus zeigt unbesorgt ihr Fell.
Der ihnen auf der Lauer lag,
er schwang sich fort vor Tau und Tag.

Obgleich noch wie im Sommerwind
die Spinne ihre Fäden spinnt,
15 die Mücke tanzt im Weidenhag[5],
und lang noch steht die Sonn' im Tag.

Quelle: Günter Eich: Septemberliches Lied vom Storch.
In: W. Höllerer: Ausgewählte Gedichte. Suhrkamp Verlag: Frankfurt am Main 1960

Anmerkungen
1 *Luch:* Wiesenfläche im Moor
2 *Grummet:* Heu
3 *Brombeerschlag:* eine Ecke im Garten, wo nur Brombeerbüsche wachsen
4 *quarren:* quaken
5 *Weidenhag:* Weidengebüsch

Aufgaben

1. Bestimme das Thema des Gedichts.
   Stichworte genügen.
   _____

2. Wessen Sicht vermittelt der lyrische Sprecher?
   Kreuze die passende Aussage an.
   Er vermittelt die Sicht ...
   ☐ des Storchs.
   ☐ anderer Tiere.
   ☐ eines nachdenklichen Beobachters.
   ☐ eines gleichgültigen Beobachters.

Literarische Texte verstehen | 43

3. Was für eine Situation beschreibt der lyrische Sprecher? Beziehe dich auf die Jahreszeit und auf die Stimmung. Formuliere dazu zwei Sätze.

   _____
   _____
   _____

4. Fasse die Beobachtungen des lyrischen Sprechers knapp zusammen. Gehe auf jede Strophe einzeln ein.

   Strophe 1: _____
   _____

   Strophe 2: _____
   _____

   Strophe 3: _____
   _____

   Strophe 4: _____
   _____

5. Worauf bezieht sich das Personalpronomen „er" in Vers 5? Stichworte genügen.

   _____

6. Die letzte Strophe beginnt mit der Konjunktion „obgleich" (V. 13). Worin besteht der Einwand, der damit zum Ausdruck kommt? Formuliere zwei Sätze, um diese Frage zu beantworten.

   Zwar _____
   _____

   Aber _____
   _____

7. Formuliere ein Ergebnis. Stelle in ca. fünf Sätzen dar, was der lyrische Sprecher mit dem Gedicht zum Ausdruck bringt.

   _____
   _____
   _____
   _____
   _____
   _____
   _____

Flashcards: Wichtiges wiederholen

Formmerkmale von Gedichten untersuchen

Jedes Gedicht besteht aus einer Gruppe von **Versen**, die zu **Strophen** zusammengefasst sind. Das ist das erste Formmerkmal, das dem Leser auffällt.

Reime erkennen

Beim Blick auf die Versenden stellt man oft fest, dass sich zwei (oder mehr) Verse **reimen**. Ein Reim entsteht durch den Gleichklang der Versenden. Es gibt auch sogenannte „unreine Reime": hier klingen die Versenden nur ungefähr gleich.

Beispiel

Wilhelm Busch: Der Esel

Es stand vor eines Hauses T**or** ⎫ reiner Reim
Ein Esel mit gespitztem **Ohr**, ⎭
Der käute sich sein Bündel H**eu** ⎫ unreiner Reim
Gedankenvoll und still entzw**ei**. ⎭

Tipp

Am besten bestimmst du das **Reimschema**, indem du jeden Reim mit einem Buchstaben kennzeichnest. Bei der Strophe aus Wilhelm Buschs Gedicht „Der Esel" sieht das so aus: *aabb*.

Auf einen Blick

Die häufigsten Reimschemas			
Paarreim	Es reimen sich zwei aufeinanderfolgende Verse; sie bilden ein „Paar".	**aabb**	*Sonne, Wonne, Mut, Glut*
Kreuzreim	Die Verse reimen sich über Kreuz.	**abab**	*Reise, fragen, weise, sagen*
Umarmender Reim	Zwei sich reimende Verse werden eingerahmt von zwei Versen, die sich ebenfalls reimen.	**abba**	*Boot, lachen, machen, rot*

Übung 13

Bestimme das Reimschema des Gedichts „Septemberliches Lied vom Storch" von Günter Eich (S. 42). Stichworte genügen.

___

Das Versmaß bestimmen

Den meisten Gedichten liegt ein bestimmter Takt, das **Metrum** (Plural: Metren) oder **Versmaß**, zugrunde. Es ergibt sich durch eine regelmäßige Abfolge von betonten und unbetonten Silben. Betonte Silben nennt man auch **Hebungen**.
Um das Metrum eines Gedichts zu bestimmen, solltest du den Text **laut lesen**. Achte beim Lesen darauf, welche Silben du betonst. Anschließend kennzeichnest du in jedem Vers die betonten und unbetonten Silben mit unterschiedlichen Zeichen, z. B. mit ´ für betont und mit ˘ für unbetont.

Tipp

Nicht immer zieht sich das zugrunde liegende Metrum **durchgängig** durch das ganze Gedicht. In einem solchen Fall musst du herausfinden, welches Versmaß – trotz einiger Abweichungen – die Grundlage bildet. Versuche, Regelmäßigkeiten zu finden.

Literarische Texte verstehen

Auf einen Blick

Die häufigsten Metren		
Jambus	Zweiertakt: erste Silbe unbetont, zweite Silbe betont	*Fĭgúr, Păpíer, Věrstéck*
Trochäus	Zweiertakt: erste Silbe betont, zweite Silbe unbetont	*Sónnĕ, Blúmĕ, lésĕn*
Daktylus	Dreiertakt: erste Silbe betont, zwei folgende Silben unbetont	*Málĕrĭn, Héilĭgĕr, Eítĕlkeĭt*
Anapäst	Dreiertakt: erste zwei Silben unbetont, letzte Silbe betont	*Zaŭbĕreí, Părădíes, Dĭămánt*

Bestimme das Versmaß im Gedicht „Septemberliches Lied vom Storch" (S. 42).

Übung 14

Tipp

> **Am häufigsten** kommt der **Jambus** vor. Es empfiehlt sich also, bei einem Gedicht als Erstes zu prüfen, ob das Metrum ein Jambus ist. Der Anapäst hingegen taucht sehr selten auf.

Inhalt und Form zusammenführen

Auch bei einem Gedicht kommt es vor allem auf den **Sinn** an. Du solltest also nicht den Fehler machen, dich nur auf die Form zu konzentrieren. Es genügt auch nicht, Formmerkmale eines Gedichtes nur zu benennen. Du musst immer auch erläutern, welche **Wirkung** von ihnen ausgeht. Dasselbe gilt für die sprachlichen Besonderheiten. (Mehr darüber erfährst du ab S. 48 und auf S. 78.)
Hilfreich ist oft die Frage, ob die Form zum Inhalt passt oder nicht:

- ▶ **Harmonie + Harmonie:** Der Inhalt ist harmonisch, und die Form ist regelmäßig gestaltet.
- ▶ **Disharmonie + Disharmonie:** Der Inhalt ist verstörend bzw. wirkt nicht harmonisch, und die Form weist keine oder nur wenige Regelmäßigkeiten auf.

} Inhalt und Form passen zusammen.

- ▶ **Disharmonie + Harmonie:** Der Inhalt ist verstörend bzw. wirkt nicht harmonisch. Trotzdem ist die Form ganz regelmäßig gestaltet.
- ▶ **Harmonie + Disharmonie:** Der Inhalt ist harmonisch, die Form ist aber unregelmäßig gestaltet.

} Inhalt und Form passen nicht zusammen.

Tipp

> Wenn die Form (und ggf. Sprache) die Stimmung unterstreicht, die in einem Gedicht zum Ausdruck kommt, dann **passen** formale Darstellung und Inhalt **zusammen**. Das Gedicht strahlt dann einen **Gleichklang** aus: Entweder wirkt beides positiv (ruhig, fröhlich, feierlich, hoffnungsvoll …) – oder beides wirkt negativ (kühl, dunkel, traurig, trostlos, hart, grausam …).
>
> Wenn Inhalt und Form **nicht zusammenpassen**, hat das einen **Grund**! Der Leser soll auf die „Störung" aufmerksam werden und darüber nachdenken, warum es diese **Unstimmigkeit** gibt.

Übung 15 Bestimme den Zusammenhang zwischen Inhalt und Form des Gedichts „Septemberliches Lied vom Storch" (S. 42). (→ Heft)

Gehe so vor:

▶ Fasse kurz zusammen, worum es geht und wie der Inhalt wirkt. (1–2 Sätze)

▶ Beschreibe die Form des Gedichts. (4–5 Sätze)
Tipp: Bedenke, dass in der Überschrift von einem „Lied" die Rede ist.

▶ Triff zum Schluss eine Aussage über die Wirkung des Zusammenspiels von Inhalt und Form. Orientiere dich an der Übersicht auf S. 45. (2–3 Sätze)

Moderne Gedichte verstehen

Moderne Gedichte haben oft kein Metrum, sondern sind in **freien Rhythmen** verfasst. In der Regel gibt es auch **keine Reime**. Trotzdem handelt es sich um Gedichte! Das ist zum Beispiel an den verkürzten Zeilen (Versen) erkennbar. Moderne Gedichte sind oft besonders schwer zu entschlüsseln. Das liegt daran, dass die Verfasser häufig **mit der Sprache** und verschiedenen Bedeutungen **spielen**.

Tipp

> Man findet am besten einen Zugang zu einem modernen Gedicht, wenn man nach „**Signalwörtern**" sucht. Du wirst im Text an einigen Stellen Wörter finden, die üblicherweise in einem ganz **bestimmten Zusammenhang** vorkommen. Sie verweisen auf das zentrale Thema.

Übung 16 ### Mathias Jeschke: Spiel zwischen Erde und Himmel

1 Im Augenwinkel der Sturz.
  Schrill, scharf gellt der Pfiff.

  Ich wende mich hin,
  doch niemand gefoult am Boden.

5 Es war eine Schwalbe.
  Ich stehe auf der Lichtung und öffne mich.

  Die Vögel jubeln,
  die Bäume schwenken ihr Fahnengrün.

  Erneut ein schriller Pfiff.
10 Erwartung wächst.

  Da trifft es mich:
  Ich stehe am Punkt für den Freistoß.

Quelle: Timo Berger; http://matthiaskehle.blogspot.com/search/label/Fu%C3%9Fball

Anmerkung
1 *gellen*: hell und durchdringend klingen, z. B. ein gellender Schrei

Hinweis: Du findest weitere Aufgaben zu diesem Gedicht auf S. 50 und 52.

Literarische Texte verstehen 47

Aufgaben

1. Schreibe alle Wörter heraus, die darauf hindeuten, dass das Gedicht von Mathias Jeschke auf den Bildbereich Fußball zugreift.

   _____
   _____
   _____

2. Nenne den zweiten thematischen Bereich, der im Gedicht angesprochen wird. Belege deine Antwort mit zwei Beispielen aus dem Text.

   Der zweite Themenbereich ist

   _____ .

   Beispiele:

   _____
   _____

3. Das Wort „Schwalbe" (V. 5) hat eine doppelte Bedeutung – entsprechend den zwei Themenbereichen aus dem Gedicht. Erkläre beide Bedeutungen. Stichworte genügen.

   Erste Bedeutung: _____

   Zweite Bedeutung: _____

4. Weise nach, dass das Gedicht „Spiel zwischen Erde und Himmel" in freien Rhythmen verfasst ist, indem du die Silben mit ´ (betont) oder ˘ (unbetont) kennzeichnest.

Auf einen Blick

Gedichte verstehen und untersuchen	
Thema	Bestimme allgemein, womit sich der lyrische Sprecher befasst.
Stimmung	Überlege, welche Atmosphäre im Gedicht zum Ausdruck kommt.
Lyrischer Sprecher	Frage dich, in welcher Situation sich der lyrische Sprecher befindet und was ihn bewegt *(was ist sein Motiv?)*.
Adressat	Beziehe auch mit ein, an wen der lyrische Sprecher seine Worte richtet: an sich selbst, an eine (vertraute) Person, an den Leser?
Form	Beschreibe die Anzahl der Strophen und Verse, das Reimschema und das Metrum. Überlege, welche Wirkung durch diese Formmerkmale erreicht wird.
Aussage	Gehe Strophe für Strophe durch und denke über die jeweilige Bedeutung nach. Stelle abschließend einen Zusammenhang zwischen Form und Inhalt her und triff eine Aussage über die Gesamtwirkung des Gedichts.

Interaktive Aufgaben: Ausdruck und Stil

5 Die sprachliche Gestaltung beurteilen

Um einen Text gut zu verstehen, genügt es nicht, nur auf die (oberflächlichen) Inhalte zu achten, denn der Inhalt und die sprachliche Gestaltung sind eng miteinander verwoben. Deshalb solltest du dir zu einem Text immer auch die Frage stellen: *Wie ist ein Sachverhalt oder ein Geschehen dargestellt?*
So kann die **Sprachebene**, für die sich ein Verfasser entscheidet, von Bedeutung sein, ebenso wie seine **Wortwahl**. Auch vom **Satzbau** geht häufig eine bestimmte Wirkung aus. Weitere wichtige Aspekte sind **Sprachbilder** und **Ironie**.

5.1 Die Sprachebene bestimmen

Die Sprachebene, die ein Verfasser für seinen Text wählt, ist **vielsagend**. Damit gibt er z. B. zu erkennen, wie er sich selbst und sein Gegenüber einschätzt. Um die Sprachebene zu bestimmen, kannst du folgende Überlegungen anstellen:

▶ Verwendet der Verfasser eine **gehobene Sprache**? Greift er des Öfteren zu **Fremdwörtern** oder **Fachbegriffen**? Sind seine Sätze eher lang und kompliziert? Dann zeigt er durch seine Sprache, dass er **anspruchsvoll** ist – auch seinen Lesern gegenüber. Seine Darstellung wirkt **ernsthaft** und **seriös**.

▶ Entspricht die Ausdrucksweise eher der **Alltagssprache**? Ist sie vielleicht der **Umgangssprache** angenähert? Kommen überwiegend Ausdrücke vor, die dem alltäglichen (mündlichen) Sprachgebrauch entsprechen (so wie die Menschen z. B. im Supermarkt reden)? Ist der Satzbau evtl. **nicht immer korrekt** oder gibt es unvollständige Sätze? Oft wird dadurch eine **Nähe zum Leser** hergestellt. Die Aussagen wirken in diesem Fall eher **lässig** und **salopp**.

▶ Bewegt sich der Verfasser auf einer mittleren Sprachebene (**Standardsprache**)? Sie zeichnet sich durch **allgemein verständliche Wörter** und korrekte, aber vorwiegend **übersichtlich konstruierte Sätze** aus. Es gibt kaum Abweichungen vom öffentlichen Sprachgebrauch (z. B. dem der Massenmedien) – weder „nach oben" noch „nach unten". Die Sprache ist in dem Fall eher **unauffällig**.

Tipp

Auch bestimmte **Gruppensprachen** können in einem Text auffällig sein, z. B. eine Sprache, wie sie Mediziner verwenden. Der Verfasser will damit vielleicht seine Fachkenntnisse zeigen.

Eine Gruppensprache ist auch die **Jugendsprache**. Typisch dafür sind z. B. Neologismen (Wortneuschöpfungen) und Anglizismen (Begriffe aus dem Englischen). Ein Autor setzt Jugendsprache möglicherweise ein, um eine Szene besonders realistisch wirken zu lassen.

Die sprachliche Gestaltung beurteilen | 49

a) Bestimme bei den Sätzen in der Tabelle die Sprachebene. Kennzeichne sie so:
  ↑ eher von gehobenem Niveau
  → von mittlerem Niveau
  ↓ eher von niedrigem Niveau (z. B. Umgangs-, Jugend- oder Kiezsprache)

b) Unterstreiche in den Sätzen, die du mit ↑ oder ↓ gekennzeichnet hast, alle Stellen, an denen du die Sprachebene erkannt hast.

Übung 17

Sprach-ebene	Beispielsätze
	Könnten Sie mir freundlicherweise Ihre E-Mail-Adresse zukommen lassen?
	Ich hab schon ewig keine WhatsApp mehr von meiner Freundin gekriegt. Das ist halt echt komisch.
	Wie is'n deine Handynummer? Kannste die mir mal geben?
	Wer früher den Ausdruck „elektronische Medien" benutzte, meinte damit nur Rundfunk und Fernsehen.
	Heute denkt man vor allem an Computer und Internet, wenn jemand von elektronischen Medien spricht.
	PC und Internet gestalten unsere Kommunikation sehr komfortabel, denn sie ermöglichen gleichzeitig die Produktion, die Übertragung und die Rezeption von Nachrichten.
	Wir bieten Ihnen eine kompetente Betreuung aller in technologischer und logistischer Hinsicht anfallenden Aufgaben.
	Mein W-Lan-Empfang ist echt unter aller Sau. Ich hoffe, das ändert sich bald mal.
	Es soll Leute geben, die immer noch keinen Internetanschluss haben. Das kann ich nicht nachvollziehen.
	Was kümmern dich die anderen? Du nervst voll!
	Mitteilungen nach außen werden inzwischen immer öfter digital kodiert, vor allem bei Behörden und im Dienstleistungssektor.
	Man sollte sein Passwort öfter ändern. Das ist eine Frage der Sicherheit.

5.2 Auf die Wortwahl achten

Für den Sinn eines Textes spielt die Wortwahl eine entscheidende Rolle. Mit manchen Wörtern verbindet der Leser von vornherein eine bestimmte Vorstellung. Ein Begriff kann **neutrale**, **positive** oder **negative** Gefühle wecken.

Beispiel

neutral	positiv	negativ
Hund	vierbeiniger Freund	Köter
Haus	Villa	Bruchbude

Von besonderer Bedeutung sind diese Wortarten:

▶ **Nomen:** Achte auf die genauen Bezeichnungen von Personen oder Dingen. Einem *Schelm* kann man z.B. nicht böse sein, vor einem *Gauner* wird man sich dagegen in Acht nehmen.

▶ **Verben:** Sie geben zu verstehen, ob ein Geschehen aktiv und lebendig wirkt – oder eher statisch und leblos. Von Verben wie *springen, klatschen* oder *stürmen* geht z.B. eine andere Wirkung aus als von Verben wie *stehen, schweigen* oder *sitzen*.

▶ **Adjektive:** Sie beeinflussen erheblich die Stimmung, die in einem Text zum Ausdruck kommt. Adjektive wie *fröhlich, warm* oder *bunt* erzeugen z.B. eine angenehme, schöne Atmosphäre, dagegen lassen Adjektive wie *trüb, hart* oder *kühl* eine Situation eher unangenehm erscheinen. Wenn ein Text nur wenige oder keine Adjektive enthält, wirkt die Darstellung farblos – so, als hätten die Personen oder Gegenstände gar keine besonderen Eigenschaften.

Tipp

Achte besonders auf **Wiederholungen**. Kommt ein Wort in einem Text mehrmals vor, wird es besonders hervorgehoben – vermutlich weil es eine wichtige Funktion für die Textaussage hat.

Übung 18 Untersuche die Wortwahl im Gedicht „Spiel zwischen Erde und Himmel" (S. 46).

Aufgaben

1. Schreibe Wörter aus dem Gedicht heraus, mit denen man etwas Positives oder Negatives verbindet. Trage sie passend nach Wortarten in die Tabelle ein.

2. Äußere dich zur Wirkung, die von den gefundenen Wörtern ausgeht. Notiere zu jeder Wortart einige Stichworte.

3. Formuliere ein Fazit zu der Atmosphäre, die durch diese Wortwahl erzeugt wird.

   Hinweis: Berücksichtige dazu das gesamte Gedicht.

	Nomen	Verben	Adjektive
1.			
2.			
3.			

5.3 Den Satzbau berücksichtigen

Auch der Satzbau beeinflusst die Wirkung eines Textes auf den Leser:

- **Satzreihen** sind meist leicht verständlich und sprechen damit ein breites Publikum an. Zugleich klingen sie in der Regel sachlich und nüchtern. Satzreihen werden vor allem im mündlichen Sprachgebrauch verwendet.
- **Satzgefüge** zeigen dem Leser an, welche Zusammenhänge zwischen einzelnen Teilsätzen bestehen. Sie klingen oft flüssiger als Satzreihen, sind aber teilweise auch lang und verschachtelt. So können komplizierte Gedanken ausgedrückt werden, was eine anspruchsvolle Leserschaft anspricht. Satzgefüge werden überwiegend im schriftlichen Sprachgebrauch verwendet.
- Besonders kühl und distanziert wirkt der Satzbau dann, wenn **kurze Sätze** ohne verbindende Worte aneinandergereiht werden.
- **Ellipsen** (unvollständige Sätze) bringen häufig Gefühle zum Ausdruck, wie z. B. Freude oder Schrecken, oder sie spiegeln eine spontane Reaktion des Sprechers wider. Sehr häufig kommen Ellipsen im mündlichen Sprachgebrauch (Umgangssprache) vor; sie können aber auch in schriftlichen Texten gezielt eingesetzt werden.
- **Ausrufe-** und **Fragesätze** bringen Lebendigkeit in einen Text. Ausrufesätze drücken z. B. Gefühle wie Erstaunen oder Begeisterung aus. Fragesätze können Zweifel oder Unsicherheit anzeigen. Dadurch wird der Leser stärker einbezogen.

Hinweis: Genaueres zum Satzbau, zum Beispiel zum Unterschied von Satzgefüge und Satzreihe, kannst du ab Seite 125 nachlesen.

Untersuche den Satzbau in Heinrich von Kleists „Anekdote" (S. 32): Erkläre zuerst, welche Art von Satzbau vorherrscht. Äußere dich dann zu seiner Wirkung. Schreibe ca. 80–100 Wörter. (→ Heft) | Übung 19

5.4 Sprachbilder erkennen

Häufig werden Wörter in einem Text anders verwendet als im normalen Sprachgebrauch. Das ist z. B. bei sprachlichen Bildern der Fall. Sprachbilder kennst du aus dem Alltag, z. B. aus Redewendungen. Anstelle von „*Du hast wohl schlechte Laune.*" könnte man beispielsweise sagen: „*Dir ist wohl eine Laus über die Leber gelaufen.*"

Vier häufig gebrauchte Sprachbilder sind diese:

- **Bildhafter Vergleich:** Eine Person oder eine Sache wird mit etwas verglichen, das aus einem ganz anderen Lebensbereich stammt. Bildhafte Vergleiche erkennst du oft an ihrer „Gelenkstelle", z. B. „wie" oder „als ob".

    Die beiden glichen einander wie ein Ei dem anderen.
    Es regnete so sehr, als ob die Welt unterginge. | Beispiel

LESEKOMPETENZ

▶ **Metapher:** Eine Metapher ist eine Art verkürzter Vergleich. Es gibt keine „Gelenkstelle" zwischen dem Sprachbild und der Person/Sache, auf die es sich bezieht, sondern beides wird gleichgesetzt oder miteinander verschmolzen.

Beispiel
Das Leben ist eine Wüste. (Gleichsetzung: Leben = Wüste)
Der Dschungel der Großstadt erschreckte das Mädchen.
(Verschmelzung: Dschungel als Teil der Großstadt)

▶ **Personifikation:** Einer unbelebten Sache werden Eigenschaften zugesprochen, die normalerweise nur Menschen haben. Dadurch wirkt sie lebendig.

Beispiel
Der Orkan hat viel Spaß an seinem Tun.

▶ **Symbol:** Es bringt einen tieferen Sinn zum Ausdruck. Einige Symbole sind allgemein bekannt, z. B. das Herz als Symbol der Liebe. Es gibt auch Texte, die in ihrer Gesamtheit einen symbolischen Sinn haben.

Beispiel
Bei Gedichten, in denen vom *Herbst* die Rede ist, steht die *Jahreszeit Herbst* oft symbolisch für die *späte Lebensphase eines Menschen*.

Tipp

> Auch hier genügt es nicht, zu sagen, dass ein bestimmtes Sprachbild in einem Text vorkommt; du musst erklären, welche **Wirkung** davon ausgeht: Ist es ein schönes Bild? Oder ein düsteres?

Übung 20

Lies noch einmal das Gedicht „Spiel zwischen Erde und Himmel" von Mathias Jeschke (S. 46) und bearbeite dann die Aufgaben.

Aufgaben

1. Welche sprachlichen Bilder werden in dem Gedicht verwendet? Kreuze an.

   In dem Gedicht gibt es ...

   ☐ bildhafte Vergleiche. ☐ Personifikationen.

   ☐ Metaphern. ☐ Symbole.

2. Zitiere zu deiner Antwort aus Aufgabe 1 ein passendes Beispiel.

   _____

3. Äußere dich zur Wirkung der Sprachbilder. Ist die dadurch vermittelte Stimmung eher gut oder eher schlecht? Begründe deine Meinung.

   Die Sprachbilder erzeugen eine eher ...

   ☐ gute Stimmung.

   ☐ schlechte Stimmung.

   Begründung: _____

   _____

   _____

   _____

5.5 Ironie richtig deuten

Ironie ist die „Kunst der Verstellung". Sie dient dazu, **auf humorvolle Weise Kritik an etwas zu üben**. Der Autor stellt dann z. B. eine Handlung oder Verhaltensweise als positiv dar, obwohl er sie in Wirklichkeit schlecht findet. Er drückt seine Kritik – zum Schein – als Lob oder Anerkennung aus.

Beispiel

Du kennst ironische Aussagen aus dem Alltag. Wer zu einem Freund, der vollkommen übernächtigt aussieht, sagt: *„Du siehst ja heute gut aus!"*, meint in Wirklichkeit: *„Oje, was ist denn mit dir los? Du siehst sehr müde aus!"*

Tipp

> Wenn jemand im (mündlichen) Gespräch eine ironische Aussage macht, merkst du das sofort: Seine Mimik und sein Tonfall passen dann nicht zu dem, was er sagt.
> Im **Schriftlichen** dagegen ist es nicht leicht, zu erkennen, ob etwas ironisch gemeint ist, denn man sieht und hört den Erzähler nicht. Du erkennst eine ironisch zu verstehende Aussage in einem schriftlichen Text am besten daran, dass sie **unpassend oder widersprüchlich** wirkt: Sie passt entweder nicht zu anderen Textaussagen oder nicht zu deinen Erfahrungen.

Übung 21

Lies die Kurzgeschichte „Die Kampagne" von Peter Maiwald und bearbeite anschließend die Aufgaben.

Peter Maiwald: Die Kampagne

1 Das ganze Unglück – die Verwirrtheit in den Köpfen! – erklärte unser Stadtschreiber, der es wissen mußte, kommt von den Worten. Ohne Worte kämen
5 die Leute nicht auf dumme Gedanken, und die Irrtümer hätten keine Chance, sich auszudrücken. Die Geschwätzigkeit nähme ebenso ab wie die zahllosen Mißverständnisse, denen wir mit Wor-
10 ten ausgesetzt sind. Der Ärger mit den Schwerhörigen verringerte sich, und die Hörigkeit in der Liebe verlöre an Unglück. Auf Eide, Treueschwüre, Reden und Zeitungen könnte verzichtet wer-
15 den, in einem Wort: Die Vorteile der Wortlosigkeit sind offensichtlich. So begann die Kampagne: Raus mit der Sprache!

20 Wir entfernten alle Schilder, Plakate und Inschriften aus unseren Städten und verbrannten alle Bibliotheken. Die Radios spielten wortlos Musik, und im Fernsehen regierte der Stummfilm. Wir
25 waren sprachlos, aber unendlich erleichtert. Niemand konnte uns mehr etwas vormachen. Keiner konnte uns mehr belügen. Niemand konnte uns mehr überreden, und keiner konnte uns mehr
30 etwas in den Mund legen. Allen Wortverdrehern und Redewendungen war endlich das Handwerk gelegt.
Nun, da wir uns nichts mehr zu sagen haben, leben wir friedlich und zufrie-
35 den. Wir nehmen alles so hin, wie es ist. In Zweifelsfällen werden wir handgreiflich. Die Liebenden berühren sich und kommen ohne die bekannten mißverständlichen drei Worte aus. Und vor
40 allem: Seit wir sprachlos sind, kann uns nichts mehr erschrecken. Was sollte uns, die wir keine mehr haben, noch die Sprache verschlagen?

Quelle: Peter Maiwald: Die Kampagne. In: Ders.: Das Gutenbergsche Völkchen. Frankfurt am Main: Fischer Verlag 1990. S. 29 (Die Schreibweise entspricht den Regeln der alten Rechtschreibung.)

LESEKOMPETENZ

Aufgaben

1. Nenne drei Probleme, die laut Text durch die Verwendung von Sprache entstehen können. Stichworte genügen.

   _____
   _____

2. Gib zwei Textstellen an, in denen etwas Negatives zum Schein positiv dargestellt wird. Erkläre, warum diese Aussagen nur ironisch gemeint sein können.

   Erste Textstelle: _____
   _____

   Erklärung der Ironie: _____
   _____
   _____
   _____
   _____

   Zweite Textstelle: _____
   _____

   Erklärung der Ironie: _____
   _____
   _____
   _____
   _____

Auf einen Blick

Wie du Besonderheiten der sprachlichen Gestaltung erkennst	
Sprachebene	Ist sie eher **gehoben** und wirkt damit ernsthaft und seriös – oder eher der **Umgangssprache** angenähert, sodass die Darstellung lässig und alltagsnah wirkt?
Wortwahl	Gibt es **Wörter**, die bestimmte Vorstellungen oder Assoziationen hervorrufen: positiv, sachlich-neutral oder eher negativ?
Satzbau	Achte auf den Fluss der Sprache. Klingen die **Sätze** ruhig und harmonisch oder wirken sie unterkühlt oder gar verstörend?
Sprachbilder	Welche **sprachlichen Bilder** sind vorhanden und welche Wirkung geht von ihnen aus: eine eher angenehme oder unangenehme?
Ironie	Sind alle Aussagen in sich **stimmig** oder gibt es (oberflächlich gesehen) Unstimmigkeiten, die auf **Ironie** hinweisen?
Gesamtwirkung	Stelle einen **Zusammenhang** zwischen der sprachlichen Gestaltung und dem Inhalt her: Passt die Sprache zum **Inhalt** oder wirkt sie eher unpassend?

Schreibkompetenz

Was muss man können? Was wird geprüft?

Beim Schreiben eines Textes musst du zeigen, dass du in der Lage bist, einen Sachverhalt **angemessen, klar** und **verständlich** auszudrücken. Ein gelungener Text überzeugt sowohl **inhaltlich** als auch **sprachlich**.

In der Prüfung musst du Folgendes leisten:

▶ Du hast etwas zu sagen, d. h., du verfügst über ausreichende **Kenntnisse** zum **Thema** (z. B. aus deiner Erfahrung oder aus vorliegenden Materialien).

▶ Du wählst die **wesentlichen Gedanken** zum Thema aus und ordnest sie in einer **sinnvolle Reihenfolge** an.

▶ Du kennst die Merkmale der geforderten **Textsorte** und beachtest sie.

▶ Du versetzt dich in den (möglichen) **Leser** hinein und berücksichtigst seine Erwartungen und Vorstellungen. Sowohl die Inhalte als auch die Sprache sollen zum Adressaten passen.

▶ Du kannst dich in den **Schreiber** hineinversetzen und weißt, was ihn dazu bewegt, seinen Text zu schreiben. Sein Anliegen bringst du geschickt und glaubwürdig zum Ausdruck.

▶ Du drückst dich **korrekt aus**, schreibst (möglichst) alle Wörter richtig und strukturierst deine Aussagen durch eine passende Zeichensetzung.

▶ Du gestaltest deinen Text **optisch übersichtlich** und ansprechend (z. B. durch Untergliederung in Absätze, ausreichend Rand und ordentliche Schrift).

Tipp

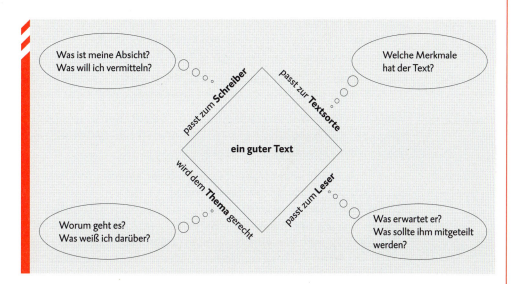

Beispiel | Anfang eines Briefes an die Schulleiterin (hier ohne Briefkopf):

Falsch

> Hallo Frau Müller,
> wir Schüler finden es total bescheuert, dass Sie was gegen die Einrichtung einer Cafeteria haben. …

Richtig

> Sehr geehrte Frau Müller,
> die Schüler sind über Ihre ablehnende Haltung bezüglich der Cafeteria sehr enttäuscht. …

- Anrede passt nicht zu förmlichem Brief an die Schulleitung
- Darstellung unhöflich
- Umgangssprache unpassend („total bescheuert", „was" …)

- höfliche Anrede, passt zu einem Brief an die Schulleiterin
- Darstellung sachlich und höflich
- Standardsprache (Schriftsprache) passt zu Anliegen und Adressat

6 Den Schreibprozess steuern

Der Schreibprozess besteht aus **drei Phasen:**

▶ **Vorbereiten:** Gewöhne dir an, den Schreibprozess sorgfältig zu planen. Das spart dir Zeit beim nächsten Schritt und erleichtert dir das Schreiben.

▶ **Schreiben:** Hier liegt der Schwerpunkt deiner Arbeit.

▶ **Überarbeiten:** Plane genug Zeit ein, um deinen Text noch einmal zu lesen und dabei fehlerhafte Stellen und ungeschickte Formulierungen zu verbessern.

Vorbereiten

In der Vorbereitung **durchdenkst** du zunächst die **Aufgabenstellung**, danach **sammelst und ordnest** du deine **Ideen**.

Schritt für Schritt | **Das Schreiben vorbereiten**

Arbeitsschritt **1** | Lies die Aufgabe genau durch und überlege, was von dir verlangt wird. Bestimme das **Thema**, die geforderte **Textsorte**, den **Schreiber** und das **Ziel**, das er verfolgt, sowie den **Leser** und dessen mögliche **Erwartungen** an den Text.

Arbeitsschritt **2** | **Sammle Ideen** zum Thema. Halte stichwortartig fest, was dir spontan in den Sinn kommt. Notiere es z. B. in einer Tabelle, einem Cluster oder einer Mindmap.

Arbeitsschritt **3** | **Ordne** deine Ideen: Kennzeichne Stichpunkte, die **inhaltlich zusammengehören** (z. B. mit gleichen Farben oder Buchstaben) und bringe die Gedanken in eine **sinnvolle Reihenfolge** (z. B. indem du sie nummerierst).

Arbeitsschritt **4** | Nimm ein neues Blatt und erstelle deinen **Schreibplan**. Untergliedere ihn in **drei Abschnitte:** Einleitung – Hauptteil – Schluss.
Übertrage deine zuvor gesammelten Ideen in den Abschnitt zum **Hauptteil**. Überlege dann, wie du den Leser in der **Einleitung** geschickt zum Thema hinführen kannst und wie du deine Ausführungen am **Schluss** überzeugend abrundest. Trage jeweils Stichworte in die entsprechenden Abschnitte des Schreibplans ein.

Den Schreibprozess steuern | 57

Eine **Ideensammlung** (Schritt 2) kann wie eines dieser drei Beispiele aussehen:

Beispiel

Vorteile einer Schulcafeteria	Mögliche Einwände dagegen
• Bessere Konzentration nach Frühstück	• Mensa vorhanden!
• Schüler lernen Verantwortung tragen	• Zeitproblem
• Geldeinnahme für die Schule	• Organisation schwierig
• …	• …

Tabelle

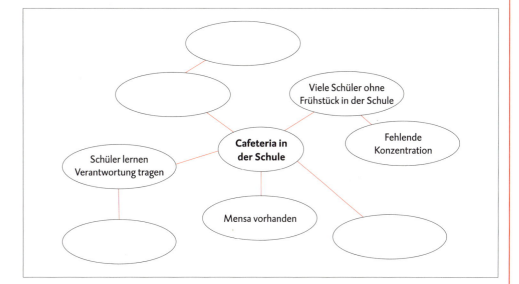

Cluster

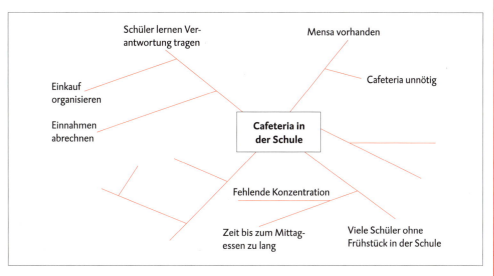

Mindmap

Als Schulsprecher oder Schulsprecherin möchtest du erreichen, dass in eurer Schule eine Cafeteria eingerichtet wird; Schüler und Eltern sollen sie gemeinsam betreiben. Aus diesem Grund schreibst du einen Brief an die Schulleiterin. Dein Ziel ist es, durch gute Argumente ihre Unterstützung zu gewinnen und mögliche Einwände, die sie haben könnte, zu zerstreuen. Bereite das Schreiben dieses Textes vor, indem du die Aufgaben auf der nächsten Seite bearbeitest.

Übung 22

SCHREIBKOMPETENZ

Aufgaben

1. Beantworte die folgenden Fragen. Stichworte genügen.

   a) Um welches Thema geht es?
   _____

   b) Welche Art von Text sollst du schreiben?
   _____

   c) Wer ist der Verfasser des Textes? Was ist sein Anliegen?
   _____

   d) An wen richtet sich der Text? Welche Vorstellungen könnte er/sie haben?
   _____

2. Sammle Einfälle zum Thema (Argumente, Entkräften möglicher Einwände). Die Form, z. B. Tabelle, Mindmap ..., ist dir freigestellt. (→ Heft)

   Hinweis: Du kannst auch eines der angefangenen Beispiele (S. 57) nutzen.

3. Ordne deine gesammelten Ideen aus der vorherigen Aufgabe.

Übung 23 Vervollständige diesen Schreibplan zur Schreibaufgabe von S. 57 (Übung 22).

Hinweis: Nutze deine Ergebnisse aus der vorherigen Übung.

Einleitung Hinführung, Anliegen	Höfliche Anrede Aktuelle Situation: viele Schüler ohne Frühstück im Unterricht, Bitte um Unterstützung für Einrichtung einer Cafeteria
Hauptteil Entkräften von Gegenargumenten, eigene Argumente	• Fragen der Ausstattung und Organisation mit Unterstützung der Eltern lösbar • _____ _____ • bessere Leistungsfähigkeit durch Frühstücksmöglichkeit für alle Schüler • _____ _____ • _____ _____
Schluss Bekräftigung mit Hauptargument/ Zusammenfassung, weiteres Vorgehen	Wiederholung der Bitte um Unterstützung, Hauptbegründung: _____ _____ Vorschlag: Gespräch führen Grußformel und Unterschrift

Schreiben

Orientiere dich beim Schreiben deines Textes an dem Schreibplan, den du als Vorbereitung erstellt hast.

Eine Schreibaufgabe bearbeiten — Schritt für Schritt

Arbeitsschritt 1 Am schwierigsten ist oft der Einstieg, also die **Einleitung**. Sie soll den Leser zum Thema hinführen, z. B. durch eine allgemeine Aussage oder ein aktuelles Beispiel. Notiere die Einleitung zuerst probeweise auf einem extra Blatt, ehe du sie ins Reine schreibst. Evtl. brauchst du mehrere Entwürfe. Etwa drei bis vier Sätze genügen.

Arbeitsschritt 2 Schreibe den **Hauptteil**. Nimm dir alle notierten Stichpunkte vor und formuliere deine Gedanken nacheinander sorgfältig aus. Beginne jeweils einen neuen Absatz, wenn du dich dem nächsten Punkt aus deinem Schreibplan zuwendest. Zähle deine Gedanken nicht nur der Reihe nach auf, sondern leite geschickt zwischen den einzelnen Sätzen und Absätzen über (vgl. S. 128 f.).

Arbeitsschritt 3 Nach dem letzten Stichpunkt schreibst du den **Schluss**. Im Idealfall rundet er deinen Text stimmig ab, z. B. durch ein Resümee/Fazit, einen Ausblick auf eine zukünftige Entwicklung oder deine persönliche Meinung. Probiere am besten wieder mehrere Ideen auf einem extra Blatt aus. Dann überträgst du den Schluss unter deinen Text. Es genügen wieder drei bis vier Sätze.

In dem folgenden Auszug aus einem Brief an die Schulleiterin sind die Sätze geschickt durch Konjunktionen oder Adverbien miteinander verbunden: — Beispiel

> Immer mehr Schüler kommen ohne Frühstück zur Schule. <u>Das führt dazu, dass</u> sich viele von ihnen spätestens ab der dritten Stunde nicht mehr richtig auf den Unterricht konzentrieren können, <u>weil</u> ihnen der Magen knurrt. <u>Zudem</u> ist zu erwähnen, ...

Schreibe die Einleitung und den Schluss für den Brief an die Schulleiterin (vgl. Schreibaufgabe S. 57). Achte darauf, dass es Verbindungen zwischen den Sätzen gibt. Orientiere dich an den Eintragungen in deinem Schreibplan (Übung 23). — Übung 24

SCHREIBKOMPETENZ

Überarbeiten

Lies deinen Text noch einmal sorgfältig durch. Korrigiere dabei ungeschickte Formulierungen und Fehler.

Schritt für Schritt

Den ausformulierten Text überarbeiten

Arbeitsschritt 1 Versuche, deinen Text **innerlich laut zu lesen**; dann bemerkst du mögliche Schwachstellen am ehesten.

Arbeitsschritt 2 Suche nach Fehlern und ungeschickten Formulierungen:
- **Vermeide** unschöne **Wiederholungen**. Ersetze ein wiederholtes Wort besser durch ein Synonym oder Pronomen. Auch bei Satzanfängen und Satzkonstruktionen solltest du abwechseln, damit der Text nicht eintönig klingt.
- Achte auf **Eindeutigkeit**. Überlege, ob dem Leser immer klar ist, **worauf sich deine Aussagen beziehen**. Das gilt vor allem für „Platzhalter" wie **Pronomen**, z. B. Demonstrativpronomen (*dieses, das*) oder Personalpronomen (*er, es, ihnen*).
- Verzichte auf unübersichtliche **Satzkonstruktionen**. Oft kannst du besonders lange und komplizierte Satzgefüge auf zwei Sätze aufteilen.
- Verwende statt des steif klingenden Nominalstils lieber **ausdrucksstarke Verben**. Schreibe z. B. nicht: *Die Bestellung zur Möblierung der Cafeteria erfolgt über das Ausfüllen eines Formulars.*, sondern besser: *Um Möbel für die Cafeteria zu bestellen, muss man ein Formular ausfüllen.*

Arbeitsschritt 3 **Korrigiere** die Fehler und Schwachstellen, die dir aufgefallen sind:
- Kleinere Korrekturen nimmst du direkt im Text vor: Streiche z. B. ein falsch geschriebenes Wort sauber durch und füge die richtige Schreibweise darüber ein.
- Bei größeren Korrekturen streichst du die ganze Textstelle durch. Versieh sie mit einem Zeichen (z. B. mit * oder a) oder 1) und schreibe die korrigierte Version unter Wiederholung dieses Zeichens auf ein Korrekturblatt, das du deiner Arbeit beifügst.
- Solltest du einmal vergessen haben, bei einem neuen Gedanken einen neuen Absatz zu beginnen, kennzeichnest du diese Stelle mit ⌐.

Beispiel

Wenn die Schüler selbst eine Cafeteria betreiben,
       Verantwortung
lernen sie ~~Verandwortung~~ zu tragen.

Sie müssen ~~dann einkaufen und verkaufen.~~*⁾

*⁾ sich dann um die Einkäufe kümmern und auch den Verkauf übernehmen.

Tipp

Achte darauf, dass deine **Korrekturen eindeutig** sind. Wenn du mehr als einmal eine größere Textstelle korrigieren musst, nimm jedes Mal ein anderes Zeichen (z. B. *, **, *** oder a), b), c) oder 1, 2, 3). Schreibe die Korrekturen nicht durcheinander auf dein Korrekturblatt, sondern richte dich bei der Reihenfolge nach ihrem Vorkommen im Aufsatztext.

Der folgende Abschnitt stammt aus einem Schülertext. Es ist ein Ausschnitt aus einem Brief an die Schulleiterin. Überarbeite den Text und notiere die verbesserte Version darunter.

Hinweis: Es geht vor allem um das Vermeiden von Wiederholungen und das Herstellen sinnvoller Verknüpfungen zwischen den Sätzen.

Übung 25

> ... Wir haben zwar eine Mensa. Wir bekommen in der Mensa um 13 Uhr ein Mittagessen. Das ist aber für viele Schüler zu spät. Viele Schüler kommen ohne Frühstück zur Schule. Sie haben schon früh am Morgen Hunger. Sie möchten sich vorher etwas zu essen und zu trinken kaufen können. Sie können sich sonst im Unterricht nicht konzentrieren. Für sie wäre eine Cafeteria wichtig. ...

Auf einen Blick

So organisierst du deinen Schreibprozess richtig	
Lies die Aufgabenstellung genau durch.	Überlege, um welches Thema und um welche Textsorte es geht, wer der Schreiber ist, welches Ziel er verfolgt und an wen der Text gerichtet sein soll.
Sammle Ideen für deinen Text und ordne sie.	Berücksichtige dabei das, was du über das Thema weißt, und das, was du ggf. aus vorliegenden Materialien erfährst. Schreibe deine Ideen zunächst ungeordnet auf; anschließend gruppierst du sie und legst die Reihenfolge fest.
Erstelle einen Schreibplan.	Verwende dafür ein extra Blatt und trage deine Stichpunkte, die du zusammengestellt hast, dort ein. Stelle deine Ideen für die Einleitung voran und ergänze Überlegungen für den Schluss.
Schreibe deinen Text.	Orientiere dich bei Aufbau und Inhalt an deinem Schreibplan. Wähle eine Sprache, die sowohl zur geforderten Textsorte als auch zum Leser und zum Schreiber passt.
Überarbeite den Text.	Lies alles noch einmal gründlich durch und korrigiere, wenn nötig, Fehler und Ausdrucksschwächen.

7 Schreibaufgaben lösen

Es gibt unterschiedliche Arten von Schreibaufgaben. Sie beziehen sich entweder auf einen **Text** bzw. eine **Materialgrundlage** oder auf dein **Erfahrungswissen**. Grundsätzlich lassen sich Schreibaufgaben in zwei Bereiche unterteilen:

▶ Aufgaben, in denen du dich **sachlich** zu einem Thema äußern sollst

Beispiel

Stellungnahme, Erörterung, Bericht, informierender Text, Textanalyse, Inhaltsangabe, Charakteristik, Leserbrief ...

▶ Aufgaben, in denen du **kreativ-produktiv** tätig werden sollst

Beispiel

persönlicher Brief, Tagebucheintrag, innerer Monolog, Erzählung, Textfortsetzung ...

Tipp

> Oft wird eine Schreibaufgabe **in eine fiktive** (= erfundene) **Situation eingebettet**. Das kann dann zu **gemischten Aufgabenformen** führen.
> Beim Brief an die Schulleiterin zum Beispiel (vgl. S. 57, Übung 22) musst du insofern **kreativ** sein, als du dich in die Rolle des Schülersprechers hineinversetzen und an eine ausgedachte Person schreiben sollst. Deine Argumentation im Brief muss dennoch **sachlich** sein.

7.1 Offene Fragen zu einem Text beantworten

Eine offene Frage zu einem Text verlangt nach einer **ausführlichen Antwort**. Genau genommen sollst du bei dieser Art von Aufgabe einen kompletten **zusammenhängenden Text** schreiben. Im Unterschied z. B. zu einer Inhaltsangabe (vgl. S. 67 ff.) bezieht sich eine solche Frage aber in der Regel nicht auf den ganzen Text, sondern nur auf **einen bestimmten Aspekt**, zu dem du dich äußern sollst. In jedem Fall musst du dich in deiner Antwort **auf den Text beziehen**, um nachzuweisen, dass deine Aussage richtig ist.

Hinweis: Über den richtigen Umgang mit Textbelegen kannst du dich ausführlich auf S. 102 informieren.

Offene Fragen können auch **indirekt gestellt** sein. In dieser Form sind sie **Bestandteil vieler Schreibaufgaben**. Häufig wird das Beantworten der Frage dann als eine Teilaufgabe innerhalb der übergreifenden Aufgabenstellung verlangt. Das ist z. B. der Fall, wenn du im Rahmen einer Textanalyse eine Aussage zum Text bekommst, zu der du Stellung beziehen sollst, oder wenn du eine Erklärung für das Verhalten einer Figur abgeben sollst.

Tipp

> Typische Formulierungen für Aufgaben, bei denen es sich um **indirekt gestellte offene Fragen** handelt, sind z. B.: *Erläutere ..., Erkläre ..., Begründe ..., Beurteile ..., Nimm Stellung ...*

Es können dir zwei Arten von offenen Fragen zu einem Text gestellt werden:
- **Inhaltsfragen** fragen gezielt nach bestimmten Textinhalten. Du erkennst sie daran, dass sie mit einem Fragepronomen beginnen (z. B.: *Wie…? Warum…?*).
- **Entscheidungsfragen** verlangen von dir eine Entscheidung: Zustimmung oder Ablehnung. Solche Fragen beginnen in der Regel nicht mit einem Fragepronomen. Ein „Ja" oder „Nein" als Antwort genügt hier nicht, du musst deine Entscheidung immer auch begründen.

Mögliche offene Fragen zum Text „Anekdote" von Heinrich von Kleist (S. 32):

Beispiel

- *Warum kommt es zum Kampf zwischen den beiden Boxern?* (Inhaltsfrage)
- *Ist das Verhalten der Zuschauer, die bei dem Boxkampf anwesend sind, zu verurteilen? Begründe deine Meinung.* (Entscheidungsfrage)
- *„Die Boxer gehen beide sehr ehrenhaft miteinander um." Hältst du diese Einschätzung für richtig? Begründe deine Meinung.* (Entscheidungsfrage)
- *Erkläre, weshalb dem Boxer aus Portsmouth der Sieg zugesprochen wird. Beziehe dich auf den Text.* (Offene Frage, indirekt ausgedrückt)

Eine **Antwort** auf eine offene Frage **besteht aus drei Teilen:** dem eigentlichen Antwortsatz, einem Textbeleg und einer Erläuterung der Textstelle. Die Reihenfolge dieser drei Teile ist nicht festgelegt. Du kannst z. B. auch mit einem Zitat beginnen, dieses anschließend erläutern und dann erst die eigentliche Antwort geben. Diese ist dann wie eine Schlussfolgerung, die du aus der Textstelle und deren Erläuterung ziehst.

Offene Fragen beantworten

Schritt für Schritt

Arbeitsschritt **1**	Durchdenke die Frage. Überlege, worauf sie abzielt.
Arbeitsschritt **2**	Suche im Text nach Stellen, aus denen sich die richtige Antwort ableiten lässt. Markiere sie und kommentiere sie am Rand.
Arbeitsschritt **3**	Beantworte die Frage. Formuliere deine Antwort klar und prägnant.
Arbeitsschritt **4**	Weise nach, dass deine Antwort stimmt. Beziehe dich auf geeignete Textstellen. Es gibt zwei Möglichkeiten, um eine Aussage anhand von Textstellen zu belegen: • das **wörtliche Zitat:** Dabei gibst du eine Textstelle in deiner Antwort wortwörtlich wieder. Das Zitat setzt du in Anführungszeichen. • die **Paraphrase** (Umschreibung): Mit ihr beziehst du dich nur sinngemäß auf eine Textstelle: Du „übersetzt" sie in deine Sprache und verwendest eigene Worte. Es kann auch vorkommen, dass eine Textstelle allein als Nachweis für deine Antwort nicht reicht. Ziehe dann mehrere Textstellen als Beleg heran.
Arbeitsschritt **5**	Stelle einen Zusammenhang zwischen der Textstelle und deiner Antwort her. Es genügt nicht, dass du nur auf eine Textstelle verweist. Du musst auch sagen, warum diese Textstelle geeignet ist, um deine Antwort zu belegen. Erläutere deshalb die Textstelle, die du als Beleg ausgewählt hast.

SCHREIBKOMPETENZ

Tipp

> Formuliere deine Antwort so, dass der Leser sie auch dann versteht, wenn ihm die Frage nicht vorliegt. Vermeide Antworten, die mit den Konjunktionen *weil* oder *dass* beginnen, denn das verführt dazu, unvollständige Sätze zu schreiben.

Beispiel

Vollständige Antworten auf offene Fragen zum Text „Anekdote" von Heinrich von Kleist (S. 32) könnten so lauten:

Frage	*Warum kommt es zum Kampf zwischen den beiden Boxern?* (Inhaltsfrage)
Antwort	Sie wollen herausfinden, wem die Ehre zukommt, der bessere Boxer zu sein.
Textbeleg (Zitate)	Zur „Entscheidung der Frage, wem von ihnen der Siegerruhm gebühre" (Z. 6–8), vereinbaren sie einen „öffentlichen Wettkampf" (Z. 8 f.).
Erläuterung der Textstelle	Bisher ist die Frage, wer von beiden besser boxt, noch nicht entschieden, weil die beiden einander noch nie begegnet sind. Sie kennen sich nur vom Hören-Sagen. Ihr Aufeinandertreffen in London gibt ihnen erstmals die Gelegenheit des gegenseitigen Kräftemessens. Der Kampf, den sie vereinbaren, soll öffentlich ausgetragen werden. Das zeigt, dass es den beiden nicht nur darum geht, herauszufinden, wer der bessere Boxer ist. Wichtig ist für sie auch der Ruhm, den sie dabei ernten können.
Frage	*Ist das Verhalten der Zuschauer, die bei dem Boxkampf anwesend sind, zu verurteilen?* (Entscheidungsfrage)
Verweis auf Textstelle (Paraphrase)	Es heißt im Text, dass das Volk begeistert aufschreit (vgl. Z. 24), nachdem einer der Kämpfer zu Boden gegangen ist, und es dem anderen anschließend den Siegesruhm zuspricht (vgl. Z. 27 f.).
Erläuterung der Textstelle	Offenbar geht es den Zuschauern nur darum, einer Sensation beizuwohnen. Sie fragen sich nicht, wie gefährlich die Verletzungen sind, die die beiden Boxer in diesem Kampf erleiden. Es kümmert sie nicht einmal, dass der am Boden liegende Boxer kurz darauf tot weggetragen wird. Dagegen versäumen sie es nicht, den anderen Boxer zu feiern und ihm den Siegesruhm zuzuerkennen. Das ist sehr oberflächlich und verantwortungslos.
Schlussfolgerung = Antwort	Deshalb finde ich, dass das Verhalten der Zuschauer in der Tat zu verurteilen ist.

Hinweis: Normalerweise trägt man die einzelnen Schritte solcher ausführlicher Antworten nicht in eine Tabelle ein. Das ist in den Beispielen nur der Fall, damit du die Struktur besser nachvollziehen kannst. Wenn du selbst deine Antworten in dieser Weise vorstrukturierst, kannst du sicher sein, dass du keinen Bestandteil vergisst. Außerdem bekommst du so nach und nach ein Gefühl dafür, wie eine zufriedenstellende Antwort aussieht. In der Prüfung schreibst du deine Lösung aber natürlich als zusammenhängenden Text!

Schreibaufgaben lösen | 65

Tipp

Eine **Warum**-Frage zielt häufig auf das **Handlungsmotiv** einer literarischen Figur. Das bedeutet: Es wird danach gefragt, was diese Figur dazu bringt, ein **bestimmtes Verhalten** zu zeigen. Im Text steht aber in der Regel nur, was die Figur tut. (Dazu gehört auch das, was sie denkt oder sagt.) Um herauszufinden, was das Motiv ist, das sie zu diesem Verhalten bewegt, stellst du dir am besten drei Fragen. Du kannst dich an dieser Schema-Zeichnung orientieren:

Die Antwort auf die Frage nach dem **Ziel** ist das Handlungsmotiv.

Lies den Textauszug aus der Erzählung „Der Verbrecher aus verlorener Ehre" von Friedrich Schiller (S. 66) und bearbeite danach die folgenden Aufgaben.

Übung 26

Aufgaben

1. Vervollständige die Schema-Zeichnung: Trage Anlass und Ziel in die leeren Felder ein.

2. Warum sieht Christian nur „den Ausweg, **honett zu stehlen**" (Z. 46 f.)? Beantworte diese Frage ausführlich.

   Hinweis: Achte darauf, dass deine Lösung alle erforderlichen Bestandteile enthält: Antwort, Textbeleg und Erläuterung.

Friedrich Schiller: Der Verbrecher aus verlorener Ehre (Textauszug)

[…] Christian Wolf war der Sohn eines Gastwirts […] und half seiner Mutter, denn der Vater war tot, bis in sein zwanzigstes Jahr die Wirtschaft besorgen. Die Wirtschaft war schlecht, und Wolf hatte müßige[1] Stunden. Schon von der Schule her war er für einen losen Buben[2] bekannt. Erwachsene Mädchen führten Klagen über seine Frechheit, und die Jungen des Städtchens huldigten[3] seinem erfinderischen Kopfe. Die Natur hatte seinen Körper verabsäumt[4]. Eine kleine unscheinbare Figur, krauses Haar von einer unangenehmen Schwärze, eine plattgedrückte Nase und eine geschwollene Oberlippe, welche noch überdies durch den Schlag eines Pferdes aus ihrer Richtung gewichen war, gab seinem Anblick eine Widrigkeit[5], welche alle Weiber von ihm zurückscheuchte und dem Witz seiner Kameraden eine reichliche Nahrung darbot.

Er wollte ertrotzen, was ihm verweigert war; weil er missfiel, setzte er sich vor zu gefallen. Er war sinnlich[6] und beredete sich, dass er liebe. Das Mädchen, das er wählte, misshandelte ihn; er hatte Ursache, zu fürchten, dass seine Nebenbuhler glücklicher wären; doch das Mädchen war arm. Ein Herz, das seinen Beteurungen verschlossen blieb, öffnete sich vielleicht seinen Geschenken, aber ihn selbst drückte Mangel, und der eitle[7] Versuch, seine Außenseite geltend zu machen, verschlang noch das Wenige, was er durch eine schlechte Wirtschaft erwarb. Zu bequem und zu unwissend, einem zerrütteten Hauswesen durch Spekulation[8] aufzuhelfen, zu stolz, auch zu weichlich, den Herrn, der er bisher gewesen war, mit dem Bauern zu vertauschen und seiner angebeteten Freiheit zu entsagen, sah er nur einen Ausweg vor sich – den Tausende vor ihm und nach ihm mit besserem Glücke ergriffen haben – den Ausweg, *honett*[9] *zu stehlen*. Seine Vaterstadt grenzte an eine landesherrliche Waldung, er wurde Wilddieb, und der Ertrag seines Raubes wanderte treulich in die Hände seiner Geliebten.

Unter den Liebhabern Hannchens war Robert, ein Jägerbursche des Försters. Frühzeitig merkte dieser den Vorteil, den die Freigebigkeit seines Nebenbuhlers über ihn gewonnen hatte, und mit Scheelsucht[10] forschte er nach den Quellen dieser Veränderung. Er zeigte sich fleißiger in der „Sonne" – dies war das Schild zu dem Wirtshaus –, sein laurendes Auge, von Eifersucht und Neide geschärft, entdeckte ihm bald, woher dieses Geld floss. Nicht lange vorher war ein strenges Edikt[11] gegen die Wildschützen erneuert worden, welches den Übertreter zum Zuchthaus verdammte. Robert war unermüdet, die geheimen Gänge seines Feindes zu beschleichen; endlich gelang es ihm auch, den Unbesonnenen über der Tat zu ergreifen. Wolf wurde eingezogen, und nur mit Aufopferung seines ganzen kleinen Vermögens brachte er es mühsam dahin, die zuerkannte Strafe durch eine Geldbuße abzuwenden.

Robert triumphierte. Sein Nebenbuhler war aus dem Felde geschlagen und Hannchens Gunst für den Bettler verloren. Wolf kannte seinen Feind, und dieser Feind war der glückliche Besitzer seiner Johanne. Drückendes Gefühl des Mangels gesellte sich zu beleidigtem Stolze, Not und Eifersucht stürmen vereinigt auf seine Empfindlichkeit ein, der Hunger treibt ihn hinaus in die weite Welt, Rache und Leidenschaft halten ihn fest. Er wird zum zweiten Mal Wilddieb; […]

Quelle: Friedrich Schiller: Sämtliche Werke in vier Bänden. 4. Band. Augsburg: Weltbild-Verlag 1998. S. 50 f.

Anmerkungen
1 *müßig:* ohne Beschäftigung
2 *für einen losen Buben:* als dreister, frecher Junge
3 *huldigen:* bewundern, verehren
4 *verabsäumen:* nicht richtig machen, nachlässig sein
5 *Widrigkeit:* gemeint: Hässlichkeit
6 *sinnlich:* sensibel, gefühlvoll
7 *eitel:* vergeblich
8 *Spekulation:* Geschäftstüchtigkeit
9 *honett:* eigentlich „ehrenwert"; hier in der Bedeutung von „allgemein üblich und anerkannt"
10 *Scheelsucht:* Neid
11 *Edikt:* Verordnung, Vorschrift (eine Art Gesetz)

7.2 Den Inhalt eines Textes zusammenfassen

Eine Textzusammenfassung informiert **knapp und sachlich** über den Inhalt eines Textes. Sie besteht wie die meisten Texte aus drei Teilen: einer **Einleitung**, einem **Hauptteil** und einem **Schluss**.
Die **Inhaltsangabe zu einem literarischen Text** und die **Zusammenfassung eines Sachtextes** unterscheiden sich in einigen Punkten. Die Einzelheiten erfährst du auf den folgenden Seiten. Es gibt aber auch Gemeinsamkeiten:

▸ Nur die **wichtigsten Inhalte** werden wiedergegeben, keine ausschmückenden Details und nichts Nebensächliches.
▸ Die Zeitform ist das **Präsens** (bei Vorzeitigkeit Perfekt).
▸ Die sprachliche Darstellung ist **neutral** und **sachlich**, ohne Wertungen.
▸ Es kommt **nie wörtliche Rede** vor. Äußerungen, die jemand im Text macht, werden in **indirekter Rede** wiedergegeben (also nicht Wort für Wort, sondern **sinngemäß** und im **Konjunktiv**, vgl. S. 122 f.).

Die Inhaltsangabe bei epischen Texten

In einem epischen Text stellt der Verfasser auf kunstvolle Weise ein **fiktionales Geschehen** dar, also eine Handlung, die er sich ausgedacht hat. Der Inhalt, den du wiedergeben sollst, ist die Geschichte, die er erzählt.

Eine Inhaltsangabe zu einem Erzähltext schreiben *(Schritt für Schritt)*

Arbeitsschritt **1**   Informiere in der **Einleitung** über die **Textsorte**, den **Titel** des Textes, den **Verfasser**, evtl. das **Jahr der Veröffentlichung** und das **Thema**.
Bei einem epischen Text ist das Thema meist der Kern der Handlung bzw. das, was die vordergründige Handlung zeigt oder aussagt. Dabei gehst du aber noch nicht auf Einzelheiten ein, sondern bleibst allgemein, z. B.: *Es geht um einen Konflikt zwischen zwei Brüdern.* Ein bis zwei Sätze genügen.

Arbeitsschritt **2**   Im **Hauptteil** rekonstruierst du die Handlung. Nenne die entscheidenden **Handlungsschritte** und wesentliche **Einzelheiten**. Bringe sie dabei auch in einen Zusammenhang. Frage dich also jeweils: *Wie kommt es dazu?*

Arbeitsschritt **3**   Am **Schluss** stellst du knapp und präzise den **Ausgang des Geschehens** dar.

Tipp

Bereite das Verfassen einer Inhaltsangabe mithilfe der **W-Fragen** vor:

- In der **Einleitung** beantwortest du diese W-Fragen: *Wer? Wo? Wann? Was?*
- Im **Hauptteil** beantwortest du die *Wie*- und die *Warum*-Frage.
- Und zum **Schluss** gibst du Auskunft über die Frage: *Welche Folgen …?*

Beispiel — Eine Inhaltsangabe zu Heinrich von Kleists „Anekdote" (S. 32) kann so aussehen:

Einleitung Informationen über Textsorte, Titel, Verfasser und Thema	Die „Anekdote" von Heinrich von Kleist, erschienen im Jahr 1803, handelt von zwei berühmten englischen Boxern, die im Kampf gegeneinander antreten, um herauszufinden, wer von ihnen der Bessere ist. Dieser Wettstreit endet für beide tödlich.
Hauptteil Rekonstruktion des Ablaufs: die einzelnen Schritte der Handlung	Die Männer sind sich zuvor nie begegnet, weil sie an unterschiedlichen Orten wohnen. Als sie erstmals in London zusammentreffen, nutzen sie die Gelegenheit, um in der Öffentlichkeit einen Zweikampf auszutragen. Vor den Augen der begeisterten Zuschauer verpassen sie einander so starke Schläge, dass beide dadurch ihr Leben verlieren. Trotzdem geht einer von ihnen als Sieger aus dem Kampf hervor, nämlich derjenige, der nicht sofort tödlich getroffen zu Boden gegangen ist, sondern erst einen Tag später an den Folgen eines Blutsturzes stirbt.
Schluss Ergebnis/Ausgang des Geschehens	Die Boxer haben zwar ihr Ziel erreicht: Einer von ihnen hat den anderen k. o. geschlagen. Mit ihrem Tod haben aber beide einen hohen Preis für ihre Ruhmsucht bezahlt.

Übung 27 — Lies noch einmal die Kurzgeschichte „Marathon" (S. 37 f.) und schreibe eine Inhaltsangabe dazu. (→ Heft) Als Vorbereitung füllst du den Schreibplan aus.

Einleitung
Textsorte, Titel, Verfasser, Thema
_____
_____
_____

Hauptteil
Die einzelnen Handlungsschritte

1. _____
2. _____
3. _____
_____
_____
_____
_____
_____
_____
_____
_____
_____

Schluss
Ergebnis/Ausgang des Geschehens
_____
_____

Schreibaufgaben lösen | 69

Die Inhaltsangabe bei Gedichten

In einem Gedicht stellt ein lyrischer Sprecher kunstvoll verdichtet seine Gedanken und Gefühle dar. Es wird also in der Regel keine Geschichte erzählt, deren Handlungsverlauf man wiedergeben könnte (Ausnahme: Ballade, vgl. S. 41). Deshalb erscheint es auf den ersten Blick ziemlich schwierig, den Inhalt eines Gedichts zusammenzufassen. Bei genauer Betrachtung ist das aber ganz einfach.

Den Inhalt eines Gedichts zusammenfassen

Arbeitsschritt 1 In der **Einleitung** nennst du auch hier die **Textsorte** (Gedicht), den **Titel**, den **Dichter** und evtl. das **Erscheinungsjahr**. Das **Thema** benennst du, indem du sagst, worüber sich der lyrische Sprecher **Gedanken** macht.
Du kannst dich auch schon zu **wesentlichen Formmerkmalen** äußern (Anzahl der Strophen und der Verse je Strophe).

Arbeitsschritt 2 Im **Hauptteil** rekonstruierst du den Gedankengang des lyrischen Sprechers. Wenn das Gedicht aus mehreren Strophen besteht, nimmst du dir am besten **jede Strophe einzeln** vor. Gehe jeweils kurz auf die Gedanken oder die Zustände ein, die der lyrische Sprecher dort zum Ausdruck bringt.

Arbeitsschritt 3 Zum **Schluss** kannst du dich dazu äußern, wie das Gedicht auf den Leser wirkt, z. B., indem du sagst, welche **Stimmung** darin zum Ausdruck kommt.

Schritt für Schritt

Eine Inhaltsangabe zu dem Gedicht „Septemberliches Lied vom Storch" (S. 42) könnte so anfangen:

Beispiel

In dem Gedicht „Septemberliches Lied vom Storch" von Günter Eich beschreibt der lyrische Sprecher eine idyllische Situation in der Natur, die sich am Anfang des Herbstes zeigt: Zwar naht bereits die kalte Jahreszeit, aber da die Sonne noch fast so hell und warm scheint wie im Sommer, entsteht ein trügerischer Eindruck. Das ist auch am Verhalten der Tiere zu erkennen.

Der Storch hat bereits gespürt, dass der Sommer vorbei ist, und den Flug nach Süden angetreten. Die anderen Tiere aber genießen die letzten Sonnenstrahlen. Dank der Abwesenheit des Storches ist dies gefahrlos möglich. …

> Bei mehrstrophigen Gedichten solltest du darauf achten, dass deine Aussagen zu den einzelnen Strophen **nicht alle gleich anfangen:** *In der ersten Strophe … In der zweiten Strophe …* usw. Bringe **Abwechslung** in deine Formulierungen, z. B. so: *In der ersten Strophe äußert der lyrische Sprecher seine Gedanken zu … Anschließend wendet er sich … zu …*

Tipp

Schreibe eine Inhaltsangabe zu dem Gedicht „Septemberliches Lied vom Storch" (S. 42). (→ Heft) Du kannst die Einleitung aus dem Beispiel oben verwenden.

Übung 28

Die Zusammenfassung von Sachtexten

Auch bei einem Sachtext gibt es keinen Handlungsverlauf, den du in der Inhaltsangabe wiedergeben kannst. Bei der **Inhaltszusammenfassung** von Sachtexten gibt es deshalb einige Besonderheiten.

Schritt für Schritt

Den Inhalt eines Sachtexts zusammenfassen

Arbeitsschritt **1**   In der **Einleitung** informierst du über die **Textsorte** (z. B. Bericht, Reportage …), den **Titel** des Textes, den **Verfasser** und die **Quelle** (z. B. den Namen der Zeitung und das Datum der Veröffentlichung) sowie über das **Thema** des Textes.

Arbeitsschritt **2**   Im **Hauptteil** stellst du im Einzelnen dar, welche Informationen der Verfasser über das Thema vermittelt. Stelle auch **Zusammenhänge** her *(Handelt es sich um eine allgemeine Aussage, ein Beispiel, eine Begründung, eine Bedingung, eine Folge …?)* und bringe diese durch Konjunktionen oder Adverbien zum Ausdruck.

Arbeitsschritt **3**   Am **Schluss** rundest du die Textzusammenfassung ab, indem du noch einmal auf die entscheidenden oder besonders interessanten Informationen verweist.

Tipp

> In der Einleitung deiner Inhaltsangabe kannst du natürlich nur **Informationen** wiedergeben, die dir **bekannt sind**. Wenn du z. B. nicht weißt, wer einen Text geschrieben hat und wo er erschienen ist, belässt du es bei der Nennung des Titels.

Beispiel

So könnte der Anfang einer Inhaltsangabe zu einem Sachtext aussehen:

In der Reportage „Terminator mit menschlichem Antlitz" von Florian Falzeder, erschienen am 21.10.2013 in der Tageszeitung taz, *stellt der Verfasser Menschen vor, die sich als sogenannte Cyborgs ansehen. Einige von ihnen treffen sich regelmäßig in Räumen des Berliner Hackervereins „c-base", um sich auszutauschen. Der Verfasser nimmt ein solches Treffen zum Anlass, um sich mit den Teilnehmern über ihre Erfahrungen und Ziele zu unterhalten.*
Falzeder erklärt, dass der Begriff „Cyborg" aus der Raumfahrt stammt. Ursprünglich bezog er sich auf Menschen, die nach den Vorstellungen von Wissenschaftlern mithilfe von Technik so umgestaltet werden, dass sie im Weltraum überleben könnten. …

Tipp

> Bedenke, dass es die **Eindrücke und Einschätzungen des Verfassers** sind, die du bei einer Inhaltsangabe zu einem Sachtext zusammenfassend darstellst. Es sind (meist) keine Tatsachen! Deshalb musst du seine Aussagen in **indirekter Rede** wiedergeben (vgl. S. 123), z. B. so: *Falzeder erinnert daran, dass das Thema „Mensch und Maschine" bereits in vielen Science-Fiction-Werken behandelt worden sei.*
>
> Wenn du vermeiden willst, dass du durchgängig den Konjunktiv verwenden musst, kannst du zu einem **Trick** greifen: Weise ausdrücklich darauf hin, dass deine folgenden Sätze Aussagen des Verfassers sind. Dann kannst du die nachfolgenden Inhalte „ganz normal" im Indikativ wiedergeben, z. B.: *Drei solcher Cyborgs stellt der Verfasser vor: den Amerikaner Tim Cannon, der anstrebt, dem Ziel der Unsterblichkeit näher zu kommen.*

Verfasse eine Inhaltsangabe zum folgenden Text „Terminator mit menschlichem Antlitz". (→ Heft) Du kannst die Einleitung und den Anfang des Hauptteils aus dem Beispiel (S. 70) übernehmen.

Übung 29

Terminator mit menschlichem Antlitz

Schritt für Schritt bauen sie ihren Körper mit Technik aus. Sogenannte Cyborgs[1] erfreuen sich in Berlin einer kleinen, aber regen Community.

1 „Wer will nicht unsterblich sein?" Tim Cannon raucht abwechselnd Elektro- und Filterzigaretten und denkt über die Zukunft nach. Auf dem Weg zur Unsterblich-
5 keit gilt es, ein Hindernis zu überwinden: „das Fleisch", den menschlichen Körper. „Faulendes Obst wirfst du ja auch nach einem Tag weg!" Soweit ist der Mittdreißiger noch nicht, aber er arbeitet daran.
10 Schritt für Schritt baut er seinen Körper mit Technik aus. Tim Cannon ist ein sogenannter Cyborg.

Der Begriff kommt ursprünglich aus der Raumfahrt und bedeutet „kybernetischer
15 Organismus": In den 1960er-Jahren entwickelten Wissenschaftler die Idee, den Menschen technisch umzubauen, damit er im Weltraum überleben kann.

Tim Cannon bleibt eher auf dem Boden
20 und erweitert seine Sinne – er trägt einen Chip, einen Magneten und ein selbstgebautes Gerät, das seine Temperatur misst und über Bluetooth sendet, in seinem Körper. Der US-Bürger […] nennt sich Body-
25 Hacker, ist begeisterter Bastler und gerade in Deutschland zu Besuch.

In Berlin stößt er auf Gegenliebe. In der c-base[2] an der Spree treffen sich […] regelmäßig ein paar Dutzend Menschen. Die
30 Räume gleichen einer Raumstation, die nach den Vorstellungen ihrer Macher durch einen Zeitreiseunfall vor viereinhalb Milliarden Jahren auf der Erde bruchlandete – gelebte Science-Fiction von Hackern.

35 Geteilte Werte

Die Ortswahl sei naheliegend, sagt Enno Park, der Initiator der deutschen Cyborg-Treffen. Hacker und Cyborgs teilen viele Werte. Die Technologie müsse offen und
40 frei verfügbar sein, fordern Body- genauso wie Computer-Hacker. Schließlich wandern die Geräte in den Körper. Ein künstliches Herz, an dem Google Patente besitzt – für die Cyborgs ist das ein unvorstellbarer
45 Gedanke. Also bauen sie ihre Teile selbst.

[…] In welche Richtung soll die Verschmelzung von Mensch und Maschine gehen? Dass sie längst Realität ist, darüber sind sich hier alle einig. Es gibt Herz-
50 schrittmacher und Prothesen. Das Smartphone wächst immer näher an den Körper. […]

Enno Park trägt als einer von 30 000 Menschen in Deutschland ein Cochlea-
55 Implantat[3]. Dieses sendet elektronische Signale direkt in seinen Hörnerv. Seit zwei Jahren kann der 40-Jährige mit Hilfe von Technik wieder hören. „Da habe ich gemerkt, ich bin ja jetzt ein Cyborg!" Das
60 Thema ließ ihn nicht mehr los und er rief die Berliner Cyborg-Runde ins Leben.

Magnet in der Fingerkuppe

Rin Räuber folgte seinem Ruf. Die Programmiererin hat wie Tim Cannon einen Magneten in ihrer Fingerspitze. „Damit kann ich elektromagnetische Felder spüren", sagt die 29-Jährige. In der Nähe einer Mikrowelle oder eines Netzteils kribbelt es in ihrem Finger. Am stärksten spürt sie den Diebstahlschutz, der am Ausgang vieler Supermärkte steht. Mit dem Implantat nimmt sie eine sonst unsichtbare Welt wahr.

Dieser Bastler-Realität, dem Spiel mit dem eigenen Körper, steht ein riesiger Science-Fiction-Kosmos gegenüber. Seit Mensch-Maschinen-Verschmelzung denkbar ist, wird darüber geschrieben und diskutiert. [...]

In Hollywood-Filmen werde der Cyborg oft als böse, willenlose Kampfmaschine dargestellt, wie der von Arnold Schwarzenegger verkörperte Terminator. Dem will Park eine positive Geschichte gegenüberstellen, einen Terminator mit menschlichem Antlitz. Er und seine Mitstreiter wollen eine Debatte anregen, sich mit der alltäglichen Technik im menschlichen Körper auseinandersetzen. „Denn viele von uns sind schon Cyborgs, ohne es wirklich zu wissen."

Quelle: Florian Falzeder, taz, 21.10.2013; www.taz.de/!5056686

Anmerkungen
1 *Cyborg*: Zusammensetzung aus den Wörtern **cyb**ernetic (deutsch: kybernetisch) und **org**anism (deutsch: Organismus). Mit dem Adjektiv *kybernetisch* beschreibt man ein Gerät, das vom Menschen mithilfe von Technik gezielt gesteuert wird.
2 *c-base*: ein Verein in Berlin, der sich als Zentrum der Berliner Hackerszene versteht
3 *Cochlea-Implantat*: eine Hörprothese für Gehörlose. Mit ihrer Hilfe werden Geräusche an den Hörnerv weitergeleitet. Voraussetzung ist, dass der Hörnerv noch intakt ist.

Auf einen Blick

So gestaltest du deine Inhaltsangabe/Textzusammenfassung richtig

- Drücke dich **sachlich** aus. Verwende keine Umgangssprache. Kommentiere die Inhalte nicht.
- Schreibe im **Präsens**. Bei Vorzeitigkeit verwendest du das **Perfekt**.
- Benutze **eigene Worte**. „Klebe" nicht an den Formulierungen im Text. Solltest du doch einmal eine Formulierung übernehmen, kennzeichnest du sie durch Anführungszeichen als Zitat.
- Achte darauf, dass du die einzelnen Gedanken oder Handlungsschritte nicht einfach nur aufzählst. Zeige durch geeignete Konjunktionen oder Adverbien **Zusammenhänge** auf.
- Verzichte auf direkte Rede. Wenn du Äußerungen oder Gedanken einer Person wiedergibst, überträgst du sie in die **indirekte Rede**. Dabei verwendest du den Konjunktiv I (vgl. S. 122 f.).
- Untergliedere den Text in **Absätze**. Grenze auch immer Einleitung und Schluss vom Hauptteil ab.

7.3 Einen Text analysieren

Man analysiert einen Text, indem man ihn in Bestandteile **zerlegt** und daraus neue **Erkenntnisse gewinnt**. Diese werden im **Präsens** dargestellt. Untersucht werden sowohl die **Inhalte** als auch die **formale** und **sprachliche Gestaltung**.

In einer Textanalyse beantwortest du nacheinander ausführlich diese **drei Fragen**:

- **Was steht im Text?** Erstelle eine (kurze) Inhaltsangabe.

- **Wie ist das, was im Text steht, zu verstehen?** Deute verschiedene Textstellen, die für das Verständnis von Bedeutung sind, und stelle Zusammenhänge zwischen ihnen her.

- **Wie ist das, was im Text steht, dargestellt?** Untersuche den Aufbau und die sprachliche Gestaltung des Textes. Nenne die einzelnen Gestaltungsmerkmale und äußere dich immer auch zu deren Wirkung.

Die Textanalyse bei epischen Texten

In epischen Texten wird die Handlung durch einen vom Autor erfundenen Erzähler dargestellt. Bei der Analyse untersuchst du, welcher **Inhalt** dem Leser vermittelt werden soll und mithilfe welcher **erzählerischer Mittel** das geschieht.

Vorbereiten

Eine gute Textanalyse kannst du nur schreiben, wenn du den Text genau verstanden hast. Lies daher absolut gründlich. Danach erstellst du deinen **Schreibplan**.

Eine Textanalyse vorbereiten

Arbeitsschritt **1** Lies den Text genau. Markiere dabei wichtige oder **auffällige Textstellen**. Mache dir auch Randnotizen zum Sinn der markierten Textstellen.

Arbeitsschritt **2** Auf Grundlage deiner Randkommentare formulierst du **deutende Aussagen** zum Text. Notiere diese auf einem extra Blatt.

Arbeitsschritt **3** Lege nun eine **Reihenfolge** fest. Nummeriere die deutenden Aussagen entsprechend. Bemühe dich dabei um einen **steigernden Aufbau:** Beginne mit einer Aussage, die eher offensichtlich ist, und setze die anspruchsvollste an den Schluss. Für eine sinnvolle Abfolge kannst du auch überlegen, welche Aussagen sich aufeinander beziehen, sodass sich gut **Überleitungen** herstellen lassen.

Arbeitsschritt **4** Lies den Text noch einmal und markiere **Auffälligkeiten bei Sprache und Form** – am besten in einer neuen Farbe. Vermerke am Rand das jeweilige sprachliche Mittel (z. B. Besonderheiten der Wortwahl, Metaphern, Wiederholungen).

Arbeitsschritt **5** Erstelle deinen **Schreibplan** (in Stichworten):
Notiere die Informationen für die **Inhaltsangabe** (= Einleitung und Anfang des Hauptteils), die **deutenden Aussagen** in der festgelegten Reihenfolge (= 2. Teil des Hauptteils) und **Besonderheiten der Gestaltung** (= 3. Teil des Hauptteils).

Arbeitsschritt **6** Überlege, wie du deine Textanalyse am **Schluss** abrunden kannst, z. B. mit einer zusammenfassenden Gesamtdeutung oder einer Äußerung dazu, wie dir der Text gefällt (mit Begründung). Halte die Ideen für den Schluss in deinem Schreibplan fest.

Schritt für Schritt

Tipp

Beziehe auch die **Überschrift** in deine Überlegungen mit ein. Stelle einen **Zusammenhang** zwischen ihr und dem Text her.

Beispiel

So könnten deine Notizen für erste deutende Aussagen (Schritt 2) aussehen:

Helga M. Novak: Schlittenfahren

1 Das <u>Eigenheim</u> steht in einem Garten. Der Garten ist groß.
   <u>Durch den Garten fließt ein Bach.</u> Im Garten stehen zwei Kinder. <u>Das eine der Kinder kann noch nicht spre-</u>
5 <u>chen.</u> Das andere Kind ist größer. Sie sitzen <u>auf einem Schlitten.</u> Das kleinere Kind weint. <u>Das größere sagt, gib den Schlitten her.</u> <u>Das kleinere weint.</u> Es schreit. Aus dem Haus tritt <u>ein Mann.</u> <u>Er sagt, wer brüllt, kommt rein.</u> Er geht in das Haus zurück. Die Tür fällt
10 hinter ihm zu.
   Das kleinere Kind schreit.
   Der Mann erscheint wieder in der Haustür. Er sagt, komm rein. Na wird's bald. Du kommst rein. Wer brüllt, kommt rein.
15 Komm rein.
   Der Mann geht hinein. Die Tür klappt.
   Das kleinere Kind hält die Schnur des Schlittens fest. Es schluchzt.
   Der Mann öffnet die Haustür. Er sagt, du darfst Schlit-
20 ten fahren, aber nicht brüllen. Wer brüllt, kommt rein. Ja. Ja. Jaaa. Schluss jetzt.
   Das größere Kind sagt, Andreas will immer allein fahren. Der Mann sagt, wer brüllt, kommt rein. Ob er nun Andreas heißt oder sonstwie.
25 Er macht die Tür zu.
   Das größere Kind nimmt dem kleineren den Schlitten weg. Das kleinere Kind schluchzt, quietscht, jault, quengelt.
   Der Mann tritt aus dem Haus. Das größere Kind gibt
30 dem kleineren den Schlitten zurück. Das kleinere Kind setzt sich auf den Schlitten. Es rodelt.
   Der Mann sieht in den Himmel. Der Himmel ist blau. Die Sonne ist groß und rot. Es ist kalt.
   Der Mann pfeift laut. Er geht wieder ins Haus zurück.
35 Er macht die Tür hinter sich zu.
   Das größere Kind ruft, Vati, Vati, Vati, Andreas gibt den Schlitten nicht mehr her.
   Die Haustür geht auf. Der Mann steckt den Kopf heraus. Er sagt, wer brüllt, kommt rein. Die Tür geht zu.
40 Das größere Kind ruft, Vati, Vativativati, Vaaatiii, jetzt ist Andreas in den Bach gefallen.
   Die Haustür öffnet sich einen Spalt breit. Eine Männerstimme ruft, wie oft soll ich das noch sagen, wer brüllt, kommt rein.
	doppeldeutige Überschrift:
	1. Spiel der Kinder, 2. schimpfen
	gute Wohnsituation, wohlhabend?
	
	idyllisch oder gefährlich?
	nicht mal zwei Jahre alt
	nur ein Schlitten
	Streit um den Schlitten
	wütend, hilflos
	
	Mann = Vater: fragt nicht nach Gründen, macht seine Drohung nicht wahr

Quelle: Helga M. Novak: Schlittenfahren. In: Dies.: Aufenthalt in einem irren Haus. Gesammelte Prosa. Frankfurt a. M.: Schöffling & Co. Verlagsbuchhandlung GmbH 1995, S. 82 f.

Lies den Text „Schlittenfahren" von Helga M. Novak (S. 74) noch einmal genau und bearbeite dann die Aufgaben.

Übung 30

Aufgaben

a) Formuliere deutende Aussagen zu der Kurzgeschichte „Schlittenfahren" oder bereite sie vor. Markiere dazu weitere Textstellen und notiere am Rand jeweils passende Kommentare.

Tipp

> Um **deutende Aussagen** zu formulieren, solltest du dir möglichst oft die **Warum**-Frage stellen. Wenn es in der Kurzgeschichte „Schlittenfahren" z. B. heißt, dass der Vater vor die Tür tritt und seine Kinder ermahnt, ruhig zu sein, dann solltest du dich fragen: *Warum tut er das?* Antworten auf solche Warum-Fragen helfen dir, die **Handlungsmotive** einer Figur zu verstehen (vgl. S. 65). Denn man tut und sagt nichts ohne Grund. Diese Gründe sollst du herausfinden.

b) Suche im Text „Schlittenfahren" nach Besonderheiten der sprachlichen Gestaltung (z. B. Wortwahl, Satzbau). Markiere sie mit einer anderen Farbe und kommentiere sie wieder am Rand.

Tipp

> Achte bei der Untersuchung von **Form** und **sprachlicher Gestaltung** besonders auf …
> - den **Aufbau**, d. h. die mögliche Untergliederung des Textes in Sinnabschnitte,
> - die **Wortwahl**, v. a. auf die verwendeten Nomen, Adjektive und Verben (vgl. S. 49 f.),
> - den **Satzbau**, z. B. auf die Verteilung von Satzgefügen oder Satzreihen (vgl. S. 51),
> - besondere **Stilmittel**, z. B. Sprachbilder oder auffällige Wiederholungen (vgl. S. 51 f. und 140 f.),
> - die **Haltung des Erzählers**: Zeigt er Anteilnahme oder verhält er sich eher wie ein kühler Beobachter (vgl. S. 35)?

c) Auf der nächsten Seite findest du einen Schreibplan, der die Analyse der Kurzgeschichte „Schlittenfahren" vorbereitet. Er wurde bereits begonnen. Vervollständige ihn. Nutze dazu deine Ergebnisse aus den Aufgaben a) und b) und notiere auf dieser Grundlage deutende Aussagen.

Hinweis: Du musst keine vollständigen Sätze schreiben.

SCHREIBKOMPETENZ

Einleitung Basisinformationen	Kurzgeschichte „Schlittenfahren" von Helga M. Novak Wann: an einem schönen Wintertag Wo: im eigenen Garten Wer: zwei kleine Kinder, Vater Was: Unfall eines der Kinder beim Schlittenfahren im Garten
Hauptteil, Teil 1 Inhaltsangabe	• Kinder streiten sich um Schlitten • Vater fühlt sich wiederholt durch den Lärm belästigt • tritt mehrmals vors Haus, ermahnt Kinder zur Ruhe, droht („Wer brüllt, kommt rein.", z. B. Z. 20) • geht zurück ins Haus → macht Drohungen nicht wahr • Streit zwischen Kindern hält an • kleineres Kind fällt mit Schlitten in den Bach • Vater bemerkt Gefahr nicht • fühlt sich weiter belästigt; geht ins Haus zurück
Hauptteil, Teil 2 Deutende Aussagen zum Text	• Spielsituation gefährlich für Kinder (Bach!) • ein Kind noch sehr klein (kann noch nicht sprechen)
Zwischenergebnis und Überschrift	
Hauptteil, Teil 3 Besonderheiten der sprachlichen Gestaltung	• Wortwahl: einfach, fast naiv („Haus", „Schlitten", „Garten") • „Eigenheim" passt nicht zur sonstigen Wortwahl
Schluss	

Schreibaufgaben lösen / 77

Schreiben

Auf der Grundlage deines Schreibplans beginnst du nun mit dem Schreiben.

Eine Textanalyse verfassen — *Schritt für Schritt*

Arbeitsschritt 1 Schreibe die **Inhaltsangabe**. (Wie das geht, kannst du auf S. 67 f. nachlesen.) Sie bildet die Einleitung und den ersten Teil des Hauptteils (vgl. Kasten auf S. 73).

Arbeitsschritt 2 Führe deine **deutenden Aussagen** aus. **Belege** sie anhand von Textstellen. (Du kannst dich am Vorgehen bei offenen Fragen orientieren, vgl. S. 62 ff.)

Arbeitsschritt 3 Formuliere ein **Zwischenergebnis**. Überlege, was die Textaussagen in ihrer Gesamtheit zeigen. Hier bietet sich auch an, Bezug auf die **Überschrift** zu nehmen.

Arbeitsschritt 4 Gehe auf die **sprachliche Gestaltung** ein. Nenne die Besonderheiten und äußere dich zur ihrer **Wirkung**. Stelle auch einen Bezug zum Textinhalt her. Überlege z. B., ob die sprachliche Gestaltung die Stimmung eher unterstreicht oder nicht.

Arbeitsschritt 5 Formuliere ein **Ergebnis/Fazit:** Äußere dich zusammenfassend dazu, was der Text zeigt bzw. aussagt. Du kannst an dieser Stelle auch das Verhalten der Figuren bewerten oder dich begründet dazu äußern, wie dir der Text gefällt.

Beispiel

So könntest du die ersten deutenden Aussagen aus dem Schreibplan zur Kurzgeschichte „Schlittenfahren" (S. 74) ausführen und anhand des Textes belegen:

Die Situation in dem Garten ist gefährlich für die Kinder, denn sie sind noch klein. Das jüngere der beiden dürfte noch nicht einmal zwei Jahre alt sein, da es noch nicht sprechen kann (vgl. Z. 4 f.). Eigentlich müsste der Vater die Jungen bei ihrem Spiel mit dem Schlitten beaufsichtigen. Immerhin fließt ein Bach durch den Garten (vgl. Z. 3). Es könnte also leicht passieren, dass sie beim Rodeln ins Wasser fallen. Trotzdem sind sie ganz allein draußen.

> **Tipp**
> Sage nicht nur, was im Text steht, sondern erkläre auch, **was es bedeutet**. Das ist der **Sinn**, der dahintersteckt. Achte außerdem darauf, deine Aussagen durch **Überleitungen** zu verbinden.

Analysiere die Kurzgeschichte „Schlittenfahren" von Helga M. Novak. (→ Heft) — *Übung 31*

Auf einen Blick

Worauf du beim Verfassen einer Textanalyse achten solltest

- Die **Vorbereitung** ist das Wichtigste: Du musst den Text zuerst wirklich **gründlich lesen** und untersuchen, sonst weißt du gar nicht, was du in deiner Textanalyse schreiben sollst.
- Gib nicht einfach das wieder, was im Text steht, sondern **deute es** (bei literarischen Texten) oder stelle die entscheidenden **Zusammenhänge** her (bei Sachtexten).
- Fasse **Inhalte, die zueinanderpassen**, als Gruppe zusammen, um dazu deutende Aussagen zu machen. Es kann sein, dass Sinnzusammenhänge erst hergestellt werden können, wenn du dich auf **mehrere Textstellen** beziehst, und die können über den ganzen Text verstreut sein.
- **Belege deine Aussagen** anhand des Textes. Bloße Verweise auf Textstellen reichen aber nicht aus. Erläutere stets deren Sinn.
- Beschreibe **Formmerkmale** und **sprachliche Mittel** und zeige deren **Wirkung** auf.
- Vergiss nicht, die **Überschrift** zu berücksichtigen. Das gilt besonders für literarische Texte, denn hier trägt sie immer zum Gesamtsinn des Textes bei.

Die Gedichtanalyse

Grundsätzlich gehst du bei der Analyse eines Gedichts so vor wie bei der Analyse einer Erzählung. Beachte aber diese **Besonderheiten:**

▶ Erkunde zunächst die **Situation** und die **Haltung des lyrischen Sprechers:**
  - Gibt er sich als lyrisches Ich zu erkennen oder bleibt er eher im Hintergrund?
  - Zu wem spricht er: zu sich selbst? zu einem Gegenüber? zu den Lesern?
  - Welche Situation beschreibt er?

▶ Äußere dich zu den **Gedanken und Gefühlen** des lyrischen Sprechers. Versuche, eine Verbindung zur dargestellten Situation herzustellen.

▶ Berücksichtige die **Formmerkmale.** Dabei geht es vor allem um die Frage, wie regelmäßig das Gedicht gestaltet ist (z. B. Reime, Metrum).

▶ Auch der **Klang der Sprache** spielt eine Rolle: Stimmlose Konsonanten (z. B. t, k oder p) und helle Vokale (e und i) klingen in der Regel eher kühl und hart, stimmhafte Konsonanten (z. B. m, n oder w) und dunkle Vokale (a, o und u) eher harmonisch und warm.

▶ Gerade bei Gedichten spielen **Sprachbilder** und **Stilmittel** eine wichtige Rolle. Überlege, wie diese wirken: harmonisch oder irritierend, fröhlich oder traurig?

Hinweis: Detaillierte Erläuterungen zu den Merkmalen und der Form von Gedichten findest du ab Seite 44 in diesem Buch. Informationen zu Sprachbildern findest du auf S. 51 f., weitere Stilmittel im Merkwissen auf S. 140 f.

Tipp
> Wie bei der Analyse eines epischen Textes musst du dich auch hier immer fragen, **wie die Darstellung** (Form und Sprache) **wirkt** und wie sie sich **zum Textinhalt verhält:** Unterstreicht sie die Stimmung des Gedichts? Welche Inhalte werden durch sie hervorgehoben? usw.

Beispiel

Bei dem Gedicht „Septemberliches Lied vom Storch" (S. 42) gibt es im Großen und Ganzen einen Gleichklang zwischen dem Inhalt einerseits und Form und Sprache andererseits. Die Stimmung, die das Gedicht ausstrahlt, ist ruhig und harmonisch: Derjenige, der früher für Gefahr gesorgt hat – der Storch – ist verschwunden. So haben die anderen Tiere ihre Ruhe und können unbesorgt die Sonne genießen. Diese Harmonie spiegelt sich erkennbar in der Form wider: Es gibt ein regelmäßiges Reimschema (Paarreim), und es liegt auch ein regelmäßiges Versmaß vor (vierhebiger Jambus). Die Sprache wirkt ebenfalls harmonisch: Der Dichter reiht seine Aussagen ruhig aneinander. Eine kleine „Störung" gibt es dennoch: in der zweiten und in der letzten Strophe. Die Konjunktionen „aber" (V. 5) und „obgleich" (V. 13) deuten darauf hin, dass die Harmonie trügerisch ist. ...

Tipp
> **Songtexte** gehören übrigens ebenfalls zu den Gedichttexten, auch sie sind in Strophen und Versen verfasst. Verfahre bei der Analyse eines Liedtextes genauso wie bei einer Gedichtanalyse.

Analysiere den Songtext „Das zweite Gesicht" von Peter Fox. (→ Heft)

Übung 32

Peter Fox: Das zweite Gesicht (2008)

1 Die Stimme bebt und der Blick ist Eis
Gleich geht jemand hier zu weit
Die Zunge ist geladen und bereit
Die Wörter von der Leine zu lassen, sich Feinde zu machen

5 Die Pfeilspitzen voller Gift
Der Feind wackelt, wenn du triffst
Du triumphierst, wenn er kippt
Doch morgen um diese Zeit tut es dir leid

Hahnenkampf um einen Haufen Mist
10 Jemanden opfern für einen lauen Witz
Eine Spinne tot – duschen, wenn du in der Wanne sitzt
Einem Dummen zeigen, dass du schlauer bist

Denn es steckt mit dir unter einer Haut
Und du weißt, es will raus ans Licht
15 Die Käfigtür geht langsam auf und da zeigt es sich:
Das zweite Gesicht

Ein Biest lebt in deinem Haus
Du schließt es ein, es bricht aus
Das gleiche Spiel jeden Tag
20 Vom Laufstall bis ins Grab

Ein Biest lebt in deinem Haus
Du schließt es ein, es bricht aus
Es kommt durch jede Tür
Es wohnt bei dir und bei mir

25 Du willst nach vorn, die anderen wollen zurück
Du hast Visionen, doch sie kommen nicht mit
Jemand steht zwischen dir und deinem Glück
Und es macht dich rasend, du kannst es nicht ertragen

Du guckst dir zu und du hörst dich reden
30 Du bist grad sensationell daneben
Versuchst vom Gas zu gehen, dein Fuß ist grad gelähmt
Du siehst die Wand und fährst dagegen

Du spielst falsch, um nicht zu verlieren
Dann feiern, als wär nix passiert
35 Dein Gewissen ist betrunken
Die Frau deines Freundes kommt mit zu dir

Es steckt mit dir unter einer Haut
Und du weißt, es will raus ans Licht
Die Käfigtür geht langsam auf und da zeigt es sich:
40 Das zweite Gesicht

[Wiederholung des Refrains V. 17–24: „Ein Biest lebt ..." bis „... bei dir und bei mir"]

Ein Biest lebt in deinem Haus
Du schließt es ein, es bricht aus

Text von: Pierre Baigorry/David Conen; © Edition Fixx und Foxy Publishing,
Soular Music GmbH, Hamburg; Hanseatic Musikverlag GmbH & Co. KG, Hamburg

Die Sachtextanalyse

Ein Sachtext ist in der Regel so formuliert, dass die Aussagen nicht erst interpretiert werden müssen. Deshalb geht es hier nicht so sehr darum, deutende Aussagen zu machen; wichtig ist stattdessen vor allem der **Aufbau des Textes**, also die Frage, wie der Verfasser seine **Aussagen strukturiert** hat. Achte dazu auf die Anordnung der Inhalte und auf die Verteilung von allgemeinen Aussagen und Beispielen. Zeige auf, welche Zusammenhänge im Text dargestellt sind.

Bedenke im Einzelnen Folgendes:

- In der Regel stellt ein Sachtext keine Handlung, sondern einen bestimmten **Sachverhalt** dar. Bestimme deshalb immer zuerst das **Thema**.

- Frage dich, welche **Absicht der Verfasser** verfolgt (vgl. S. 17): Will er ganz sachlich über das Thema informieren? Oder will er den Leser beeinflussen?

- Überlege, was für einen **Leser** der Verfasser im Sinn hat: einen Fachmann oder einen interessierten Laien?

- Berücksichtige, **woher** der Verfasser seine **Kenntnisse** zu dem Thema hat. Äußert er sich aufgrund eigenen Wissens oder eigener Beobachtungen oder hat er seine Informationen aus zweiter Hand, z. B. aus einem anderen Text?

- Unterscheide **allgemeine Aussagen**, **Erläuterungen** und **Beispiele** (vgl. S. 5): Allgemeine Aussagen vermitteln die wichtigsten Informationen. Erläuterungen dienen der Präzisierung und Beispiele veranschaulichen das Gesagte.

- Gehe auch hier auf die **sprachliche Gestaltung** ein (vgl. S. 75). Mit der Sprache verrät der Verfasser, wie seine Darstellung zu verstehen ist: ernsthaft, sachlich – oder spöttisch-ironisch? Anerkennend – oder kritisch?

Beispiel Textauszug aus „Terminator mit menschlichem Antlitz" (S. 71 f.):

Beispiel	Tim Cannon ist ein sogenannter Cyborg.
Erläuterung	Der Begriff kommt ursprünglich aus der Raumfahrt und
allgemeine Aussage	bedeutet „kybernetischer Organismus": In den 1960er-Jahren entwickelten Wissenschaftler die Idee, den Menschen technisch umzubauen, damit er im Weltraum überleben kann.
Beispiel	Tim Cannon bleibt eher auf dem Boden und erweitert seine Sinne […].

Tipp

> Suche im Text zunächst nach **allgemeinen Aussagen**. Sie beziehen sich auf die wesentlichen Sachverhalte, die grundsätzlich gelten oder in den meisten Fällen zutreffen. Hast du die allgemeinen Aussagen identifiziert, musst du noch **Zusammenhänge** zwischen ihnen **herstellen**. Besonders wichtig ist es zwischen Grund und Folge zu unterscheiden.

Übung 33 Analysiere den Text „Terminator mit menschlichem Antlitz" von S. 71 f. (→ Heft)

Hinweis: Du kannst als ersten Teil die Einleitung und Inhaltsangabe aus Übung 29 (vgl. Seite 70 f.) verwenden.

7.4 Eine literarische Figur charakterisieren

Wenn du aufgefordert wirst, die Persönlichkeit einer literarischen Figur zu beschreiben, geht es um das Verfassen einer **Charakteristik**. Dazu musst du **aus den Verhaltensweisen** einer Figur ihre **Charaktereigenschaften ableiten**. Bei literarischen Texten wird selten direkt gesagt, welche Eigenschaften eine Figur auszeichnen. Das kann man meist nur anhand ihres Verhaltens erkennen.

Eine Charakteristik schreiben — *Schritt für Schritt*

Arbeitsschritt **1** In der **Einleitung stellst du die Figur vor**. Nenne äußere Merkmale wie Name, Geschlecht, Alter, Familienstand, Beruf, Wohnverhältnisse u. Ä., soweit der Text die Informationen liefert. Auch das Aussehen gehört dazu.

Arbeitsschritt **2** Im **Hauptteil** beschreibst du den **Charakter** der Figur. Nenne ihre Charaktereigenschaften (z. B. stolz, neidisch, hilfsbereit) und erkläre, woran du sie erkennst. Belege deine Aussagen durch Textstellen, aus denen sich die Eigenschaften ablesen lassen.

Arbeitsschritt **3** Am **Schluss** rundest du deine Charakteristik ab, indem du die Figur zusammenfassend **bewertest**. Fällt die Bewertung negativ aus, kannst du versuchen, eine Erklärung dafür zu finden (z. B.: Befindet sich die Figur in einer schwierigen Situation?).

Ein Auszug aus einer Charakteristik des Vaters aus der Kurzgeschichte „Schlittenfahren" von Helga M. Novak (S. 74) könnte so lauten: — *Beispiel*

Aussage zu einer Charaktereigenschaft / Textbelege / Erläuterung/ Schlussfolgerung	Der Vater handelt gegenüber seinen Kindern verantwortungslos. Er lässt sie allein im Garten Schlitten fahren, und das, obwohl sie noch sehr klein sind (vgl. Z. 4 f.). Hinzu kommt, dass es dort nicht ungefährlich ist, denn es fließt ein Bach durch den Garten (vgl. Z. 3). Es kann also leicht passieren, dass eines der Kinder beim Schlittenfahren ins eiskalte Wasser fällt.

> **Tipp**
> Nutze auch dein **Erfahrungswissen**, um aus dem Verhalten einer Figur Charaktereigenschaften abzuleiten. Frage dich: *Wann verhält man sich so?* Überlege dann, ob dein Erfahrungswissen zum Text passt. Eventuell musst du auch **mehrere Textstellen** berücksichtigen.

Schreibe eine Charakteristik über die Figur Christian Wolf aus der Erzählung „Der Verbrecher aus verlorener Ehre" von Friedrich Schiller (S. 66). (→ Heft) — *Übung 34*

Auf einen Blick

Was du beim Schreiben einer Charakteristik beachten solltest

- Das Prinzip ist dasselbe wie bei einer Textanalyse: Du formulierst **Aussagen zum Text** (genauer: zu einer Figur) und **belegst sie** anhand von Textstellen. Die Sprachanalyse entfällt hier.
- **Markiere** zur Vorbereitung alle **Textstellen**, die etwas über den Charakter der Figur verraten.
- Formuliere **Aussagen zu den Charaktereigenschaften** der Figur. Berücksichtige auch ihre **Handlungsmotive** (vgl. S. 65). Diese sind wichtig für eine abschließende Bewertung.
- Beziehe dich auf Textstellen, um die Richtigkeit deiner Aussagen **nachzuweisen**.
- Stelle jede Charaktereigenschaft in einem eigenen **Absatz** dar.
- Verwende das Tempus **Präsens**.

7.5 Texte vergleichen

Für einen Textvergleich werden dir in der Regel **zwei Texte** vorgelegt, die **dasselbe Thema** behandeln. Den ersten Text kannst du als **Basistext** ansehen; ihn musst du zuerst untersuchen. Anschließend nimmst du dir den zweiten Text vor: Überlege, inwiefern er sich vom ersten Text **unterscheidet**. Denn deine Aufgabe ist es, herauszufinden, was das **Besondere** an jedem der Texte ist.

Tipp

> Häufig sind in den Texten **unterschiedliche Sichtweisen** auf das Thema dargestellt. So kann z. B. der Verfasser des ersten Textes – oder der Erzähler bzw. der lyrische Sprecher – eine **positive** Sicht zum Thema zum Ausdruck bringen, der des zweiten dagegen eine **negative**.

Da es in den beiden Texten um das gleiche Thema geht, betreffen die Unterschiede in erster Linie die **Darstellung**. Denn die Texte können sich nicht nur durch eine unterschiedliche **Einstellung zum Thema** unterscheiden, sondern insbesondere auch durch Abweichungen in **Sprache und Form**.

Um die **wesentlichen Unterschiede** herauszufinden, stellst du dir am besten die folgenden Fragen:

- Was ist das **gemeinsame Thema** und **wie** wird es jeweils **dargestellt**?
  Sehen die Verfasser den Gegenstand ihrer Betrachtung eher positiv oder negativ?

- Gibt es Unterschiede im **Sprachniveau**?
  Frage dich z. B., ob der Text in der Standardsprache verfasst ist oder auch umgangssprachliche Ausdrücke enthält.

- Was fällt im Hinblick auf die **Wortwahl** auf?
  Achte insbesondere auf die Verwendung von Nomen, Verben und Adjektiven: Rufen sie beim Leser z. B. eher positive oder negative Vorstellungen hervor?

- Welche **Satzarten** werden verwendet?
  Aussagesätze wirken eher sachlich; Fragen oder Ausrufesätze können darauf hindeuten, dass der Sprecher von Gefühlen bewegt ist oder dass der Verfasser den Leser miteinbeziehen möchte.

- Wie unterscheiden sich die **sprachlichen Bilder**?
  Überlege auch hier, welche Vorstellungen sie wecken: positive oder negative?

- Bei **Gedichten:** Gibt es Unterschiede in der **Form**?
  Beachte die Anordnung der Verse in Strophen, das Reimschema und das Versmaß. Regelmäßigkeiten in der Form wirken harmonisch, durch Unregelmäßigkeiten können einzelne Textelemente besonders hervorgehoben werden.

Tipp

> Oft reagiert ein Verfasser mit seinem Text auf bestimmte aktuelle Ereignisse oder greift Stimmungen auf, die gerade – bei ihm selbst oder in der Gesellschaft – vorherrschen. Deshalb solltest du immer auch auf die **Lebensdaten des Autors** bzw. auf das **Jahr der Veröffentlichung** achten. Das kann dir helfen, eine **Erklärung** dafür zu finden, warum sich die Texte in ihren Grundaussagen unterscheiden. Diese Informationen kannst du am **Schluss** deines Textvergleichs einbringen.

Schreibaufgaben lösen

Einen Textvergleich schreiben

Arbeitsschritt 1 **Lies** beide Texte **zügig** durch und finde heraus, was das **gemeinsame Thema** ist.

Arbeitsschritt 2 Lies jetzt beide Texte nacheinander ganz genau. Achte dabei auf **sprachliche** und ggf. **formale Besonderheiten**. Berücksichtige auch, ob eine **bestimmte Haltung** zum Thema zum Ausdruck kommt (z. B. kritisch oder befürwortend). Markiere alle Textstellen, die du für wesentlich hältst und an denen sich Unterschiede zeigen, und notiere wichtige Überlegungen dazu am Rand.

Arbeitsschritt 3 Schreibe eine **Einleitung**, in der du dich zu beiden Texten äußerst. Nenne das Thema, das sie verbindet. Wenn du zwischen den beiden Texten gravierende Unterschiede festgestellt hast, die auf den ersten Blick zu erkennen sind, solltest du das auch schon kurz erwähnen.

Arbeitsschritt 4 Beginne den **Hauptteil** mit der Analyse des **ersten Textes**. Gehe detailliert vor. Orientiere dich dazu an den Hinweisen auf S. 73 ff. Vergiss nicht, dich auf Textstellen zu beziehen, um deine Aussagen zu belegen.

Arbeitsschritt 5 Äußere dich danach zu den Besonderheiten des **zweiten Texts**. Schreibe auf, wodurch er sich vom ersten Text unterscheidet.

Arbeitsschritt 6 Formuliere ein abschließendes **Ergebnis**. Du kannst dich auf die Entstehungszeit beziehen, um die Unterschiede zwischen den Texten zu erklären. Oder du sagst, welcher der beiden Texte dir besser gefällt, und begründest das.

Schritt für Schritt

Lies die Gedichte „Gefunden" von Johann Wolfgang von Goethe und „Das alte Lied" von Fridolin Tschudi. Bearbeite dann die folgenden Aufgaben, die einen Vergleich der beiden Texte vorbereiten.

Übung 35

Johann Wolfgang von Goethe (1749–1832): Gefunden

1 Ich ging im Walde
So für mich hin,
Und nichts zu suchen,
Das war mein Sinn.

5 Im Schatten sah ich
Ein Blümchen stehn,
Wie Sterne leuchtend,
Wie Äuglein schön.

Ich wollt es brechen,
10 Da sagt es fein:
Soll ich zum Welken
Gebrochen sein?

Ich grub's mit allen
Den Würzlein aus.
15 Zum Garten trug ich's
Am hübschen Haus.

Und pflanzt es wieder
Am stillen Ort;
Nun zweigt es immer
20 Und blüht so fort.

Quelle: Gunter E. Grimm: Deutsche Nationallyrik. Reclam Verlag: Stuttgart 1995.

Fridolin Tschudi (1912–1966): Das alte Lied

1 Ich ging im Walde
so für mich hin,

und nichts zu suchen,
das war mein Sinn.

5 Jedoch o weh! das, was ich fand,
ist meiner Klage Gegenstand:

ich fand im dunklen Waldrevier
Konservenbüchsen und Papier,

Papier, Papier und überall
10 vom Rost zerfressenes Metall,

zermalmt, verschmiert, verbeult, verdreht,
doch nicht vom Wind hierher geweht,

vielmehr von denen unentwegt
verstreut, verschüttet, hingelegt

15 und fortgeschmissen, taub und blind,
die sozusagen Menschen sind,

weil Säue (heißt es allgemein)
es nicht gewesen können sein

Hier traf ich haufenweise Schmutz
20 trotz Heimat- und Gewässerschutz

Den Dreck trifft man im Schweizerland[1]
an manchem Wald- und Wiesenrand

und, wenn nicht dort, bestimmt seit je
in jedem einst so saubern See,

25 der, algengrün und rot vor Scham
sich deshalb längst das Leben nahm

und, wie das Lied hier expliziert[2],
nur noch als Leiche existiert …

Ich ging im Holz so für mich hin,
30 und goethisch-heiter war mein Sinn,

jedoch o weh! er war's nicht mehr
nach all dem Unrat ringsumher

Anmerkungen
1 *Schweizerland:* Der Verfasser des Gedichts stammt aus der Schweiz.

2 *explizieren:* näher erläutern, erklären

Quelle: Fridolin Tschudi: Ausgewählte Verse. Sanssouci-Verlag: Zürich 1966.

Aufgaben

1. Bestimme das Thema, mit dem sich beide Gedichte befassen.
   _____
   _____

2. Nenne für jedes Gedicht zwei Gefühle, die das lyrische Ich zu erkennen gibt.
   „Gefunden": _____
   „Das alte Lied": _____

Schreibaufgaben lösen | 85

3. Vergleiche die beiden Gedichte in Bezug auf Besonderheiten von Sprache und Form. Kreuze an, auf welches Gedicht die einzelnen Aussagen zutreffen.

	Goethe: Gefunden	Tschudi: Das alte Lied
a) Es gibt mehrere gleich lange Strophen.	☐	☐
b) Es gibt ein festes Metrum.	☐	☐
c) Das Gedicht weist Reime auf.	☐	☐
d) Es gibt viele Wörter, mit denen man negative Vorstellungen verbindet.	☐	☐
e) Die verwendeten Sprachbilder wecken überwiegend positive Vorstellungen.	☐	☐
f) Das Gedicht enthält Ausrufesätze.	☐	☐

4. Überlege jetzt, welche Merkmale bei jedem Gedicht überwiegen: diejenigen, die eine positive Wirkung erzeugen, oder diejenigen, die eher negativ wirken.

Ergebnis

	Goethe: Gefunden	Tschudi: Das alte Lied
Die Gesamtwirkung ist eher …	☐ positiv.	☐ positiv.
	☐ negativ.	☐ negativ.

5. Finde eine Erklärung dafür, weshalb sich die beiden Gedichte bezüglich ihrer Grundstimmung unterscheiden. Beziehe dich auf die Entstehungszeit.

_____
_____
_____
_____
_____

Schreibe einen Textvergleich der Gedichte „Gefunden" und „Das alte Lied". Orientiere dich an den Arbeitsschritten auf S. 82 und nutze deine Ergebnisse aus Übung 35. (→ Heft)

Übung 36

Interaktive Aufgaben: Einen Leserbrief schreiben

7.6 Einen argumentativen Text schreiben: Erörterung und Stellungnahme

Ziel eines argumentativen Textes ist es, den Leser von der Richtigkeit einer Meinung zu einem Thema zu **überzeugen**. Um das zu erreichen, muss man stichhaltige Argumente anführen. Es gibt **Pro- und Kontra-Argumente:** Mit einem Pro-Argument äußert man Zustimmung, ein Kontra-Argument drückt Ablehnung aus.

Manche Aufgaben verlangen von dir, dass du dich beim Verfassen eines argumentativen Textes vor allem auf **dein Erfahrungswissen** beziehst. Es gibt aber auch argumentative Schreibaufgaben auf der **Grundlage eines Textes**. Dann musst du bei deiner Argumentation die Textinformationen berücksichtigen.

Der Aufbau eines Arguments

Ein vollständiges Argument besteht aus mindestens zwei Teilen:

- einer **These** (Behauptung) und
- einer ausführlichen **Begründung**.
- Oft bietet es sich an, die Begründung durch ein passendes **Beispiel** anzureichern. Es macht das Argument anschaulicher, lebendiger und interessanter.

Die **Reihenfolge** der einzelnen Bestandteile eines Arguments ist **nicht festgelegt**. Man kann mit einer These beginnen und die Begründung (mit Beispiel) folgen lassen. Es ist aber auch möglich, als Erstes ein Beispiel anzuführen, das man anschließend erläutert *(Was zeigt dieses Beispiel?)*. Danach folgt eine Schlussfolgerung; das ist in diesem Fall die These.

Tipp

> Besonders „rund" wirkt ein Argument, wenn es am Anfang und am Ende **von einer These** „eingerahmt" wird. Die These am Schluss dient als Bekräftigung der Anfangsthese. Man sollte nur darauf achten, die These am Anfang des Arguments anders auszudrücken als am Schluss.

Beispiel

Sollten Schüler am Nachmittag einen Nebenjob annehmen?

Zu dieser Frage könnte ein **Pro-Argument** so aussehen:

These	Es ist eine gute Idee, wenn Schüler nachmittags einen Nebenjob annehmen.
Begründung Veranschaulichung durch **Beispiele** Weitere Erläuterungen zur Begründung	Denn so verdienen sie ihr eigenes Geld, und wenn sie sich davon hin und wieder etwas Neues kaufen, z. B. ein Kleidungsstück oder ein Videospiel, dann freuen sie sich nicht nur über ihre Einkäufe, sondern sie können auch voller Stolz sagen: „Das habe ich mir selbst erarbeitet!" Jugendliche, die kein eigenes Geld verdienen, kennen dieses Gefühl nicht. Deshalb kann man es jedem Jugendlichen nur empfehlen, einen Nachmittagsjob anzunehmen.
Schlussfolgerung (= Bekräftigung der These)	

Formuliere zu der Frage, ob Schüler am Nachmittag einen Nebenjob ausüben sollten, ein **Kontra-Argument**. Achte darauf, dass dein Argument vollständig ist. Benenne die einzelnen Bestandteile in der linken Spalte (vgl. Beispiel S. 86).

Übung 37

Bestandteile	Kontra-Argument

Tipp

Wenn dir kein **wahres Beispiel** einfällt, um die Begründung in einem Argument zu veranschaulichen, kannst du dir auch eines **ausdenken**. Es sollte aber **glaubwürdig** sein. Vielleicht gehst du einfach von dir selbst aus, z. B.:
Ich würde mir gern durch einen Nebenjob ein wenig Geld hinzuverdienen. Das könnte ich sparen, um mir davon später meinen Führerschein zu finanzieren.

Arten von argumentativen Texten

Unterscheide bei den argumentativen Texten **Stellungnahme** und **Erörterung**:

▶ Mit einer **Stellungnahme** äußerst du ausführlich und begründet deine Meinung zu einem Thema. Du beziehst dabei **von vornherein eine bestimmte Position** und gibst diese gleich zu Anfang bekannt. Anschließend führst du zwei bis drei Argumente aus, um deine Haltung zu begründen. Am Schluss formulierst du ein Ergebnis, in dem du deine Meinung noch einmal bekräftigst.

Unterschiede von Stellungnahme und Erörterung

- Bei der **Erörterung** gelangst du erst am Ende zu einem Ergebnis. Man unterscheidet zwei Formen: die **lineare** und die **kontroverse** Erörterung.

    - Bei einer **linearen Erörterung** behandelst du eine Fragestellung aus **nur einer Blickrichtung**. Dementsprechend besteht der Hauptteil in der Regel nur aus einem Abschnitt (**eingliedrige** Erörterung).
    So kann es z. B. sein, dass du nach den Vorteilen einer Entwicklung gefragt wirst (**nur** nach den Vorteilen!). Oder du sollst für ein bestimmtes Problem eine Erklärung oder Lösungsmöglichkeiten suchen. Du stellst dann mehrere passende Überlegungen an (Vorteile, Erklärungsansätze, Lösungsvorschläge). Das sind deine Argumente (Thesen und zugehörige Begründungen). Ordne sie so an, dass eine **Steigerung nach Wichtigkeit** zu erkennen ist. Zum Schluss kommst du zu einem Ergebnis.

    - Bei einer **kontroversen Erörterung** betrachtest du ein Thema von **zwei Seiten:** Du wägst Für und Wider ab und gelangst so am Schluss zu deiner Meinung. Eine solche Erörterung ist meist **zweigliedrig**, d.h., der Hauptteil besteht aus zwei Abschnitten: einem **Pro- und** einem **Kontra-Teil**.
    Im Hauptteil trägst du nacheinander mehrere Argumente für jede Seite vor. Ordne die Argumenten-Blöcke (Pro, Kontra) so an, dass du am Ende vom Hauptteil **nahtlos zu der Position** überleiten kannst, **die du selbst einnimmst:** Wenn du die Pro-Meinung vertrittst, beginnst du die Erörterung mit den Kontra-Argumenten; bist du für die Kontra-Seite, beginnst du mit dem Pro-Teil.

Tipp

> Auch bei einer Stellungnahme ist es sinnvoll, zunächst ein bis zwei **Argumente der Gegenseite** anzuführen und sie zu entkräften. Bei einem Gegenargument solltest du immer schnell deutlich machen, dass es schwach ist. Lege das Argument so an, dass der Leser geradezu auf das „erlösende Aber" wartet, z. B.: *Zwar ist es richtig, dass … Aber man darf nicht vergessen, …*

Beispiel

So könnten Aufgaben zur Stellungnahme und zur Erörterung lauten:

- **Stellungnahme:** *Einige Politiker fordern, dass Eltern von Schülern, die regelmäßig die Schule schwänzen, das Kindergeld entzogen wird. Nimm begründet Stellung zu dieser Forderung.*

- **Lineare (eingliedrige) Erörterung:** *Es gibt immer wieder Schüler, die anfangen, regelmäßig die Schule zu schwänzen. Welche Gründe kann es dafür geben? Erörtere diese Frage.*

- **Kontroverse (zweigliedrige) Erörterung:** *Erörtere die folgende Fragestellung: Sollte Eltern, deren Kinder regelmäßig die Schule schwänzen, das Kindergeld entzogen werden?*

Tipp

> Oft wird dir bei Aufgaben zum Argumentieren eine bestimmte **Schreibsituation vorgegeben**, z.B. sollst du jemanden durch einen Brief von etwas überzeugen. Dann baust du den argumentativen Teil deines Textes genauso auf wie bei einer Stellungnahme oder einer Erörterung. Zusätzlich musst du aber noch die **Merkmale der** jeweiligen **Textsorte** berücksichtigen (z. B. Datum, Anrede, Grußformel, Ansprache des Adressaten usw.).

Schreibaufgaben lösen | 89

Verfasse eine Stellungnahme zur ersten Aufgabe aus den Beispielen auf S. 88. (→ Heft) Verfahre so:

Übung 38

▶ Entscheide dich für die Position, die du einnehmen willst: Sollte Eltern, deren Kinder regelmäßig die Schule schwänzen, das Kindergeld entzogen werden – ja oder nein?
▶ Wähle aus der (ungeordneten) Ideenliste drei Stichpunkte aus, die du zu vollständigen Argumenten ausformulieren willst. Lege ihre Reihenfolge fest, indem du sie nummerierst.
▶ Schreibe einen Einleitungssatz, in dem du deine Position schon klar zum Ausdruck bringst.
▶ Entkräfte danach ein mögliches Argument der Gegenseite.
▶ Führe anschließend deine drei Argumente aus.
▶ Formuliere zum Schluss ein Ergebnis, in dem du deine anfangs geäußerte Position nochmals bekräftigst.

Ideenliste

1. Eltern evtl. machtlos, Bestrafung der Falschen
2. Geld als Druckmittel effektiv
3. wichtiger: Gründe für das Schulschwänzen herausfinden
4. besserer Kontakt zwischen Schule und Elternhaus nötig
5. Einsparungen bei sozialen Leistungen können an die Schulen fließen
6. Erziehung der Eltern zur Erfüllung ihrer Fürsorgepflicht
7. rechtliche Durchsetzbarkeit fraglich
8. Unterstützung für Kinder wichtiger als Strafe
9. Verantwortung liegt bei Eltern, Staat kann nur hier aktiv werden
10. Schule attraktiver machen durch Verbesserung des Unterrichts

Was du beim Schreiben eines argumentativen Textes beachten solltest

Auf einen Blick

Nicht zu viele Argumente anführen	Auf die reine Anzahl der Argumente kommt es nicht an. Vier überzeugende Argumente sind besser als sechs schwache!
Nach ansteigender Wichtigkeit argumentieren	Ordne deine Argumente nach ansteigender Wichtigkeit an: Beginne mit dem schwächsten und steigere dich dann. Am Schluss steht das überzeugendste Argument. Bei Argumenten der Gegenseite verfährst du genau umgekehrt (das stärkste zuerst).
Abwechslungsreich gestalten	Wechsle beim Aufbau der Argumente ab. Ordne These, Begründung und Beispiel nicht immer in der gleichen Reihenfolge an.
Verknüpfungen herstellen	Zähle deine Argumente nicht nur auf, sondern stelle Überleitungen zwischen ihnen her. Gehören zwei aufeinanderfolgende Argumente zur selben Seite (z. B. Pro), wählst du eine reihende Überleitung, z. B.: *Hinzu kommt … Außerdem … Überdies …* Passen zwei aufeinanderfolgende Argumente nicht zusammen (z. B. Pro und Kontra), verwendest du eine Überleitung, die einen Gegensatz ausdrückt, z. B.: *Aber … Andererseits … Allerdings …*
Durch Absätze strukturieren	Stelle jedes Argument in einem eigenen Absatz dar. Beginne also mit jedem neuen Argument einen neuen Absatz.

Interaktive Aufgaben: Einen informierenden Artikel für die Schülerzeitung schreiben

7.7 Einen informierenden Text verfassen

Mit einem informierenden Text vermittelt der Schreiber seinen Lesern **Wissen über ein bestimmtes Thema**. Du bekommst in diesem Fall zur Vorbereitung eine **Materialsammlung** rund um ein Thema, z. B. verschiedene Texte, ein Diagramm usw. Für deinen Text musst du dann die entscheidenden **Informationen** sinnvoll **auswählen**, sie geschickt **anordnen** und verständlich **darstellen**.

Tipp

> Es wird *nicht* von dir erwartet, dass du alle Informationen verwendest, die die Materialien enthalten. Im Gegenteil: Du sollst zeigen, dass du in der Lage bist, **genau die Informationen auszuwählen** und strukturiert wiederzugeben, die für die Aufgabe wesentlich sind.

Beachte im Hinblick auf die Darstellung dies:

▶ Schreibe **sachlich** und **neutral** – ohne persönliche Kommentare. (Ausnahme: Am Schluss kannst du kurz deine eigene Meinung äußern.)

▶ Die Zeitform ist das **Präsens**.

▶ Berücksichtige die **Schreibsituation**: Schreibst du zu einem bestimmten **Anlass** (z. B. Schulaufführung, Jahrestag), nimmst du darauf Bezug. Ist dir eine **Textsorte** vorgegeben, musst du deren Merkmale beachten (z. B. Datum und Anrede bei Briefen). Sprich deine **Leser** direkt an, wenn die Situation das nahelegt, und richte deine Sprache an ihnen aus (z. B. mehr oder weniger förmlich).

▶ Verwende unbedingt **eigene Worte**! Schreibe nicht aus den Materialien ab.

Schritt für Schritt

Einen informierenden Text schreiben

Arbeitsschritt 1 **Informationen auswählen:** Lies alle Materialien sorgfältig durch. Markiere Textstellen, die du für bedeutsam hältst, und notiere am rechten Rand Stichpunkte zu den Inhalten. So behältst du die Übersicht, wo du welche Information findest.

Arbeitsschritt 2 **Inhalte zuordnen:** Sieh dir deine Randkommentare noch einmal an und überlege, welche Informationen inhaltlich zusammengehören. Diese kennzeichnest du mit gleichen Buchstaben oder Zeichen.

Arbeitsschritt 3 **Zusammenhänge feststellen:** Finde Oberbegriffe/Zwischenüberschriften für die zuvor gekennzeichneten „Informationsgruppen", z. B. *Problem, Ursachen* etc.

Arbeitsschritt 4 **Die Reihenfolge bestimmen:** Lege fest, wo in deinem Text die jeweiligen Informationen vorkommen sollen – eher am Anfang, in der Mitte oder am Ende. Im Zweifelsfall folgst du dem Prinzip: vom Allgemeinen zum Besonderen/Detail. Nummeriere die Textstellen und Oberbegriffe entsprechend.

Arbeitsschritt 5 **Den Schreibplan erstellen:** Übertrage deine Zwischenüberschriften und Notizen stichwortartig in einen Schreibplan. Sie gehören in den Hauptteil. Notiere immer auch die Quellen. Dann ergänzt du Ideen für die Einleitung und den Schluss.

Arbeitsschritt 6 **Den Text schreiben:** Wecke in der **Einleitung** das Interesse des Lesers und führe zum Thema hin (z. B. durch ein anschauliches Beispiel, einen aktuellen Bezug). Im **Hauptteil** formulierst du die Notizen aus deinem Schreibplan aus. Zähle aber nicht bloß Fakten auf, sondern stelle Zusammenhänge her. Am **Schluss** kann ein Fazit oder ein Appell an die Leser den Text abrunden. Oder du äußerst einen weiterführenden Gedanken oder deine Meinung zum Thema.

Beispiel

Ein Schreibplan zum Thema „Kinderarbeit" könnte so beginnen:

Einleitung Hinführung (Beispiel, Definition)	Kinderarbeit heute, z. B. Schuhputzer in Indien • Arbeit von Kindern unter 15 Jahren • regelmäßiges Arbeiten für Geld	M 3, M 1
Hauptteil (1) Verbreitung	• überwiegend in Entwicklungsländern, vor allem in Lateinamerika und Afrika, im Nahen Osten sowie in Asien • …	M 4
Hauptteil (2) Ursachen	• …	
…	• …	

Tipp

> Geeignete **Zwischenüberschriften** bzw. **Oberbegriffe** findest du z. B., indem du dir bestimmte Fragen stellst. Zum Thema „Kinderarbeit" könnten es diese Fragen sein:
> - **Was** ist Kinderarbeit? (→ Definition/Erläuterung)
> - **Wo** gab oder gibt es Kinderarbeit? (→ Regionen, in denen Kinderarbeit üblich ist)
> - **In welchem Ausmaß** gibt es Kinderarbeit? (→ Häufigkeit/Umfang von Kinderarbeit)
> - **Warum** gibt es Kinderarbeit? (→ Ursachen von Kinderarbeit)
> - **Wie** wirkt sich Kinderarbeit aus? (→ Folgen von Kinderarbeit)
> - **Was** kann man **gegen** Kinderarbeit tun? (→ Lösungsmöglichkeiten/Gegenmaßnahmen)

Übung 39

Ihr habt euch im Gesellschaftskundeunterricht mit dem Thema Kinderarbeit beschäftigt. Gemeinsam mit eurem Lehrer bereitet ihr nun eine Ausstellung zu diesem Thema vor. Bei der Eröffnung der Ausstellung wirst du ein Referat halten, in dem du die Besucher – Schülerinnen und Schüler, Eltern und Lehrkräfte – über wichtige Aspekte von Kinderarbeit informierst. Der Text dieses Referats soll auch in einer Broschüre für die Besucher abgedruckt werden.

Verfasse hierfür auf Grundlage der Materialien 1 bis 6 (S. 92–94) einen informierenden Text zum Thema „Kinderarbeit". (→ Heft)

Gehe so vor:
▶ Führe in der **Einleitung** zum Problem hin. Definiere, was Kinderarbeit ist, und informiere in Kürze über Kinderarbeit heute.
▶ Im **Hauptteil** vermittelst du die wesentlichen Informationen über Kinderarbeit, d. h. über ihre Verbreitung, Ursachen und Folgen sowie über mögliche Maßnahmen dagegen.
▶ Am **Schluss** sprichst du einen Appell aus: Fordere die Zuhörer auf, künftig möglichst keine Produkte mehr zu kaufen, die aus Kinderhand stammen.

Hinweis: Bereite das Schreiben deines Textes durch einen Schreibplan vor. Du kannst dafür den bereits begonnenen Plan von oben als Muster verwenden. Vergiss nicht zu notieren, welchem Material du die Informationen entnimmst.

M 1 Kinderarbeit heute

Man spricht von Kinderarbeit, wenn Kinder regelmäßig zum Zweck des Gelderwerbs arbeiten gehen. Als Kinder gelten in diesem Zusammenhang Personen, die jünger als 15 Jahre sind. Diese Altersgrenze hat die ILO[1] so festgelegt.

Ein Kind, das seiner Mutter gelegentlich im Haushalt hilft, verrichtet demnach keine Kinderarbeit, denn es erledigt nur hin und wieder einige Arbeiten. Diese übernimmt es auch nicht, um Geld zu verdienen. Weder bekommt es für seine Dienste einen Stundenlohn, noch stellt es Dinge her, die anschließend auf dem Weltmarkt mit Gewinnabsicht verkauft werden.

Es sind also drei Kriterien, die erfüllt sein müssen, damit man von Kinderarbeit sprechen kann: das Alter der Kinder (unter 15), die Regelmäßigkeit des Arbeitens und der Zweck der Arbeit (das Geldverdienen).[2]

Anmerkungen
1 *ILO*: Internationale Arbeitsorganisation, eine Unterorganisation der Vereinten Nationen
2 Jugendliche ab 13 Jahren dürfen aber durch leichte Tätigkeiten, z. B. Babysitten, ihr Taschengeld aufbessern.

M 2 Kinderarbeit weltweit

[…] Millionen Mädchen und Jungen müssen Tag für Tag unter gefährlichen und ausbeuterischen Bedingungen schuften. Sie ruinieren ihre Gesundheit und können nicht zur Schule gehen. Einige dieser Kinderarbeiter stellen Waren her, die in die ganze Welt exportiert werden: T-Shirts, Kaffee, Kakao, Tee, Orangensaft, Natursteine, Kosmetik und glitzernde Strass-Steine. Mittlerweile gibt es eine Vielzahl von Initiativen, die sich gegen die Ausbeutung von Kindern engagieren: *terre des hommes*[1]-Projektpartner eröffnen Schulen, helfen Schuldknechten[2] in die Freiheit, leisten Rechtshilfe, werben für die Einschulung und stärken Kinderarbeiter in ihren Rechten.

Quelle: Barbara Küppers,
Terre des Hommes Deutschland e. V.

Anmerkungen
1 *terre des hommes*: französisch für „Erde der Menschen"; eine Kinderschutzorganisation
2 *Schuldknecht*: Jemand, der wie ein Sklave arbeiten muss, um seine Schulden zu tilgen. Kinderarbeiter sind manchmal wie Schuldknechte, weil ihre Eltern bei jemandem Schulden haben (vgl. auch M 5).

M 3 Schuhe putzen für ein paar Rupies

Täglich machen Raj und Lal ihre Runde durch Karol Bagh, vorbei am Bazar, an den kleinen Läden, die bunte Stoffe, Lederwaren, Schuhe oder Heiligenstatuen feilbieten. In dem bunten Viertel mitten im Herzen von Delhi[1] haben sich zahlreiche billige Hotels angesiedelt. Rucksacktouristen aus dem Westen bevölkern die Straßen. Auf sie haben es Raj und Lal abgesehen. Die beiden Zwölfjährigen arbeiten als Schuhputzer. Für zehn Rupien, umgerechnet nicht einmal 20 Cent, putzen und polieren die beiden Jungen die Schuhe der Touristen. Sieben Tage die Woche, von morgens bis abends. Ihre Körper sind klein, die Haare verfilzt, die Hände verhornt und schmutzig. Raj und Lal sind zwei von schätzungsweise 13 Millionen Kinderarbeitern im Alter zwischen fünf und 14 Jahren in Indien. Die Zahl ist eine vorsichtige Schätzung der Regierung. Der indische Journalist und Buchautor M. V. Kamath vermutet, dass die Zahl deutlich höher liegt. „Es gibt mindestens 70 bis 80 Millionen Kinder in Indien, die nicht die Schule besuchen. Was machen diese Kinder? Man muss davon ausgehen, dass sie alle arbeiten." […]

Raj und Lal gehen an diesem Tag jedenfalls nicht zur Schule. Sie arbeiten. Bei stickigen 43 Grad schleppen sie ihre schweren Holzkoffer durch die engen, staubigen Gassen, balancieren sie über die Straßengräben, in denen Abwasser und Küchenabfälle versickern. Mehrere Kilo wiegt das Arbeitsgerät. Verschiedene Schuhcremes, Bürsten, Schuheinlagen und auch Werkzeuge haben die Kinder dabei. „Mam, shoe clean? Mam, please, shoe clean?", rufen sie und zerren an einer Europäerin, die schwarze Halbschuhe trägt.

Eigentlich möchte die Holländerin die Dienste der Jungen nicht in Anspruch nehmen. [...] „Mam, 10 Rupies! Mam!", insistieren[2] die Kinder. Raj und Lal haben gelernt, energisch zu sein. Dann gucken sie die Frau mit großen, traurigen Augen an, greifen nach ihrer Hand. Die Touristin zieht ihre Hand erst erschrocken zurück, dann lässt sie es geschehen. [...] Die beiden kleinen Schuhputzer tun ihr leid. [...]

Quelle: Tina Groll, ZEIT online vom 27. 4. 2010; www.zeit.de/wirtschaft/2010-04/indien-kinderarbeit/komplettansicht
(aus didaktischen Gründen stellenweise gekürzt und leicht geändert)

Anmerkungen
1 *Delhi*: eine Großstadt im Nordosten Indiens
2 *insistieren*: mit Nachdruck auf etwas bestehen, beharren

M 4 Wo Kinder arbeiten müssen

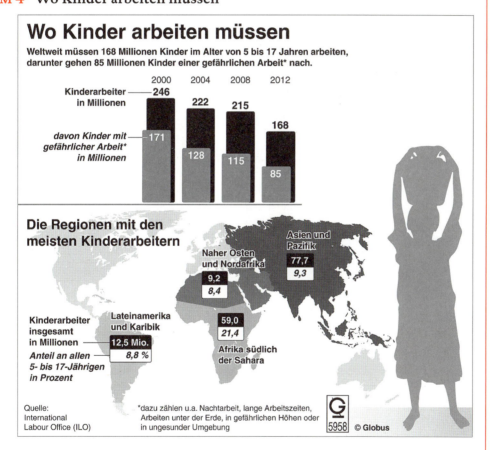

M 5 Ursachen von Kinderarbeit

Die Ursachen von Kinderarbeit liegen im wirtschaftlichen Ungleichgewicht dieser Welt und in einem Teufelskreis von mangelhaften Sozialsystemen, fehlender Bildung, Armut und Ausbeutung. [...] In den Entwicklungsländern können sich viele Eltern einen Schulbesuch der Kinder nicht leisten oder sehen zum Teil auch gar keine Notwendigkeit. In manchen Kulturen gilt es als selbstverständlich, dass Kinder als Zeichen ihrer Dankbarkeit mitarbeiten müssen, um die Familie zu ernähren. Diese Tradition kann allerdings von kleinen Jobs und etwas Mithilfe bis hin zu brutaler Ausbeutung reichen. Nicht selten bedeutet das: Die Kinder müssen Geld heimbringen, egal wie.

Oft geht es auch darum, die Schulden der Eltern abzuarbeiten. Besonders in Südasien gibt es die sogenannte Schuldknechtschaft. Arbeitgeber leihen ihren Angestellten zu Wucherzinsen Geld und lassen sie nicht mehr gehen, bevor alles zurückbezahlt ist. Wegen der Hungerlöhne hat kaum ein Arbeiter die Chance, das Geld mitsamt den Zinszahlungen aufzubringen. Die Schulden werden weitergegeben an die nächste Generation und alle Familienmitglieder, auch die Kinder, werden zu Sklaven des Unternehmers.

Besonders in Afrika führen Bürgerkriege und die Verbreitung von Aids auch dazu, dass viele Kinder zu Waisen werden und sich dann alleine durchschlagen müssen.

Quelle: http://kinderarbeit.wordpress.com/ursachen-von-kinderarbeit/

M 6 Was Verbraucher tun können

[…] Wichtig bei allen Anstrengungen gegen ausbeuterische Kinderarbeit ist, dass jedes einzelne Kind tatsächlich eine sinnvolle Alternative bekommt: In der Regel ist das der Besuch einer Schule oder eine Ausbildung. Allein mit Aufrufen zum Boykott von Firmen und Produkten ist es nicht getan. Beispiele aus der Vergangenheit haben gezeigt, dass solche Aufrufe nur zur Entlassung der Kinder führten, ohne ihnen aber eine alternative Überlebensperspektive anzubieten. […]

Kaufen Sie, wo möglich, Produkte aus fairem Handel oder mit einem seriösen Sozialsiegel. Diese Kennzeichnungen sind eine Möglichkeit zu erkennen, unter welchen Bedingungen Produkte hergestellt wurden. Die Angabe des Herstellungslandes sagt wenig aus, denn dort kann es Betriebe ohne Kinderarbeiter geben und solche, die Kinder ausbeuten. Auch Markenartikel und teure Designerprodukte können unter Beteiligung von Kindern hergestellt sein. Der Endpreis einer Ware allein lässt in der Regel keine Rückschlüsse auf die Herstellungsbedingungen zu.

Sorgen Sie dafür, dass auch Großverbraucher zu gesiegelten Produkten greifen: In Kantinen kann TransFair-Kaffee ausgeschenkt werden, Gewerkschaften, Vereine oder Pfarrgemeinden können nur noch Blumen aus gesiegelter Produktion oder heimischen Betrieben verschenken. Sportvereine können Bälle aus fairem Handel anschaffen. […]

Quelle: Barbara Küppers, Terre des Hommes Deutschland e. V.; www.tdh.de/content/themen/schwerpunkte/kinderarbeit/was_verbraucher_tun_koennen.htm

7.8 Produktiv-kreative Texte schreiben

Aufgaben, die produktiv-kreativ angelegt sind, beziehen sich meist auf einen **literarischen Text**. Eine solche Schreibaufgabe verlangt von dir, dass du auf der Grundlage des Originaltextes einen neuen Text schreibst. Zum Beispiel sollst du

- den Text **umgestalten** (z. B. Teile einer Kurzgeschichte in ein Gedicht oder einen Dialog umwandeln),
- eine **Fortsetzung** zu einem Text schreiben,
- die **Perspektive einer der beteiligten Figuren** einnehmen und dich aus ihrer Sicht schriftlich äußern,
- die **Perspektive eines unbeteiligten Beobachters** einnehmen und einer Figur aus dem Text schriftlich deine Meinung mitteilen, ihr einen Rat geben o. Ä.

Die **Informationen**, die du dem **Originaltext** entnehmen kannst, bilden die Grundlage für dein Schreiben. Du musst ihn deshalb gut verstanden haben. Hinsichtlich Form und Sprache musst du dich an der **Textsorte** und an der **Schreibsituation** orientieren, die dir in der Aufgabenstellung vorgegeben sind.

Am häufigsten kommen diese Textsorten vor:

- Tagebucheintrag
- innerer Monolog
- persönlicher Brief
- Rede
- Leserbrief
- formaler Brief, z. B. Bitte, Beschwerde

Als Erstes musst du die Aufgabenstellung genau durchdenken. Frage dich:

- Welche **Art von Text** (**Textsorte**) soll ich schreiben?
  Welche besonderen Merkmale zeichnen einen solchen Text aus? Welche Form und welche Sprache ist passend für diese Textsorte?

- Aus wessen **Sicht** soll ich den Text schreiben (**Schreiber**)?
  Um wen handelt es sich bei dem Schreiber: Was für eine Person ist es? Was will diese Person erreichen? Was weiß sie, was weiß sie nicht? In welcher Situation befindet sich die Person? Welche Sprache wird sie verwenden?

- Wer ist der **Adressat**?
  An wen richtet sich der Text? In welcher Beziehung steht die Person zum Schreiber? Welche Meinung vertritt diese Person zu dem Thema? Welche Kenntnisse hat sie, welche nicht? Welche Erwartungen hat diese Person an Sprache und Form eines solchen Textes?

- Um welches **Thema** geht es?
  Welche Informationen vermittelt der Text dazu? Welches Erfahrungswissen hast du zu diesem Thema?

Wähle eine **Sprache** und **Form**, die zur Textsorte, zum Schreiber und zum Leser passen und die auch dem Thema gerecht werden.

SCHREIBKOMPETENZ

Tipp

> Bei produktiv-kreativen Schreibaufgaben solltest du dich unbedingt **am Text orientieren**, denn deine Darstellung muss stimmig sein und **genau dazu passen**. Das gilt sowohl für die **Sprache** als auch für den **Inhalt**. Schreibe nichts, was dem Text widerspricht! Erfinde z. B. kein Happy-End, wenn der Originaltext das nicht nahelegt.
>
> Trotzdem musst du auch deine **Fantasie** spielen lassen und deinen Text durch dein **Erfahrungswissen** anreichern. Überlege, was sich über den Schreiber oder den Leser glaubhaft hinzuerfinden lässt. Denke dir passende Einzelheiten aus.

Textsorten beim kreativ-produktiven Schreiben

Die wichtigsten **Textsorten** im Bereich produktiv-kreatives Schreiben sind:

Tagebucheintrag

Textsorte: *Ziel:* Erinnerungen festhalten, Erlebnisse verarbeiten
Aufbau: Beginn in der Regel mit der Erinnerung an ein Erlebnis, das an diesem Tag stattgefunden hat; Ende evtl. mit Gedanken über die Zukunft
Form und Sprache: Der Text wirkt spontan. Er ist so geschrieben, wie es dem Schreiber in den Sinn kommt, stellenweise ist Umgangssprache möglich (nicht zu viel). Der Schreiber äußert vor allem Gefühle und Gedanken.
Tempus: Perfekt oder Präteritum (für die Darstellung des Erlebten), Präsens und Futur (für die Gedanken über das Erlebte)

Schreiber: in der Regel eine Figur aus einem literarischen Text (meist die Hauptfigur); evtl. auch eine Figur, die man sich als Beobachter des Geschehens vorstellen soll

Adressat: der Schreiber selbst; evtl. spricht er auch das Tagebuch direkt an (*Liebes Tagebuch ...*)

Thema: ein Erlebnis des Tages, das den Schreiber bewegt hat (z. B. eine Konfliktsituation)

Innerer Monolog

Textsorte: *Ziel:* Gedanken und Gefühle verarbeiten
Aufbau: meist unmittelbarer Einstieg ohne Einleitung, oft mit der Erinnerung an ein Erlebnis oder der aktuellen Empfindung einer ungeklärten Situation; offenes, oft in die Zukunft gerichtetes Ende
Form und Sprache: Der innere Monolog ist eine Art Gespräch einer Person mit sich selbst. Gedanken und Gefühle werden so wiedergegeben, wie sie der Person in den Sinn kommen: spontan und teilweise ungeordnet. Unvollständige Sätze, Fragen und Umgangssprache sind erlaubt. Auslassungspunkte oder Gedankenstriche kennzeichnen Gedankensprünge. Es werden keine Anführungszeichen gesetzt.
Tempus: Präsens und Perfekt

Schreiber: in der Regel eine Figur aus einem literarischen Text, in die man sich hineinversetzen muss; evtl. auch eine Person, die das Geschehen des Originaltextes beobachtet

Adressat: der Schreiber selbst, also derjenige, der sich Gedanken macht

Thema: ein Erlebnis, das Emotionen auslöst, eine ungeklärte Situation

Persönlicher Brief

Textsorte: *Ziel:* schriftlicher Austausch oder Kontaktaufnahme mit einer vertrauten Person
Aufbau: Beginn mit Briefkopf (nur Ort und Datum, darunter die Anrede: *Liebe/r ...* oder: *Sehr geehrte/r ...*); im eigentlichen Brieftext oft zuerst Hinwendung an den Adressaten, dann Bezugnahme auf den Anlass des Schreibens bzw. Nennen des Anliegens, danach genauere Ausführungen zum Thema, abschließend nochmaliges Herausstellen des Anliegens und ggf. Aussagen zum künftigen Verbleib; Ende mit Grußformel und Unterschrift
Form und Sprache: Die Kommunikationssituation wird erkennbar (z. B. durch gelegentliche direkte Ansprache des Empfängers). Die Darstellung ist einfühlsam, die Sprache an den Erwartungen des Empfängers ausgerichtet, aber auch zum Schreiber passend.
Tempus: überwiegend Präsens, ggf. auch Perfekt oder Futur

Schreiber: in der Regel eine Figur aus einem literarischen Text, in die man sich hineinversetzen muss; evtl. auch eine Person, die das Geschehen des Originaltextes beobachtet

Adressat: eine andere Figur aus dem Text oder eine außenstehende Person, in die man sich hineinversetzen soll

Thema: entsprechend dem Anliegen des Schreibers: z. B. Entschuldigung, Appell, Bitte, Grüße, Genesungswünsche etc.

Rede

Textsorte: *Ziel:* öffentlicher Vortrag zu einem bestimmten Anlass/Thema, um zu informieren (Referat), Gefühle zum Ausdruck zu bringen (Festrede) oder zu etwas aufzufordern (Aufruf)
Aufbau: Beginn mit Begrüßung und angemessener Anrede der Zuhörer (*Liebe Gäste..., Verehrte Zuhörer..., Guten Morgen, 10 b ...*); kurze Bezugnahme auf den Anlass, gefolgt von einem Gedanken, der die Aufmerksamkeit der Zuhörer weckt (auch in umgekehrter Abfolge möglich), dann genauere Ausführungen zum Thema; abschließend – je nach Art der Rede – Zusammenfassung, Appell oder Rückbezug auf den Einstieg bzw. Anlass
Form und Sprache: Die Kommunikationssituation wird erkennbar, (z. B. durch direkte Ansprache der Zuhörer). Ausdrucksweise und Wortwahl passen zum Publikum, zum Redner und zum Thema.
Tempus: überwiegend Präsens, ggf. Perfekt (bei Darstellung im Rückblick) oder Futur (z. B. bei Darstellung von Erwartungen)

Redner: eine Person, in die man sich hineinversetzen soll (z. B. eine Figur aus einem Text oder eine beliebige andere Person wie ein Schüler der Abschlussklasse)

Adressat: eine Personengruppe, die aus einem bestimmten Anlass zusammengekommen ist und die man sich vorstellen soll

Thema: entsprechend dem Anliegen des Redners, z. B. Information, Würdigung, Warnung oder Appell

Formaler Brief

Textsorte: *Ziel:* Vorbringen eines Anliegens (z. B. einer Bitte, Beschwerde o. Ä.)
Aufbau: Beginn mit vollständigem Briefkopf (Name und Anschrift des Schreibers, Datum, darunter Name und Anschrift des Empfängers), darunter Nennen des Anliegens (Betreffzeile), dann höfliche Anrede des Empfängers *(Sehr geehrte/r ...)*;
im eigentlichen Brieftext zunächst Bezugnahme auf den Anlass des Schreibens, danach Vortragen des Anliegens und Begründung desselben, abschließend Ausdruck einer Erwartungshaltung;
Ende mit Grußformel und Unterschrift
Form und Sprache: Standardsprache, höflich, klar und sachlich.
Tempus: Präsens (zur Darstellung des Anliegens), Futur (zum Ausdruck von Erwartungen), Perfekt (bei Rückblicken)

Schreiber: eine Person, die sich mit einem Anliegen an eine öffentliche Stelle wendet, z. B. an eine Behörde, Institution oder ein Unternehmen

Adressat: Mitarbeiter einer Behörde, einer Institution oder eines Unternehmens

Thema: ein Anliegen, das man gegenüber der Behörde, der Institution oder dem Unternehmen vertritt, z. B. zur Lösung eines Problems, oder Reaktion auf ein offizielles Schreiben; Grundlage kann ein Sachverhalt aus einem (literarischen oder sachlichen) Text sein

Leserbrief

Textsorte: *Ziel:* Meinungsäußerung, in der Regel als Reaktion auf einen Pressetext
Aufbau: Beginn mit Bezugnahme auf den Zeitungsartikel, der kommentiert werden soll (Titel des Artikels, Name der Zeitung, Erscheinungsdatum) – auch als Betreffzeile möglich;
im Brieftext Nennen des Ereignisses oder der Entwicklung, über die berichtet wurde, danach Äußern der eigenen Meinung und Begründung der eigenen Position; am Ende eine Art Fazit
Form und Sprache: In deutlicher Sprache formuliert, um die eigene Position klar zum Ausdruck zu bringen; überwiegend sachlich, gelegentlich auch zugespitzt oder provozierend. Stellenweise ist Umgangssprache möglich (nicht zu viel).
Tempus: Präsens (für die Darstellung der eigenen Gedanken), Perfekt (für Dinge, die sich ereignet haben und auf die man sich bezieht), Futur (für Entwicklungen)

Schreiber: der Leser einer Zeitung oder Zeitschrift

Adressat: zunächst die Redaktion, hauptsächlich aber die anderen Leser der Zeitung/Zeitschrift

Thema: ein aktuelles Ereignis oder eine Entwicklung, die in der Diskussion stehen

Schreibaufgaben lösen

Beispiel

Eine produktive Schreibaufgabe zur Kurzgeschichte „Schlittenfahren" von Helga M. Novak (S. 74) könnte darin bestehen, einen **Tagebucheintrag** zu verfassen. Die Aufgabenstellung und der Anfang einer Lösung könnten dann so aussehen:

Eine Nachbarin der Familie hat den Vorfall im Garten zufällig beobachtet. Durch ihr rasches und tatkräftiges Eingreifen hat sie den kleinen Jungen gerade noch aus dem eiskalten Bach retten können. Sie kann es nicht fassen, dass der Vater der beiden Kinder seine Aufsichtspflicht so grob vernachlässigt hat. Die Beinahe-Katastrophe geht ihr nicht mehr aus dem Kopf. Am Abend versucht sie, ihre Gedanken zu ordnen, indem sie in ihr Tagebuch schreibt.
Verfasse diesen Tagebucheintrag aus Sicht der Nachbarin.

> Heute habe ich etwas geradezu Unglaubliches erlebt, das mir gar nicht aus dem Sinn geht – und das in unmittelbarer Nachbarschaft! Der kleine Sohn unserer neuen Nachbarn ist beim Schlittenfahren in den eiskalten Bach gefallen. Beinahe wäre er ertrunken. Zum Glück kam ich zufällig gerade vom Einkaufen zurück und sah das Unglück. Ohne mich zu besinnen, riss ich die Pforte auf, stürzte hinunter zum Bach und zog den Kleinen heraus. Die Kinder hatten schon eine ganze Weile im Garten gespielt – allein! Es lag ja Schnee, und das Wetter war herrlich. Da kann man ja verstehen, dass sie ihren neuen Schlitten ausprobieren wollten. Aber dass der Vater sich überhaupt nicht um seine Kinder gekümmert hat, ist mir unbegreiflich. Der jüngste Sohn dürfte erst knapp zwei Jahre alt sein, er kann ja noch nicht einmal sprechen. Da hätte man die beiden doch nicht unbeaufsichtigt Schlitten fahren lassen dürfen! Ich bin fassungslos! – Wo war eigentlich die Mutter? Mir scheint, viele Eltern sind heutzutage mit der Erziehung ihrer Kinder heillos überfordert …

Übung 40

Lies noch einmal die Erzählung „Marathon" von Reinhold Ziegler (S. 37 f.). Bearbeite dann die beiden produktiv-kreativen Schreibaufgaben. (→ Heft)

1. Das Erlebnis des Marathonlaufs mit seinem Sohn geht dem Vater nicht aus dem Kopf. Um sich über seine Gedanken und Gefühle klar zu werden, schreibt er am Abend einen Eintrag in sein Tagebuch.

    Hinweis: Denke dir für den Sohn einen Namen aus. Falls du willst, dass der Vater auch auf seine Frau zu sprechen kommt, überlegst du dir auch für sie einen Namen.

2. Am Tag nach dem Marathonlauf mit seinem Vater verlässt der Sohn seine Eltern und fährt wieder zu sich nach Hause. Während der Fahrt mit der Bahn denkt er noch einmal über das Erlebnis des Vortages nach. Er ist froh darüber, dass er seinem Vater zum ersten Mal ehrlich seine Meinung gesagt hat. Kurzentschlossen nutzt er die Zeit in der Bahn, um seinem Vater einen Brief zu schreiben.

Interaktive Aufgaben: Ausdruck und Stil

8 Einen Text überzeugend gestalten

8.1 Geschickt formulieren

Von einem guten Text erwartet man diese Qualitäten der Darstellung:

▶ **Verständlichkeit:** Der Text enthält keine unübersichtlichen, endlos langen „Bandwurmsätze". Die einzelnen Sätze werden auch nicht nur aneinandergereiht, sondern die Zusammenhänge zwischen ihnen sind deutlich zu erkennen.

▶ **Interessantheit:** Der Text ist sprachlich abwechslungsreich und verzichtet auf unnötige Wiederholungen. Es werden treffende und ausdrucksstarke Wörter verwendet. Grundlegende allgemeine Aussagen werden nach Möglichkeit durch Beispiele veranschaulicht.

▶ **Prägnanz:** Die wesentlichen Informationen sind an herausragender Stelle positioniert (z. B. am Anfang oder Ende eines Absatzes). Sie gehen nicht in einer Fülle von Erläuterungen unter. Außerdem sind sie klar und prägnant formuliert, am besten in Form von Hauptsätzen.

Tipp

> Ein guter Text macht **auch äußerlich einen ansprechenden Eindruck.** Achte darauf,
> - dass deine **Schrift** sauber und gut zu lesen ist,
> - dass du Aussagen, die inhaltlich zusammengehören, in **Absätzen** zusammenfasst und
> - dass du rund um den Text einen ausreichenden **Rand** (zwei bis drei Zentimeter) lässt.

Beispiel

Im folgenden Text sind die <u>wesentlichen Aussagen</u> unterstrichen. Wörter, die **Zusammenhänge** herstellen, sind fettgedruckt. Treffende, ==ausdrucksstarke Begriffe== sind grau markiert.

Der Größere ist meistens schuld

1 <u>Größere Männer scheinen gegenüber kleineren häufig ==im Vorteil== zu sein.</u> **Seit Langem** ist bekannt, dass sie mehr Geld verdienen, und oft haben sie auch die
5 schöneren Frauen. <u>Im Fußball scheint es **aber** so etwas wie eine ==ausgleichende Gerechtigkeit== zu ge-
10 ben.</u> Bei Fouls treffen die Schiedsrichter **nämlich** oft eine Entscheidung zugunsten kleinerer Spieler.
15 **Diese Entdeckung** haben Forscher der Universität Rotterdam gemacht. **Sie** ==analysierten== über 100 000 Fouls aus der Bundesliga, der Champions League und WM-Spielen,
20 **und dabei** fanden **sie** etwas Interessantes heraus: <u>Unfaires Verhalten wurde in den meisten Fällen den größeren Spielern ==angelastet==.</u>
<u>Ganz so ==unparteiisch==,
25 **wie** man meint, sind Schiedsrichter **also** vielleicht gar nicht.</u> Anscheinend denken sie, dass größere
30 Spieler kräftiger und aggressiver sind, und neigen **deshalb** im Zweifel dazu, ihnen die Schuld zuzuschie-
35 ben. **Das** wäre eine mögliche Erklärung für <u>das Phänomen, dass kleinere Männer im Stadion überraschend häufig bevorzugt behandelt werden.</u>

Einen Text überzeugend gestalten

Übung 41

Hier hat eine Schülerin eine Fortsetzung der Kurzgeschichte „Marathon" (S. 37 f.) verfasst. Ihr Lehrer hat zu ihrem Text sowohl positive als auch negative Kommentare an den Rand geschrieben. Überarbeite die Textstellen, die er kritisiert.

Von da an hat sich die Beziehung zu meinem Vater vollkommen geändert. Das heißt nicht, dass wir nicht mehr zusammen gelaufen sind. Natürlich sind wir weiter zusammen gelaufen, denn daran waren wir gewöhnt, solange ich zurückdenken kann. Das Problem war nur, dass wir sonst fast nichts zusammen gemacht haben. Vor allem haben wir nie richtig miteinander geredet, jedenfalls nicht über Zeug, das uns bewegt hat. Ich erinnere mich eigentlich nur an das ewige „Auf, auf!", mit dem mein Vater mich immer antrieb, und daran, dass er mir immer einzureden versuchte, eine Olympiahoffnung zu sein. Jetzt erst verstehe ich, dass mein Vater im Grunde gar keine Probleme mit mir hatte, dadurch dass ich nicht die Erfolge erzielte, die er sich gewünscht hätte, sondern er hatte Probleme mit sich selbst. Irgendwann hatte er schlagartig begriffen, dass er keinen Sinn in seinem Leben sah, …	*guter Einstieg!* *doppelte Verneinung unschön* *Tempus: Warum Perfekt?* *Wiederholung („zusammen gelaufen")* *Ausdruck: besser treffendere Wortwahl* *Ausdruck: Umgangssprache* *Tempus: Warum Perfekt?* *Hier besser neuen Satz anfangen, sonst zu lang.* *Unübersichtliche Satzkonstruktion, bitte auf zwei Sätze aufteilen.* *Wiederholung („Probleme")* *gute Formulierung*

Auf einen Blick

Wie du deinen Text gut formulierst	
Treffende Wörter verwenden	Schreibe z. B. nicht: *Sie machte das Fenster auf.* Besser ist: *Sie öffnete das Fenster.*
Unübersichtliche Satzkonstruktionen vermeiden	Am besten schreibst du Satzgefüge aus nur einem Hauptsatz und höchstens zwei Nebensätzen. Vermeide „Schachtelsätze", v. a. solche, in denen zwei Konjunktionen direkt aufeinanderfolgen wie z. B. hier: *Viele Schüler denken, dass, wenn sie keine Markenkleidung tragen, sie gemobbt werden.* Besser: *Viele Schüler denken, dass sie gemobbt werden, wenn sie keine Markenkleidung tragen.*
Wichtige Informationen richtig platzieren	Schreibe Hauptsätze, um deine wichtigen Aussagen prägnant zum Ausdruck zu bringen. Verlagere Zusatzinformationen, die eher als beiläufig anzusehen sind, in Nebensätze.
Satzanfänge unterschiedlich gestalten	Beginne nicht immer mit dem Subjekt. Stelle auch einmal eine adverbiale Bestimmung oder ein Objekt an den Satzanfang. Das macht deinen Text abwechslungsreicher und interessanter.
Sätze sinnvoll verbinden	Wähle zum Verknüpfen von Sätzen passende Konjunktionen und Adverbien. Verwende z. B. *weil* oder *denn* für einen Grund, *wenn* oder *falls* für eine Bedingung und *aber* oder *doch* für einen Gegensatz.
Eine angemessene Sprache wählen	Vermeide umgangssprachliche Ausdrücke in Textsorten, die Standardsprache erfordern. Das gilt auch für umgangssprachlich verkürzte Wörter wie z. B. *rein* (statt *herein*), *mal* (statt *einmal*) usw.
Wiederholungen vermeiden	Achte darauf, bestimmte Wörter nicht unnötig zu wiederholen. Ersetze z. B. Nomen durch passende Pronomen oder Synonyme, z. B. so: *Große Männer* sind erfolgreicher. *Sie* verdienen mehr Geld.

8.2 Zitate gezielt einsetzen

Bei der Arbeit mit Texten musst du deine Aussagen immer wieder anhand von Zitaten belegen. Dabei geht es nicht darum, möglichst viele Zitate anzuführen. Entscheidend ist vielmehr, dass du deine Aussagen mit **besonders aussagekräftigen Textstellen** untermauerst.

Auf einen Blick

> **Wie zitiert man richtig?**
>
> - Schreibe **wortwörtlich** auf, was im Text steht. Verfälsche nichts!
>   Du musst nicht immer ganze Sätze zitieren. Manchmal genügen auch einzelne Wörter.
>   Du kannst Sätze auch durch Auslassungspunkte verkürzen: „*Gestern [...] war er auf der Halfpipe.*"
> - Setze wörtlich zitierte Textstellen in **Anführungszeichen**.
> - Ergänze nach dem Zitat die **Zeilennummer** (bei Gedichten: Versnummer).
>   Setze die Zeilenangabe in Klammern: „*xxx.*" (Z. ...)
> - **Verknüpfe** die Zitate gut mit deinem eigenen Text.
>   Füge nicht einfach das Zitat ein, sondern führe **mit eigenen Worten** dazu hin, z. B. durch eine deutende Aussage zum Text:
>   *Dass die junge Frau in Wirklichkeit gar nicht so selbstsicher ist, wie es den Anschein hat, wird an ihrem Verhalten deutlich. So heißt es: „xxx ..." (Z. ...).*
> - **Erläutere** jeweils auch den **Sinn** des Zitats.
>   Es genügt nicht, eine Textstelle nur zu zitieren oder gar nur eine Zeilenangabe zu machen.
>   Mit der Erläuterung machst du deutlich,
>   – **warum** die zitierte Textstelle **eine Aussage**, die du zum Text gemacht hast, **unterstützt**
>   oder
>   – **was** man an der Textstelle hinsichtlich der Handlung oder einer Figur **erkennen** kann.
>   Die Erläuterung kann dem Zitat vorangestellt sein oder ihm nachfolgen.

Beispiel

So könntest du in einem Aufsatz zum Text „Schlittenfahren" (S. 74) zitieren:

▶ *Das kleinere Kind dürfte kaum zwei Jahre alt sein. Es heißt nämlich: „Das eine der Kinder kann noch nicht sprechen." (Z. 4 f.)*

▶ *„Wer brüllt, kommt rein." (Z. 8 f., 13 f., 20, 23, 39, 43 f.). Diese Worte wiederholt der Mann immer wieder. Das zeigt, dass es ihn gar nicht interessiert, weshalb die Kinder streiten oder schreien. Sie scheinen ihm gleichgültig zu sein.*

▶ *Am Schluss öffnet er die Tür nur noch „einen Spalt" (Z. 42). Der Vater macht sich also nicht einmal mehr die Mühe, die Tür ganz zu öffnen. Das Geschrei der Kinder ist ihm offenbar nur lästig.*

Tipp

> Zitiere nur Textstellen, **deren Sinn** dem Leser **nicht auf den ersten Blick klar** ist.
> Einen Satz wie: *Das kleine Kind setzt sich auf den Schlitten.* solltest du also nicht zitieren.
> Greife Textstellen heraus, die mehr sagen, als der Leser vielleicht spontan denkt.
>
> Deine Erläuterungen kannst du beispielsweise mit diesen Worten beginnen:
> - *Das zeigt, dass ...*
> - *Daran kann man erkennen, dass ...*
> - *Hier wird deutlich, dass ...*
> - *Wenn ..., dann ...*
> - *Also/Folglich ...*

Einen Text überzeugend gestalten | 103

Lies noch einmal die Erzählung „Marathon" von Reinhold Ziegler (S. 37 f.) und bearbeite dazu die folgenden Aufgaben. (→ Heft)

Übung 42

Aufgaben

1. Was kann man an den folgenden Textstellen erkennen? Erkläre ihren Sinn.

   a) „Später standen wir beieinander, alle die, denen Laufen Spaß machen musste." (Z. 77 f.)

   b) „Von nun an war ich, wie die Zeitungen schrieben, abonniert auf Sieg, das große deutsche Talent, unsere Olympiahoffnung und vieles andere mehr [...]." (Z. 91–94)

   c) „Wie fremd saß ich dort an dem vertrauten Esstisch, trank Kaffee mit meinen Eltern wie früher und fand doch keine Worte, um das Versagen auszulöschen oder an die kleinen Siege meiner Vergangenheit anzuknüpfen." (Z. 121–127)

2. Suche im Text nach Belegen für die folgenden Aussagen und erkläre, warum sie als Belege geeignet sind. (Manchmal gibt es mehrere Möglichkeiten.)

   a) Hass ist das vorherrschende Gefühl, das der Ich-Erzähler empfindet, wenn er an seinen Vater denkt.

   b) Im Rückblick hat der Ich-Erzähler den Eindruck, dass sein Vater für ihn von Anfang an eine Karriere als Läufer im Sinn gehabt hat.

   c) Der Vater hat seinen Sohn nie danach gefragt, ob er überhaupt eine Karriere als Läufer machen will.

   d) Der Sohn will sich an seinem Vater rächen.

   e) Der Ich-Erzähler hat nicht wirklich das Ziel, seinen Vater umzubringen.

3. Wähle aus dem letzten Abschnitt (Z. 183–201) eine Textstelle aus, von der du meinst, dass sie etwas Wichtiges über die Entwicklung der Beziehung zwischen Vater und Sohn aussagt.

   Schreibe einen kompletten Absatz, der aus drei Teilen besteht:
   ▶ einer Aussage zum Text,
   ▶ einem Zitat, das diese Aussage belegt, und
   ▶ einer Erklärung, die zeigt, dass das Zitat als Beleg für die Aussage geeignet ist.

   Hinweis: Die Reihenfolge der drei Teile ist nicht festgelegt.

Interaktive Aufgaben: Rechtschreibung und Zeichensetzung

9 Richtig schreiben

9.1 Rechtschreibung

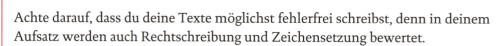

Achte darauf, dass du deine Texte möglichst fehlerfrei schreibst, denn in deinem Aufsatz werden auch Rechtschreibung und Zeichensetzung bewertet.

Die wichtigsten Rechtschreibregeln

Dies sind die wichtigsten **Regeln zur Rechtschreibung**:

Kurz gesprochene Vokale

Auf einen betonten, **kurzen Vokal** folgen **zwei Konsonanten**: entweder zwei **gleiche** oder zwei **verschiedene**.

So<u>nn</u>e, Mu<u>tt</u>er, do<u>pp</u>elt
Wi<u>nt</u>er, Pe<u>rl</u>e, fa<u>lt</u>ig, de<u>nk</u>en

Hörst du zwei verschiedene Konsonanten nach kurzem Vokal, schreibst du **keinen** Doppelkonsonanten. Ausnahme: Der Doppelkonsonant gehört zum Wortstamm.

Veransta<u>lt</u>ung (nicht: Veranstalltung) beste<u>llt</u> (wegen: beste<u>ll</u>en)

Die Konsonanten k und z werden nach kurz gesprochenen Vokalen zu **ck** und **tz** (statt kk und zz).

Zi<u>ck</u>e, Ka<u>tz</u>e

s-Laute

Es gibt zwei Arten von s-Lauten:

Für den **stimmhaften**, **weich** bzw. summend gesprochenen s-Laut schreibt man immer ein einfaches **s**.

<u>S</u>ahne, E<u>s</u>el, Blu<u>s</u>e, to<u>s</u>en

Für den **stimmlosen**, **scharf** bzw. zischend gesprochenen s-Laut schreibt man entweder **ss** oder **ß**:
- Nach **kurzem Vokal** schreibt man **ss**.
- Nach **langem Vokal** und **Diphthong** (= Doppellaut, z. B. ei, au, eu) schreibt man **ß**.

Ku<u>ss</u>, Wa<u>ss</u>er, vermi<u>ss</u>en
Spa<u>ß</u>, Gru<u>ß</u>, flei<u>ß</u>ig, au<u>ß</u>en

Lang gesprochene Vokale

In den meisten Fällen werden **lange Vokale** nicht besonders gekennzeichnet.

L<u>a</u>ge, r<u>e</u>den, T<u>u</u>be

Vor **l**, **m**, **n** oder **r** folgt nach einem langem Vokal oft ein **Dehnungs-h**.
Dies gilt aber nicht in allen Fällen. Beachte deshalb besonders bei Wörtern mit langem Vokal das Stammprinzip (vgl. Tipp S. 106)!

St<u>uh</u>l, z<u>ah</u>m, g<u>äh</u>nen, L<u>eh</u>rer

Aber: Sch<u>u</u>le, T<u>a</u>l, sch<u>o</u>nen, W<u>a</u>re

Bei einigen Wörtern wird der lang gesprochene Vokal **verdoppelt**. Diese musst du lernen.

H<u>aa</u>r, B<u>oo</u>t, St<u>aa</u>t, S<u>ee</u>le; st<u>aa</u>tlich, s<u>ee</u>lisch

Lang gesprochener i-Laut

In der Regel schreibt man den langen **i**-Laut als **ie**.

*T**ie**r, Fl**ie**ge, l**ie**ben*

In wenigen Wörtern schreibt man das lange i als **einfaches i**. Viele dieser Wörter enden auf **-ine**.

*Kr**i**se, B**i**bel, l**i**la, Masch**i**ne, Apfels**i**ne*

Das **Dehnungs-h** zur Kennzeichnung des langen i-Lauts gibt es nur in einigen Pronomen.

***ih**m, **ih**r, **ih**nen*

Zusammen- und Getrenntschreibung

Zusammen schreibt man zwei (oder mehr) benachbarte Wörter, wenn sie nur **eine einzige Sache bezeichnen**. (Fachbegriff für zusammengesetztes Wort: **Kompositum**)

fortsetzen, Wäschekorb (= Korb für die Wäsche, nicht Wäsche und Korb)

Wörter mit einem Fugenbuchstaben, z. B. dem **Fugen-s**, schreibt man **zusammen**.

*Gericht**s**urteil, Eignung**s**test*

Achte bei benachbarten Wörtern auch auf die Aussprache:
- Hat das **erste** Wort die **Hauptbetonung**, schreibt man **zusammen**.
- Haben **beide** eine eigene **Hauptbetonung**, schreibt man **getrennt**.

Éselsohr, férnsehen, fléischfressend

fröhlich spíelen, Brót bácken, schrécklich dúmm

Getrennt schreibt man meistens bei Kombinationen mit Verben: Verb + Verb, Nomen + Verb, Adjektiv + Verb.

schwimmen gehen, Milch trinken, laut singen

Groß- und Kleinschreibung

Satzanfänge und **Überschriften** beginnen **groß**.

***E**s ist kalt. **S**chneller ans Ziel*

Nomen schreibt man **groß**. Erkennen kann man sie an
- bestimmten **Endungen**, z. B. *-ung, -heit, -nis, -keit*;
- bestimmten **Begleitern**, z. B. Artikel, Pronomen, unbestimmte Zahlen- und Mengenangaben und Adjektive.

Aber **nicht jedes Nomen** hat einen typischen **Begleiter**.

Sendung, Sturheit, Zeugnis; der, die, ein; mein, deine, dieser; wenig, einige, etwas, nichts;

Auch Wörter anderer Wortarten können im Satz **als Nomen verwendet** werden. Solche **Nominalisierungen** musst du wie andere Nomen **großschreiben**. Erkennungszeichen sind auch hier Nomenbegleiter.

*das **W**einen, dein **L**achen, beim (= bei dem) **L**esen, etwas **N**eues, nichts **B**esonderes, ewiges **H**in und **H**er*

Komposita schreibt man **groß**, wenn ihr letzter Bestandteil ein Nomen ist. In allen anderen Fällen schreibt man sie **klein** – auch wenn sie mit einem Nomen beginnen.

Besen|stiel, Wetter|karte

fahnen|flüchtig, glas|klar

Großgeschrieben werden auch die **Höflichkeitsformen** der **Anrede**.

*Ich grüße **S**ie. Wie geht es **Ih**nen? Und **Ih**rem Sohn?*

> **Tipp**
> Wenn du nicht weißt, ob es sich bei einem Wort um ein Nomen handelt, weil du **keinen typischen Begleiter** entdeckst, kannst du **zur Probe** eine unbestimmte Zahlen- oder Mengenangabe einfügen, z. B. so: *Wir brauchen noch Käse.* → *Wir brauchen noch **etwas** Käse.* Wichtig: Du darfst sonst nichts an dem Satz verändern!

106 SCHREIBKOMPETENZ

Tipp

Bei Unsicherheiten kann dir das **Stammprinzip** weiterhelfen. Es besagt, dass alle Wörter derselben Wortfamilie ihre typischen Schreibweisen in allen Wortformen beibehalten. Suche
- nach einer Form des Wortes, bei der du die **richtige Schreibweise hören** kannst, z. B.: *Wald* oder *Walt? – Wälder; bund* oder *bunt? – bunte; heftik* oder *heftig? – heftiger*
- nach einem anderen Wort **aus derselben Wortfamilie**, das du kennst, z. B.: *lästig – Last – belästigen; essen – (er) isst – Esstisch; fahren – (er) fährt – gefährlich – Fährte*

Übung 43 Begründe die Schreibweise der fettgedruckten Stellen. Nenne zur Begründung eine andere Wortform oder ein anderes Wort aus derselben Wortfamilie.

lächeln	_____	Behälter	_____
Hem**d**	_____	Fä**h**re	_____
Gestan**k**	_____	belie**b**t	_____
Gestal**t**	_____	Lei**d**	_____
Stau**b**	_____	Bar**t**	_____

Übung 44 Erkläre, warum die unterstrichenen Wörter in dem Text falsch geschrieben sind. Korrigiere die Schreibweise und nenne die Regel. Stichworte genügen.

Einfache Mittel verbessern den „Durchfluss"

[…] Fussgänger zeigen ein viel komplexeres verhalten als Autofahrer. Das entstehen spontaner Staus auf dicht befarenen Autobahnen kann man inzwischen sehr gut erkleren: Ein einziger unaufmerksamer Fahrer, der plözlich stark bremmst, genügt. Fußgänger sind im vergleich dazu deutlich schwiriger zu modellieren.
Menschen laufen nicht in fessten Spuren, bleiben auch gern mal Stehen, wechseln spontan die richtung und versuchen, großem Gedrenge aus dem Weg zu gehen.
Je genauer Wissenschaftler Pasanten simulieren können, umso besser lassen sich Gebeude, Kreuzfahrt Schiffe oder Bahnhöfe planen. Unnötiges Gedrenge oder gar Panik werden so vermiden. Modellrechnungen haben Beispielsweise gezeigt, dass einfache Mittel den „Durchfluss" an Not Ausgengen verbessern können. Ein Pfeiler genükt, denn er spalltet die schibende Menschenmasse. So singt der Druck auf die Tür, durch die sich alle so schnell wie möglich zwengen wollen.
Aber nicht immer ist der einzelne Spielball der wogenden Maße. Bei entsprechend viel Platz kann sich ein Fußgänger nähmlich auch entscheiden, nach rechts oder lings auszuweichen, stehenzubleiben oder umzukehren.

Korrektur/ Regel

Quelle: Holger Dambeck, SPIEGEL online vom 7.6.2010; www.spiegel.de/wissenschaft/mensch/0,1518,699080,00.html

9.2 Zeichensetzung

Zeichen dienen dazu, einen Text **optisch** so **zu untergliedern**, dass der Leser keine Mühe hat, die Sinnzusammenhänge zu verstehen. Am wichtigsten sind die Satzschlusszeichen (. ? !), die Kommas und die Anführungszeichen.

Satzschlusszeichen

Satzschlusszeichen markieren das Ende eines Satzes. Man setzt
- einen **Punkt** nach einem Aussagesatz,
- ein **Fragezeichen** am Ende eines Fragesatzes und
- ein **Ausrufezeichen** nach einer dringenden Aufforderung, einem Befehl oder einem Ausruf.

Ich tanze gern.
Gehst du heute in die Disco?
Komm doch mit! Hör auf!
Was für ein Pech!

Kommas

Das Komma trennt die **Glieder einer Aufzählung** – es sei denn, sie sind durch *und* oder *oder* verbunden. Die Glieder einer Aufzählung können kurz oder lang sein.

Anja, Kris und Selim lachten.
Sie kam nach Hause, duschte, aß etwas und legte sich hin.

Das Komma trennt **Gegensätze**: Es steht z. B. vor Konjunktionen und Adverbien wie *aber, (je)doch, sondern*.

Der Mann ist nicht schön, aber reich.

Das Komma trennt **Sätze** voneinander. Das gilt für
- **Hauptsätze**, die eine Satzreihe bilden, und
- Satzgefüge aus **Haupt- und Nebensatz** (vgl. S. 126 f.). Ein Nebensatz, der in einen Hauptsatz **eingeschoben** ist, wird vorne und hinten durch Komma vom Hauptsatz abgetrennt.

Das Smartphone ist günstig, ich kaufe es.
Wenn es regnet, bleibt sie hier.
Der Vulkan, der auf Island ausgebrochen war, behinderte tagelang den Flugverkehr.

Das Komma trennt **nachgestellte Erläuterungen** vom vorangehenden Hauptsatz ab. Wenn eine Erläuterung (z. B. eine Apposition) in einen Hauptsatz **eingeschoben** ist, wird sie vorne und hinten durch Komma abgetrennt.

Ich habe schon Mathe gelernt, und zwar gestern.
Mein Freund, ein echter Chaot, verliert ständig etwas.

Das Komma trennt die **Anredeformel** vom Namen.

Guten Morgen, Herr Müller.

> **Tipp:** Ob man Hauptsätze durch **Punkt, Semikolon oder Komma** voneinander abtrennt, hängt davon ab, wie stark man die Grenze markieren will: Der **Punkt** ist der stärkste Einschnitt zwischen zwei Hauptsätzen, das **Komma** der schwächste, dazwischen liegt das **Semikolon**.

Anführungszeichen

Anführungszeichen kennzeichnen **wörtliche Rede**, d. h. Worte, die jemand sagt oder denkt und die man wörtlich wiedergibt.

„Ganz schön mutig", dachte Heiko, als er Dilara im Boxring sah.

Mit Anführungszeichen markiert man **Textbelege**, die man wörtlich wiedergibt. Das gilt auch für **Überschriften**.

Der Roman „Katz und Maus" von Günter Grass …

Übung 45 Setze im Text die fehlenden Kommas und begründe sie: Nenne je kurz die Regel.

Studie findet Häufung von Risikofaktoren

In Schottland lebt einer neuen Studie zufolge fast jeder Erwachsene mit einem bedeutenden Gesundheitsrisiko mehr als die Hälfte haben sogar drei oder mehr Risikofaktoren. Die Forscher der Universität Glasgow untersuchten die fünf lebensgefährlichen Angewohnheiten Rauchen Trinken Bewegungsmangel schlechte Ernährung und Übergewicht und fanden heraus dass niemand es den Schotten bei deren Anhäufung gleichtut. „Schotten leben gefährlich" sagte David Conway Leiter der jetzt veröffentlichten Studie.

„Nur 2,5 Prozent der Bevölkerung tragen überhaupt keine Risikofaktoren" sagte Conway in einem telefonisch geführten Interview. Die im Wissenschaftsjournal „BMC Public Health" veröffentlichte Forschungsarbeit befasst sich mit einem neuen Forschungsansatz bei dem nicht nur einzelne Risikofaktoren sondern auch deren Anhäufung untersucht wird. „Ungesunde Verhaltensweisen bündeln sich die Kombination ist dabei synergetisch[1] dadurch steigt das allgemeine Risiko unverhältnismäßig an" bedauert Conway. […]

Grundlage der Studie war eine staatliche Gesundheitsumfrage aus dem Jahr 2003 Daten lagen für 6574 Männer und Frauen vor. Als gefährdet stuften die Wissenschaftler beispielsweise Menschen ein die zum Zeitpunkt der Befragung rauchten Männer die mehr als 24 Gramm und Frauen die mehr als 16 Gramm Alkohol pro Tag zu sich nahmen. Als fettleibig galten Menschen mit einem Body-Mass-Index (BMI) von über 30. […]

Obwohl Conway mit einem wenig ermutigenden Ergebnis rechnete wurde er vom Ernst der Lage doch überrascht. Mehr als 85 Prozent der Erwachsenen hatten mindestens zwei Risikofaktoren 55 Prozent hatten sogar drei und fast ein Fünftel brachte es sogar auf alle fünf. Die am weitesten verbreitete Angewohnheit war schlechte Ernährung […]. Zehn Prozent der Befragten waren sowohl Raucher als auch starke Trinker von diesen zehn Prozent hatten sich drei Viertel noch zwei oder drei weitere Risikofaktoren zugelegt.

Als mögliche Ursachen werden soziale und wirtschaftliche Faktoren vermutet – Menschen aus den ärmsten Gegenden mit dem schlechtesten Bildungsstand lebten am ungesündesten. […]

Quelle: AFP; www.hannover-zeitung.net/magazin/lifestyle/138133-keiner-lebt-so-gefaehrlich-wie-die-schotten (gekürzt)

Anmerkung 1 *synergetisch*: zusammenwirkend

Kompetenz Sprachwissen und Sprachbewusstsein

Interaktive Aufgaben: Ausdruck und Stil

Flashcards: Wichtiges wiederholen

Was muss man können? Was wird geprüft?

Was man früher als „Grammatikkenntnisse" bezeichnete, nennt man heute den Kompetenzbereich **„Sprachwissen"**. Dabei geht es aber nicht nur um angelerntes Wissen. In der Prüfung wird vorausgesetzt,

- dass du über die **Grammatik** der deutschen Sprache gut **Bescheid weißt**, z. B. über Wortarten, Satzglieder oder die Zeitformen des Verbs, und
- dass du diese Grammatikkenntnisse auch **anwenden kannst**. Beispielsweise genügt es nicht zu wissen, welche Wörter Konjunktionen sind, sondern du musst diese auch gezielt einsetzen können, um Sinnzusammenhänge zwischen Sätzen deutlich zu machen.

Mit diesem Kapitel kannst du deine Grammatikkenntnisse auffrischen.

Darüber hinaus geht es auch um eine bewusste Verwendung der Sprache (**„Sprachbewusstsein"**). Das bedeutet, es wird von dir erwartet, dass du dich gewählt und **präzise ausdrücken** und das **Niveau** einer sprachlichen Äußerung beurteilen kannst. Du solltest auch in der Lage sein, Fragen nach **Wortbedeutungen** zu beantworten sowie **Stilmittel** und **Sprachbilder** zu erkennen.

Hinweis: Weitere Informationen und Übungen zu diesen Aspekten findest du in den folgenden Kapiteln des Buchs: „Die sprachliche Gestaltung beurteilen" (S. 48 ff.), „Geschickt formulieren" (S. 100 f.) und „Stilmittel" (S. 140 f.).

In der **Prüfung** werden deine Fähigkeiten im Bereich „Sprache" **anhand von Texten** geprüft, und zwar in der Regel auf zweierlei Weise:

- Du erhältst eine **Textgrundlage**. Diese sollst du entweder insgesamt im Hinblick auf bestimmte Aspekte untersuchen, z. B. auf darin verwendete Stilmittel oder die Wortwahl; oder dir werden einzelne Aufgaben zu ganz konkreten Textstellen vorgelegt, z. B. ein Synonym oder Antonym zu einem Begriff aus dem Text zu finden. Auch beides kann der Fall sein.

- Du sollst **selbst Texte schreiben**. Das kann von Kurzantworten bis zu einem vollständigen Aufsatz reichen. Hier musst du zeigen, dass du sprachlich abwechslungsreich und frei von Grammatikfehlern formulieren kannst.

Aufgaben, wie sie in der Prüfung vorkommen könnten, findest du im Abschnitt „Übungsaufgaben im Stil der Abschlussprüfung" (ab S. 147).

10 Wortarten unterscheiden

In der Fülle der Wörter, die es in der deutschen Sprache gibt, kann man eine Ordnung erkennen: Wörter, die Ähnliches bezeichnen, lassen sich zu einer Gruppe zusammenstellen; sie gehören derselben Wortart an.

Beispiel

fliegen, erst, Haus, später, wann, weil, *kommen*, Auto, *schreiben*, …
Die Wörter *fliegen*, *kommen* und *schreiben* bezeichnen Ähnliches, nämlich eine Tätigkeit. Sie gehören zur Gruppe der **Verben**.

Tipp

> Es gibt Wörter, die sich unterschiedlichen Wortarten zuordnen lassen, z. B. *das* und *auch*. Welcher Wortart ein Wort angehört, lässt sich immer am sichersten aus seiner **Verwendung im Satz** erkennen.

Übung 46

Gib für jedes Wort des Textes die richtige Wortart an. Trage sie auf der Linie darunter ein. Du kannst die Abkürzungen verwenden. Orientiere dich im Zweifelsfall an der Übersicht auf der nächsten Seite.

N	Nomen	**Adj**	Adjektiv	**Präp**	Präposition
E	Eigenname	**Art**	Artikel	**Konj**	Konjunktion
V	Verb	**Pron**	Pronomen	**Adv**	Adverb
				Part	Partikel

Noch   nicht   ausgereift
___

Roboter   sind   bis   heute   noch   nicht   ausgereift.   Der   Roboter   Monty
___

kann   sich   zwar   schon   auf   Rädern   fortbewegen   und   das   Gleichgewicht
___

halten.   Und   mit   seinen   Greifern,   zwei   motorbetriebenen   Händen,
___

kann   er   sogar   schmutziges   Geschirr   vom   Tisch   räumen   und   in   die
___

Spülmaschine   einsortieren.   Aber   er   merkt   nicht,   ob   eine   Tasse   voll
___

oder   leer   ist.   Und   wie   man   Ordnung   hält,   versteht   er   auch   nicht.
___

Doch   irgendwann   werden   Roboter   in   Haushalten   einsetzbar   sein.
___

Wortarten unterscheiden

Auf einen Blick

Die wichtigsten Wortarten

Fachbegriff und Funktion	Beispiele
Nomen bezeichnen Lebewesen und Dinge. Man unterscheidet: Nomen, die etwas **Reales** bezeichnen (Konkreta) und Nomen, die etwas **Gedachtes** bezeichnen (Abstrakta).	*Haus, Ball, Auto, Junge* *Frieden, Angst, Freiheit*
Eigennamen geben Lebewesen oder Dingen persönliche Namen.	*Samira*: Name eines Mädchens *Paris*: Name einer Stadt
Verben bezeichnen eine **Handlung**. Man unterscheidet: **Vollverben**, **Hilfsverben** und **Modalverben**.	*gehen, essen, liegen* *haben, sein, werden* *können, wollen, sollen, müssen, dürfen*
Adjektive bezeichnen **Eigenschaften**. Auch Zahlen (Zahladjektive) gehören dazu	*gelb, fröhlich, leicht, still* *drei, zehn, hundert*
Artikel sind typische **Begleiter** von **Nomen**. Es gibt: **bestimmte** Artikel und **unbestimmte** Artikel.	*der, die, das* *ein, eine*
Adverbien bezeichnen die **Umstände**, unter denen eine Handlung erfolgt. Die wichtigsten sind: **Lokaladverbien** (wo? woher? wohin? → Ort), **Temporaladverbien** (wann? seit wann? bis wann? wie lange? wie oft? → Zeit), **Modaladverbien** (wie? → Art und Weise), **Kausaladverbien** (warum? → Grund).	*dort, hier, oben, überall* *gestern, heute, jetzt, morgens, nachts, selten, oft, manchmal* *gern/ungern, barfuß, blindlings* *vorsichtshalber, deshalb*
Pronomen sind **Begleiter** oder **Stellvertreter** von Nomen. Die wichtigsten sind: **Personalpronomen**, **Possessivpronomen**, **Reflexivpronomen**, **Demonstrativpronomen**, **Indefinitpronomen**, **Relativpronomen**, **Fragepronomen**.	*ich, du, er/sie/es, wir, ihr, sie* *mein, dein, sein/ihr/sein, unser, euer, ihr* *mich, dich, sich, uns, euch, sich* *dieser/diese/dieses, jener/jene/jenes, der/die/das (da)* *etwas, nichts, viel, wenig, kein, alle/alles, einige, man* *der, die, das; welcher, welche, welches* *wer? wo? was? wann? wie? warum?*
Konjunktionen sind „Verbindungswörter": Sie **verbinden** Wortgruppen oder Sätze miteinander und stellen so Sinnzusammenhänge her. Man unterscheidet: **nebenordnende** Konjunktionen, die Gleichrangiges miteinander verbinden, z. B. Hauptsätze, und **unterordnende** Konjunktionen, die Haupt- und Nebensätze miteinander verbinden.	*und, oder, denn, aber, doch* *als, weil, obwohl, nachdem*
Präpositionen zeigen an, wie zwei Dinge zueinander stehen (welche „Position" sie zueinander haben).	*an, bei, mit, vor, zwischen, neben, über, unter, gegen*
Partikeln sind kleine Wörter, die eine Aussage kommentieren, präzisieren oder verneinen können.	*auch, besonders, fast, kaum, nicht, sehr, sogar, vielleicht*

10.1 Nomen

Nomen zeichnen sich durch folgende Eigenschaften aus:

▶ Sie haben ein bestimmtes **grammatisches Geschlecht** (**Genus**). Weil sich das Genus eines Nomens im Deutschen nicht von der „Natur" der jeweiligen Sache ableiten lässt, spricht man vom **grammatischen** Geschlecht: z. B.: *der Tisch, die Lampe, das Mädchen*.

▶ Nomen haben einen **Numerus**, d. h., sie können im **Singular** (Einzahl) und im **Plural** (Mehrzahl) stehen. Es gibt verschiedene Arten der Pluralbildung:
  - Anfügen einer **Endung**: z. B. *Auto → Autos, Schule → Schulen, Wal → Wale*
  - Umwandlung des Stammvokals (a, o, u) in einen **Umlaut**:
    z. B. *Laden → Läden, Mutter → Mütter*
  - **beides**: z. B. *Hut → Hüte, Fass → Fässer, Sohn → Söhne*
  - gar **keine Kennzeichnung** (Singular- und Pluralformen sind gleich):
    z. B. *das Segel → die Segel, der Lehrer → die Lehrer*

Von manchen Nomen gibt es **nur** die **Singularform**; das betrifft vor allem Unzählbares: z. B. *das Mehl, der Sand, der Regen*. Es gibt auch Nomen, die **nur** im **Plural** verwendet werden: z. B.: *die Leute, die Eltern*.

▶ Man kann Nomen **deklinieren**. Je nach ihrer Verwendung im Satz setzt man sie in den entsprechenden Fall (**Kasus**): **Nominativ**, **Genitiv**, **Dativ** oder **Akkusativ**.
Als Subjekt (oder Teil eines Subjekts) steht ein Nomen immer im Nominativ; als Objekt (oder Teil eines Objekts) oder Teil einer adverbialen Bestimmung kann es im Genitiv (selten), Dativ oder Akkusativ (beide häufig) stehen.

Auf einen Blick

Deklination: Singular			
Kasus (Fall)	**Maskulinum**	**Femininum**	**Neutrum**
Nominativ (wer? was?)	**der** Tisch	**die** Lampe	**das** Bild
Genitiv (wessen?)	**des** Tisches	**der** Lampe	**des** Bildes
Dativ (wem?)	**dem** Tisch	**der** Lampe	**dem** Bild
Akkusativ (wen? was?)	**den** Tisch	**die** Lampe	**das** Bild

Deklination: Plural			
Kasus (Fall)	**Maskulinum**	**Femininum**	**Neutrum**
Nominativ (wer? was?)	**die** Tische	**die** Lampen	**die** Bilder
Genitiv (wessen?)	**der** Tische	**der** Lampen	**der** Bilder
Dativ (wem?)	**den** Tischen	**den** Lampen	**den** Bildern
Akkusativ (wen? was?)	**die** Tische	**die** Lampen	**die** Bilder

Woher weiß man, welcher Kasus vorliegt?

Um den Kasus eines Nomens zuverlässig zu bestimmen, musst du immer den **Satzzusammenhang** berücksichtigen. Das gilt besonders fürs Femininum, wo viele Formen identisch sind. Wenn du z. B. den Kasus eines Nomens wie *Lampe* bestimmen willst, reicht der Blick auf die Endung oder den begleitenden Artikel nicht aus. Erst die **Verwendung in einem Satz** verschafft Klarheit. Stelle deshalb immer die entsprechenden Fragen: *Wer...? Wessen...? Wem...? Wen...?*

Der Schein der Lampe war hell.
Wessen Schein war hell? *der (Schein) der Lampe* → Genitiv

Der Lampe fehlt eine Glühbirne.
Wem fehlt eine Glühbirne? *der Lampe* → Dativ

> **Tipp**
> Wenn ein Nomen eine Sache bezeichnet, solltest du die **Was-Frage** immer mit der **Wer-Frage** bzw. der **Wen-Frage** kombinieren, um den Kasus zu bestimmen. Die Was-Frage ist nämlich nicht eindeutig und kann sowohl auf Nominativ als auch auf Akkusativ hinweisen.

Übung 47

Welche Kasus kommen bei den folgenden Beispielen infrage? Trage jeweils alle Fälle ein, die vorliegen könnten. Orientiere dich an der tabellarischen Übersicht.

die Geschenke	
den Löwen	
der Frage	

Woher weiß man, welchen Kasus man verwenden muss?

Welcher Kasus in einem Satz erforderlich ist, hängt vom zugehörigen **Verb** ab. Falls sich zwischen ein Verb und das zugehörige Nomen eine **Präposition** gedrängt hat, entscheidet diese über den Kasus. Man sagt auch, dass Verben oder Präpositionen den Kasus „regieren".

Beispiel

- **Genitiv-Verben:** (jemand**es**/etwas) gedenken, erinnern (z. B. *der Toten gedenken, sich eines Vorfalls erinnern*), (sich) erfreuen, annehmen (z. B. *sich des Lebens erfreuen, sich einer Sache annehmen*)
- **Dativ-Verben:** (jemand**em**) danken, helfen, vertrauen, gefallen, verzeihen (z. B. *dem Freund danken, helfen, vertrauen,...*)
- **Akkusativ-Verben:** (jemand**en**/etwas) lieben, hassen, kennen, kaufen, mögen, bauen, haben (z. B. *eine Frau lieben, hassen, kennen...*)
- **Genitiv-Präpositionen:** trotz, wegen, statt, anstelle (z. B. *trotz des schlechten Wetters, wegen der guten Noten, statt/anstelle einer Belohnung*)
- **Dativ-Präpositionen:** mit, von, bei (z. B. *mit dem Freund, von einem Fest, bei dem Gewitter*)
- **Akkusativ-Präpositionen:** für, ohne, gegen (z. B. *für den Besuch, ohne den Hund, gegen den Wind*)

Tipp

In manchen Sätzen werden Nomen **ohne** begleitenden **Artikel** verwendet. Um den Kasus solcher Nomen sicher zu bestimmen, kannst du **probeweise** einen Artikel oder ein Pronomen **voranstellen**, z. B. so:
Auf Reisen kann man viel entdecken. → *Auf (den/einigen) Reisen kann man viel entdecken.*
Achte aber darauf, dass du in dem Satz **keine weiteren Veränderungen** vornimmst!

Übung 48 Bestimme den Kasus der unterstrichenen Nomen. Schreibe zusätzlich das Wort heraus, das für den Kasus „verantwortlich" ist (das zugehörige Verb oder die zugehörige Präposition).

Krähen sind extrem clevere Werkzeugnutzer

Krähen können komplizierte Aufgaben¹ mit Hilfe von Werkzeugen lösen [...]. Wissenschaftler in Neuseeland haben mit einem Experiment² gezeigt, dass die Tiere ihre Hilfsmittel höchst strategisch zum Einsatz³ bringen.

Der Versuchsaufbau erinnert an ein Geschicklichkeitsspiel⁴: Um an die Belohnung⁵ heranzukommen, muss man eine Kiste mit einem Loch⁶ öffnen. Dafür braucht man einen langen Stock. Doch der liegt in einer Gitterbox⁷. Und nur mit Hilfe⁸ eines zweiten, kleineren Stocks⁹ lässt er sich dort herausmanövrieren. Dumm nur, dass dieses so dringend benötigte Hölzchen an einer Schnur von der Decke¹⁰ hängt ...

Um an Fleisch¹¹ zu kommen, können Geradschnabelkrähen [...] diese Aufgaben¹² jedoch durchaus bewältigen, wie Forscher [...] gezeigt haben.

Quelle: Christoph Seidler/ddp, SPIEGEL Online 21. 4. 2010; www.spiegel.de/wissenschaft/natur/kognitive-faehigkeiten-kraehen-sind-extrem-clevere-werkzeugnutzer-a-690186.html (gekürzt)

1 _____
2 _____
3 _____
4 _____
5 _____
6 _____
7 _____
8 _____
9 _____
10 _____
11 _____
12 _____

10.2 Adjektive

Adjektive kann man **steigern**. Neben ihrer Grundform (**Positiv**) gibt es zwei Steigerungsformen: **Komparativ** und **Superlativ**. Gebildet werden die Steigerungsformen mit den Endungen **-er** und **-(e)st**: z. B. *lieb – lieber – (am) liebsten*.

Man unterscheidet **drei Verwendungsweisen** von Adjektiven:

▸ Als **Attribut** bezieht sich ein Adjektiv auf ein **Nomen**; es passt sich dem Nomen im Kasus an: *der freche Junge, das schüchterne Kind*

▸ Als **Adverb** bezieht es sich auf ein **Verb**; dabei verändert es seine Form nicht: *Der Junge antwortet frech. Das Kind reagierte schüchtern.*

▸ Als Teil des **Prädikats** (z. B. mit *sein, werden*) bezieht es sich auf ein **Nomen** und bleibt ebenfalls unverändert: *Der Junge wird frech. Das Kind ist schüchtern.*

> **Tipp**
>
> Adjektive können in einem Satz **zu Nomen werden**. Sie sind dann oft erkennbar an einem typischen „Nomen-Begleiter", z. B. Indefinitpronomen wie *etwas, nichts, viel*.
> Beispiele: *schlecht → etwas Schlechtes; neu → nichts Neues; gut → viel Gutes*.
> Auch nach manchen Präpositionen wird ein Adjektiv in einem Satz zum Nomen. Dann steht das ursprüngliche Adjektiv – meist Farben – in der Grundform:
> Beispiele: *Er geht bei Grün. Mir gefällt das Auto in Rot. Sie steht auf Pink*.

Übung 49

Unterstreiche in dem folgenden Text alle Adjektive und bestimme ihre Verwendungsweise: Attribut oder Adverb?

Richtungsweisende Nase

[…] Haie besitzen einen ausgeprägten Geruchssinn und orten zielsicher ihre nächste Mahlzeit. Wie es die Knorpelfische schaffen, so genau auf ihre Beute zuzusteuern, haben Jayne Gardiner und ihre Kollegen von der University of South Florida in Tampa nun an acht Exemplaren des Glatthais Mustelus canis in einem Experiment festgestellt. Dafür wurde jeweils ein hungriger Hai in einem Becken ausgesetzt und mit Geruchsimpulsen aus Düsen konfrontiert. Beobachtet wurden die Versuche mit einer Kamera über dem Becken. So konnten die Wissenschaftler beobachten, wie schnell der Hai auf die Stimulanz[1] reagierte, indem er sich der jeweiligen Düse zuwandte. Dabei wurde auch der genaue Winkel registriert, in dem die Geruchsfahne den Hai erreichte.
Es stellte sich heraus, dass die Haie kleine Unterschiede in der Zeitspanne erkennen, in der ein Beutegeruch ihre beiden auseinanderliegenden Nasenlöcher erreicht. Erreichen die Geruchsmoleküle zuerst das linke Nasenloch, wendet sich der Hai nach links. […]

Quelle: Gwydion Brennan/ddp, Bild der Wissenschaft, 11.06.2010

Anmerkung 1 *Stimulanz: Reiz*

Verwendung

10.3 Pronomen

Pronomen nehmen Bezug auf **Nomen:** entweder als deren (vorangestellte) **Begleiter** – oder als deren **Stellvertreter**. Einige Pronomen können beides sein: Begleiter und Stellvertreter eines Nomens; es gibt auch Pronomen, die nur Stellvertreter sein können.

Einen **Sonderfall** bildet das Demonstrativpronomen *das*: Es kann auch Stellvertreter für eine ganze Aussage sein. Dann bezieht es sich rückblickend auf den vorangehenden Satz. (Beispiel: *Heute ist bei uns schulfrei. Das finde ich super.*)

Pronomen als Stellvertreter	Beispiele
Personalpronomen	*Der Junge kam nach Hause. Er war müde.* (*er* = der Junge)
Relativpronomen	*Die Hose, die du dir gekauft hast, sitzt gut.* (*die* = die Hose)
Reflexivpronomen	*Die Frau wundert sich.* (*sich* = die Frau selbst)
Fragepronomen	*Wann fängt das Fußballspiel an?* (*wann?* = die Uhrzeit)

Pronomen als Stellvertreter **oder** Begleiter	Beispiele
Demonstrativpronomen	*Diese Musik macht richtig gute Laune.* (*diese* = Begleiter von *Musik*) *Jene gefällt mir gar nicht.* (*jene* = Stellvertreter für *die andere Musik*)
Possessivpronomen	*Meine Wohnung ist mir zu klein.* (*meine* = Begleiter von *Wohnung*) *Eure ist viel größer.* (*eure* = Stellvertreter für *Wohnung*)
Indefinitpronomen	*Kann ich noch etwas Kuchen bekommen?* (*etwas* = Begleiter von *Kuchen*) *Es ist keiner mehr da.* (*keiner* = Stellvertreter für *Kuchen*)

Tipp

Mithilfe von Pronomen, die sich als **Stellvertreter** verwenden lassen, kannst du ungeschickte **Wortwiederholungen** in einem Text **vermeiden**.
Achte aber unbedingt darauf, dass die **Bezüge** klar sind und der Leser weiß, wovon du sprichst. Du musst also das Nomen, auf das ein Stellvertreter-Pronomen sich bezieht, bereits genannt haben – und zwar möglichst im Satz davor.

Übung 50

Unterstreiche im Text auf der nächsten Seite die Pronomen. Trage den Fachbegriff für die Art des jeweiligen Pronomens in die rechte Spalte ein. Das Pronomen „es" brauchst du nicht zu berücksichtigen.

Hinweis: Einen Überblick über die verschiedenen Arten von Pronomen findest du auf S. 111.

Vom Startloch zum Startblock

Heute wäre es schwierig, Startlöcher in die modernen Kunststoff-Laufbahnen zu graben. Als die Leichtathleten noch auf Asche liefen, war das allerdings durchaus üblich, jedenfalls auf den Kurzstrecken. Für die erfand der amerikanische Trainer Mike Murphy 1887 den Tiefstart aus der Hocke.

Bei diesem Start bringt der Sprinter mehr Kraft auf die Bahn. Er erreicht daher eine höhere Beschleunigung, allerdings besteht auch die Gefahr, dass ihm dabei die Füße wegrutschen. Deshalb war es üblich, dass die Sportler kleine Schäufelchen mit zum Rennen brachten und sich ihre individuellen Startlöcher gruben.

Das war nicht nur den Platzwarten ein Dorn im Auge, die anschließend die Bahn wieder glätten mussten, die Sportler konnten sich auch verletzen, wenn ihr Fuß am Rand des Startlochs hängen blieb. Es war wieder ein amerikanischer Trainer, George Bresnahan, der im Jahr 1927 den Startblock zum Patent anmeldete – eine genial einfache Erfindung, die sich bis heute nur unwesentlich verändert hat.

Aber die Mühlen der Sportbürokratie mahlen langsam. Während sich die Startblöcke in den USA schnell verbreiteten, betrachtete der internationale Leichtathletikverband IAAF die Entwicklung mit Argwohn.

Zeitweise wurden zwei Weltrekorde geführt, mit und ohne Blöcke. Bei den Olympischen Spielen in Berlin 1936 war schließlich Jesse Owens der letzte Sprint-Olympiasieger, der mit Schäufelchen zum Rennen ging und seine eigenen Startlöcher buddelte. Erst 1937 akzeptierte die IAAF die neue Starthilfe.

Quelle: Christoph Drössler, in: Die Zeit vom 12.5.10; www.zeit.de/2010/20/Stimmts-Sprinter

Art des Pronomens

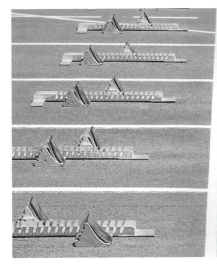

10.4 Verben

Verben können viele Formen haben. Diese erhalten sie durch die **Konjugation**. Man konjugiert ein Verb, indem man dem **Stamm** eine **Endung** hinzufügt. So gibt das Verb Auskunft darüber, ...

- auf **wen** sich eine Aussage bezieht: Spricht der Sprecher jemanden direkt an? Oder spricht er über andere (eine Person oder mehrere) oder über sich selbst?
  → **Grammatische Person:** erste, zweite oder dritte Person

- **wie viele** Personen (oder Sachen) es sind, die handeln.
  → **Numerus:** Singular oder Plural

	1., 2., 3. Person
Singular	**ich** gehe, **du** gehst, **er/sie/es** geht
Plural	**wir** gehen, **ihr** geht, **sie** gehen

- **wann** eine Handlung erfolgt: in der Gegenwart, in der Vergangenheit oder in der Zukunft.
  → **Tempus:** siehe S. 119 f.

- ob sich der Blick auf **den Handelnden** oder auf **das Geschehen** richtet.
  → **Genus verbi:** Aktiv oder Passiv, siehe S. 121 f.

- ob eine Aussage als **Feststellung einer Tatsache**, als **Aufforderung**, als **Wiedergabe von Worten** eines anderen oder als **Äußerung einer Vorstellung** oder eines Wunsches zu verstehen ist.
  → **Modus:** Indikativ, Imperativ, Konjunktiv, siehe S. 122 f.

Beispiel

sieg|ten: mehrere Personen; ihre Handlung ist bereits in der Vergangenheit erfolgt (Präteritum), und der Sprecher äußert sich über die Handelnden.

komm|st: eine Person; die Handlung geschieht jetzt oder regelmäßig (Präsens), und der Sprecher spricht die handelnde Person direkt an.

Übung 51

Kreuze alle Informationen an, die in den folgenden Verbformen enthalten sind.

	Singular	Plural	über sich	über andere	zu jemandem
kommt					
frage					
folgst					
erscheinen					
sieht					
wissen					
vergesst					
bleibt					

> **Tipp**
>
> Es gibt auch **trennbare Verben**, die sich im Satz in ihre Bestandteile aufteilen können. Dann rutscht der erste Bestandteil des Verbs ans Satzende, während der Hauptbestandteil auf seiner Position bleibt.
> Beispiele: *auf|stehen – er steht auf, teil|nehmen – sie nimmt teil, davon|laufen – wir laufen davon*
>
> Sollst du in einem Satz das Verb nennen, musst du beide Bestandteile berücksichtigen bzw. sie wieder zusammenfügen.

Die Tempora des Verbs

Die grundlegenden Tempora (Zeitformen) sind das **Präsens** und das **Präteritum**. Sie bestehen nur aus einer einzigen Verbform (z. B. *geht, lacht; fragte, wusste*). Alle übrigen Tempora bestehen aus mindestens zwei Verbformen: Außer dem eigentlichen Verb, dem **Vollverb**, benötigen sie noch eines der **Hilfsverben** *haben, sein* oder *werden*.
Unregelmäßige Verben verändern in einigen Formen ihren Stammvokal, wie z. B.: *k*o*mmen – k*a*m – gek*o*mmen, s*i*ngen – s*a*ng – ges*u*ngen, *e*ssen – *a*ß – g*e*gessen*.

Auf einen Blick

Die Tempora des Verbs

Präsens	Stamm des Vollverbs + Personalendung	Er sagt. Sie hüpft.
Präteritum	Stamm des Vollverbs + t(e) + Personalendung	Er sagte. Sie hüpfte.
Perfekt	Präsensform von *haben* oder *sein* + Partizip Perfekt des Vollverbs	Er hat gesagt. Sie ist gehüpft.
Plusquamperfekt	Präteritumform von *haben* oder *sein* + Partizip Perfekt des Vollverbs	Er hatte gesagt. Sie war gehüpft.
Futur I	Präsensform von *werden* + Infinitiv des Vollverbs	Er wird sagen. Sie wird hüpfen.
Futur II	Präsensform von *werden* + Partizip Perfekt des Vollverbs + Infinitiv von *haben* oder *sein*	Er wird gesagt haben. Sie wird gehüpft sein.

> **Tipp**
>
> Die Tempora **Perfekt** und **Plusquamperfekt** unterscheiden sich nur in der **Form des Hilfsverbs**: Beim Perfekt stehen *haben* oder *sein* im Präsens, beim Plusquamperfekt im Präteritum. Das passt zu ihrer Verwendungsweise:
>
> - das Perfekt drückt **Vorzeitigkeit** in Bezug auf das **Präsens** aus, z. B.:
>   *Ich gehe früh nach Hause. Das habe ich dir ja gestern schon gesagt.* (Vorzeitigkeit zum Präsens)
> - das Plusquamperfekt drückt **Vorzeitigkeit** in Bezug auf das **Präteritum** aus, z. B.:
>   *Der Lehrer bewertete Rolands Leistungen im Fach Deutsch mit einer Eins. Darauf hatte Roland schon lange gehofft.* (Vorzeitigkeit zum Präteritum)

Übung 52 Unterstreiche im folgenden Text alle Verbformen und bestimme die Tempora.

Die Broken-Windows[1]-Theorie

Die Verwahrlosung eines Stadtviertels beginnt mit einer zerbrochenen Fensterscheibe, die niemand repariert. Das besagt die sogenannte „Broken-Windows-Theorie", die Stadtplaner vor Jahren in den USA entwickelt haben. Auch Müll, der auf dem Bürgersteig gelandet ist und einfach dort liegen bleibt, trägt dazu bei, dass eine Gegend verkommt. Eine Person, die durch eine solche Straße geht, sagt sich vielleicht: „Ich werde doch nicht den Dreck wegmachen, den andere verursacht haben!" Oder sie fügt den schon entstandenen Schäden oder Verunreinigungen noch weitere hinzu.

Wahrscheinlich glaubt sie: „Auf mich kommt es ja nicht an. Andere haben ja auch schon ihren Unrat hinterlassen." So wird sie ihre leere Cola-Dose einfach fallen lassen. Und nach einiger Zeit wird das ganze Viertel heruntergekommen sein. Das Nachsehen haben die Bürger, die dort wohnen. Sie hatten sich ihr Leben dort bestimmt anders vorgestellt.

Anmerkung 1 *Broken Windows: engl.: zerbrochene Fenster*

Tempus

Aktiv und Passiv

Wer tut was? Diese Frage beantwortet man mit dem **Aktiv**.
Die Person oder Sache, die aktiv tätig ist, steht dabei im Mittelpunkt und ist das Subjekt im Satz. Das Aktiv ist in der Alltagssprache der Regelfall.

Was wird getan? Auf diese Frage antwortet man mit dem **Passiv**.
Das Hauptaugenmerk liegt auf dem Geschehen und auf demjenigen, mit dem etwas getan wird. Das „Opfer" der Handlung wird deshalb hier zum Subjekt.

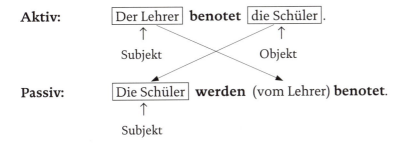

Beispiel

Um das Passiv zu bilden, benötigt man das Hilfsverb *werden* und das Partizip Perfekt. Auch im Passiv können alle **Tempora** des Verbs vorkommen.

Das Passiv in den verschiedenen Tempora					
Präsens	Präteritum	Perfekt	Plusquam-perfekt	Futur I	Futur II
wird benotet	wurde benotet	ist benotet worden	war benotet worden	wird benotet werden	wird benotet worden sein

Auf einen Blick

Den „**Täter**" kann man im Passiv-Satz **verschweigen**, z. B.: *Die Schüler werden benotet.* Es gibt zwei Gründe dafür, den „Täter" nicht zu erwähnen:

▶ Man weiß nicht, wer eine Handlung ausgeführt hat, z. B.:
Ein Auto wurde in Brand gesetzt. (Wer das getan hat, ist nicht bekannt.)

▶ Man hält es für unnötig, den Handelnden zu nennen, z. B.:
Der Einbrecher wurde festgenommen. (Dass es Polizisten gewesen sein müssen, ist ohnehin klar und muss nicht extra gesagt werden.)

1. Wandle die folgenden Aktiv-Sätze in Passiv-Sätze um.

    a) Die Weltraumforschung hat rasante Fortschritte gemacht.

    b) Inzwischen schicken die Forscher schon Roboter zum Mars.

    c) Die Roboter sollen wichtige Informationen sammeln.

    d) Eines Tages werden die ersten Astronauten den Mars anfliegen.

Übung 53

2. Der folgende Text steht ausschließlich im Passiv. Wandle die unterstrichenen Sätze ins Aktiv um. Schreibe die überarbeiteten Sätze unten auf.

Big Brother auf dem Mars

1 Von der russischen Weltraumagentur Roskosmos und der europäischen ESA (European Space Agency) ist ein Experiment organisiert worden: Sechs Männer werden für einen Zeitraum von 520 Tagen in einen Container eingesperrt. Während dieser langen Zeit wird jeder ihrer Schritte von Kameras verfolgt. Die Aufzeichnungen werden zu Forschungszwecken genutzt. Auf diese Weise wird erprobt, welche Belastungen von den Crewmitgliedern während einer Expedition zum Mars ertragen werden müssen. Die Bedingungen im All wurden von den Forschern möglichst real inszeniert. Nur auf die Schwerelosigkeit wird verzichtet.

Tipp

Zu oft sollte man das **Passiv nicht** verwenden. Zum einen klingt es „unlebendig" (eben nicht „aktiv"), zum anderen kommt es dann zu unschönen Wiederholungen des Hilfsverbs *werden*.

Die Modi: Indikativ, Imperativ und Konjunktiv

Der Begriff „Modus" bedeutet „Art und Weise". Der Modus zeigt an, **wie eine Aussage verstanden** werden soll. Es gibt drei Möglichkeiten:

▶ Der **Indikativ** ist die **Wirklichkeitsform**. Man verwendet ihn, wenn eine Aussage als Tatsache verstanden werden soll – nach dem Motto: So ist es!
Der Indikativ wird im Alltag am häufigsten verwendet, deshalb braucht man seine Formen nicht eigens zu lernen.

Beispiel
Es regnet. Die Hunde bellen schon wieder. Die Sieger wurden gefeiert.

▶ Der **Imperativ** ist die **Befehlsform**. Er wird verwendet, um eine Aufforderung oder einen Befehl auszusprechen – nach dem Motto: So soll es sein!
Bei einigen Verben mit dem Stammvokal e **verändert sich** im Imperativ dieser **Stammvokal**, z. B.: *nehmen → nimm, geben → gib, lesen → lies*.

Beispiel
Mach schneller! Hilf mir bitte beim Tragen. Passt doch auf! Hört euch das an!

▸ Der **Konjunktiv** ist die **Möglichkeitsform**. Mit ihm zeigt man an, dass man **nicht von Tatsachen** spricht – nach dem Motto: So denkt man es sich (nur).
Der Kunstexperte behauptet, dieses Bild sei eine Fälschung.
(keine Tatsache, sondern Wiedergabe einer Meinungsäußerung eines anderen)
Mit einem echten Picasso könnte man einen hohen Preis erzielen.
(keine Tatsache, sondern Äußerung einer Vorstellung)

Beispiel

- Den **Konjunktiv I** verwendet man in der **indirekten Rede**. Damit drückt man aus, dass man nur wiedergibt, was man gehört oder gelesen hat.
Man bildet den Konjunktiv I, indem man nach dem Stamm ein **e** einfügt (z. B.: *du hab|e|st, er lieg|e;* unregelmäßige Formen bei *sein: er sei, sie seien*).
Beim Umwandeln von direkter Rede in indirekte Rede muss man eventuell auch Pronomen verändern: Aus *ich* wird z. B. *er* oder *sie*.
Leo sagte: „Ich habe keine Zeit." → *Leo sagte, er habe keine Zeit.*
Jil meinte: „Ich kann nicht kommen." → *Jil meinte, sie könne nicht kommen.*

Beispiel

- Den **Konjunktiv II** verwendet man, um etwas zu sagen, das man sich nur vorstellen kann; man weiß genau, dass es **nicht der Realität entspricht**.
Man bildet den Konjunktiv II aus der Präteritum-Form; dabei werden die Vokale a, o und u oft zu den Umlauten ä, ö und ü (*sehen: sah → sähe; fliegen: flog → flöge; tragen: trug → trüge*)
Ich wäre gern berühmt. Dann hätte ich viele Fans.

Beispiel

Tipp

> Es kann vorkommen, dass eine **Konjunktiv-Form identisch** ist mit der des **Indikativs**. Dann kannst du **ersatzweise** zu einer anderen Form greifen, und zwar so:
> - unklare Form des Konjunktivs I → Konjunktiv II
>   Beispiel: *Sie sagten, sie kommen später.* → *Sie sagten, sie kämen später.*
> - unklare Form des Konjunktivs II → Umschreibung mit *würde*
>   Beispiel: *Sie sagten, sie reisten nach Spanien.* → *Sie sagten, sie würden nach Spanien reisen.*
>
> Die Ersatzform mit *würde* kannst du auch verwenden, wenn die Konjunktiv-Form veraltet klingt:
> *Sie sagten, sie verlören noch den Verstand.* → *Sie sagten, sie würden noch den Verstand verlieren.*

1. Gib die folgende Meinungsäußerung des Schülers Tom in Form von indirekter Rede wieder. Verwende durchgängig den Konjunktiv I. (→ Heft)
   Hinweis: Beginne mit dem folgenden Begleitsatz (einen weiteren brauchst du nicht hinzuzufügen): *Schüler Tom sagt, manchmal …*

Übung 54

„Manchmal ist es im Unterricht so langweilig, dass ich ständig gähnen muss. Ich weiß nicht, weshalb. Aber ich kann das einfach nicht unterdrücken. Es überkommt mich einfach. Komischerweise scheint Gähnen ansteckend zu sein. Denn kaum habe ich damit angefangen, da machen meine Mitschüler es mir nach. Das finde ich seltsam."

2. Die Schülerin Britta hat für ihre Zukunft viele Wünsche und Vorstellungen. Formuliere zu jedem Wunsch einen vollständigen Satz.

Verwende nach Möglichkeit den echten Konjunktiv II. Nur wenn die Form des Konjunktivs nicht von der Form des Indikativs zu unterscheiden ist, verwendest du die Umschreibung mit *würde*.

Das erste Beispiel ist schon gelöst.

Brittas Wünsche:
a) einen guten Schulabschluss machen
b) einen interessanten Beruf erlernen
c) viel Geld verdienen
d) ein Cabrio fahren
e) Reitunterricht nehmen
f) einen netten Mann kennenlernen
g) eine Traumhochzeit feiern
h) eine Familie gründen
i) nach Neuseeland fliegen
j) genügend Freizeit haben

a) Britta würde gern einen guten Schulabschluss machen.

11 Satzglieder und Satzbau beherrschen

11.1 Sätze untergliedern

Jeder Satz ist wie eine Kette von Satzgliedern. Es gibt diese **vier Satzglieder:**

- **Subjekt:** zu erfragen mit: *Wer oder was …?*
- **Prädikat:** zu erfragen mit: *Was tut …?*
- **Objekt:** zu erfragen mit: *Wem …? Wen …?*
- **adverbiale Bestimmung:** auch „(das) Adverbiale" genannt, zu erfragen mit:
  Wo …? Wohin …? Woher …? → lokal
  Wann …? Seit wann …? Bis wann …? Wie lange …? → temporal
  Wie …? → modal
  Warum …? → kausal

Ein Satz besteht aus **mindestens zwei Satzgliedern:** einem **Subjekt** und einem **Prädikat**. Ob darüber hinaus weitere Satzglieder erforderlich sind, hängt vom Verb ab – und davon, welche Zusatzinformationen man vermitteln will.

> **Tipp**
> Sätze, bei denen entweder das Subjekt oder das Prädikat fehlt – oder beide –, sind **unvollständig**. Man spricht dann von einer **Ellipse** (oder elliptisch verkürzten Sätzen).

Satzglieder können **unterschiedlich lang** sein. Das gilt auch für das Prädikat: Es gibt einstellige, zweistellige und sogar dreistellige Prädikate. Die **Reihenfolge** der Satzglieder ist **nicht festgelegt**. Ein Satz muss also nicht mit dem Subjekt beginnen. Auch ein Adverbiale oder ein Objekt können einen Satz eröffnen.

Beispiel

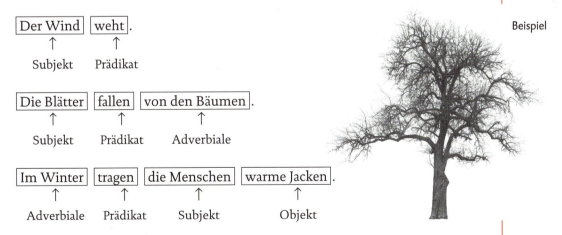

| Der Wind | weht |. |
| Subjekt | Prädikat | |

| Die Blätter | fallen | von den Bäumen |.
| Subjekt | Prädikat | Adverbiale |

| Im Winter | tragen | die Menschen | warme Jacken |.
| Adverbiale | Prädikat | Subjekt | Objekt |

> **Tipp**
> Um zu ermitteln, welche Wörter zu einem Satzglied gehören, kannst du die **Umstellprobe** machen: Vertausche die Reihenfolge der Satzglieder. Alle Wörter, die zum selben Satzglied gehören, bleiben immer zusammen – egal, welche Position sie im Satz einnehmen.
>
> Beispiel: *Mein bester Freund hatte gestern Abend einen schlimmen Unfall.*
> Umgestellt: *Gestern Abend* *hatte* *mein bester Freund* *einen schlimmen Unfall*.
> Oder: *Einen schlimmen Unfall* *hatte* *mein bester Freund* *gestern Abend*.

Übung 55 Bestimme die Satzglieder in den folgenden Sätzen. Kennzeichne sie wie in den Beispielsätzen auf S. 125.

a) Lachen ist gesund.

b) Diese Erkenntnis haben Forscher schon vor langer Zeit gewonnen.

c) Lachen lockert die Muskeln und setzt Glückshormone frei.

d) Kinder beherrschen diese Gefühlsäußerung am besten.

e) Laut wissenschaftlichen Untersuchungen lachen Kinder rund 400 Mal am Tag.

11.2 Hauptsätze und Nebensätze unterscheiden

Hauptsätze erkennst du an der **Position des finiten Verbs** (finites Verb = das gebeugte/konjugierte Verb, also das Verb mit der Personalendung). Im Hauptsatz steht das finite Verb immer auf der Position des zweiten Satzglieds, im **Nebensatz** rückt es dagegen in der Regel ganz ans Ende des Satzes.
Aufeinanderfolgende Hauptsätze bilden eine **Satzreihe**. Die Verbindung eines Hauptsatzes mit einem Nebensatz (oder mit mehreren) bildet ein **Satzgefüge**. Die Reihenfolge ist dabei nicht festgelegt: Der Nebensatz kann im Satzgefüge vor oder nach dem Hauptsatz stehen oder auch in ihn eingeschoben sein.

Beispiel

Satzreihe Hauptsatz + Hauptsatz	*Kinder können sich an vielen Dingen erfreuen,* (Hauptsatz) *deshalb lachen sie viel öfter als Erwachsene.* (Hauptsatz)
Satzgefüge Hauptsatz + Nebensatz	*Das Lachen vergeht ihnen aber manchmal,* (Hauptsatz) *wenn sie älter werden.* (Nebensatz)

Tipp

> An der **Position des finiten Verbs** kannst du **am sichersten** erkennen, ob es sich bei einem Satz um einen Hauptsatz oder um einen Nebensatz handelt.
> Zwar weist oft auch eine **einleitende Konjunktion** auf einen Nebensatz hin. Aber dieses Erkennungsmerkmal ist **unsicher**: Zum einen gibt es auch Nebensätze, die **nicht** mit einer Konjunktion beginnen (z. B. Relativsätze, vgl. S. 130); zum anderen können auch Hauptsätze mit einer (nebenordnenden) Konjunktion beginnen (z. B. *denn, und, aber*).

Satzglieder und Satzbau beherrschen

Übung 56

1. Markiere im folgenden Text die finiten Verben. Unterstreiche dann alle Nebensätze.

   Hinweis: Erweiterte Infinitivkonstruktionen mit „zu" sind verkürzte Nebensätze. (Beispiel: *Ich bitte dich, zu mir zu kommen.* → Kurz für: *Ich bitte dich, dass du zu mir kommst.*) Du brauchst sie nicht zu berücksichtigen.

   Flugstaffel Walsrode

   [...] Trotz des Regens sind die Bänke an der Bühne fast voll besetzt. Eine Schulklasse ist in den Vogelpark Walsrode gekommen, und ein paar Familien mit Kindern sind da. Gespannt starren sie alle auf einen großen Baum. Dann plötzlich schießt ein schwarz gefiederter Vogel unter den tief hängenden Ästen hervor. Er segelt ein Stück über den Rasen und landet elegant auf dem Unterarm seines Trainers German Alonso. Der Truthahngeier Sherlock ist bereit für seine Mission: Er soll ein Leichentuch aufspüren, das Alonso kurz zuvor in einem Rasenloch versteckt hat. Sherlock springt auf den Rasen und schreitet auf und ab. Nur wenige Augenblicke später zupft er mit seinem Schnabel die Beute hervor. Er hat seinen Auftrag ausgeführt.
   Das Leichentuch hat eine Medizinische Hochschule geliefert, die nicht genannt werden will. Zu makaber könnte das Spektakel wirken, wenn man nicht den tieferen Sinn kennt: Alonso soll seinem Geier beibringen, Leichen aufzuspüren. Der Auftrag dazu kam vor drei Jahren von höchster Stelle [...].
   Bisher helfen speziell ausgebildete Spürhunde bei der Leichensuche. Hunde verfügen über 300 Millionen Riechzellen in der Nase, denen auch viele Jahre alte Spuren nicht entgehen. Das Problem besteht darin: Nur mit geschlossener Schnauze können Hunde alle Duftspuren orten, nach fünfzehn Minuten Einsatz brauchen sie eine Pause. Ein Leichenspürhund kann deshalb nur maximal 100 Quadratmeter am Tag absuchen. Falls er auf unwegsamem Terrain eingesetzt wird, schafft er sogar noch weniger. [...]

   Quelle: Nadine Querfurth, in: Zeit Wissen 1/2010; www.zeit.de/zeit-wissen/2010/01/Geier-im-Polizeidienst

2. Satzreihe oder Satzgefüge? Kreuze entsprechend an.

	Satzreihe	Satzgefüge
a) Man weiß nicht, wie erfolgreich das Training von Truthahngeiern sein wird.	☐	☐
b) Es gibt nämlich nur wenige dieser Geier, denn sie werden nur selten gezüchtet.	☐	☐
c) Ob Truthahngeier zwischen dem Geruch toter Tiere und toter Menschen unterscheiden können, ist auch noch unklar.	☐	☐
d) Es kann sein, dass sie im Ernstfall statt eines toten Menschen nur tote Mäuse finden.	☐	☐
e) Die Treffsicherheit der Vögel muss erst genau geprüft werden, und das kann noch einige Zeit dauern.	☐	☐

11.3 Sätze verbinden

In einem guten Text werden Sätze nicht einfach nur aneinandergereiht, denn sie hängen inhaltlich zusammen. Du solltest möglichst oft versuchen, den logischen **Zusammenhang** zwischen aufeinanderfolgenden Sätzen **zu verdeutlichen**. Am besten verwendest du dafür **Konjunktionen** oder **Adverbien** (s. unten) oder auch **adverbiale Bestimmungen** („kurze Zeit später", „trotz des Regens").

Beispiel

In diesem Textauszug werden die Sätze praktisch nur aufgezählt:

> Mehrere Jugendliche haben sich bei einer Autowerkstatt um einen Ausbildungsplatz beworben. Nur einige von ihnen sind zu einem Gespräch eingeladen worden. Die Vorstellungsrunde beginnt. Die Bewerber sollen über ihre Interessen an dieser Ausbildung sprechen. Der 16-jährige Nils ist an der Reihe. Er weiß nichts zu sagen.

Hier werden durch Konjunktionen oder Adverbien Zusammenhänge aufgezeigt:

> Mehrere Jugendliche haben sich bei einer Autowerkstatt um einen Ausbildungsplatz beworben, _aber_ nur einige von ihnen sind zu einem Gespräch eingeladen worden. _Als_ die Vorstellungsrunde beginnt, sollen die Bewerber _zuerst_ über ihre Interessen an dieser Ausbildung sprechen. _Zu Beginn_ ist der 16-jährige Nils ist an der Reihe; _allerdings_ weiß er nichts zu sagen.

Auf einen Blick

Sätze verbinden mit Konjunktionen und Adverbien			
Zusammenhang	Fachbegriff	Konjunktionen	Adverbien
Aufzählung	additiv	und, (so)wie, sowohl – als auch; Verneinung: weder – noch	außerdem, auch, zusätzlich
Auswahl	alternativ	oder, entweder – oder, bzw.	–
Grund	kausal	denn, weil, da	darum, daher, vorsichtshalber
Gegengrund	konzessiv	obwohl, obgleich	trotzdem, allerdings
Gegensatz	adversativ	aber, (je)doch, während, sondern	(je)doch, dagegen
Zeit	temporal	als, bevor, nachdem, während, seit(dem), (dann) wenn, bis, solange	dann, anschließend, oft, währenddessen, immer, damals, zuerst, zunächst
Ort	lokal	–	hier, da, dort, dorthin
Bedingung	konditional	(nur) wenn, falls, sofern	ansonsten, sonst, andernfalls
Art und Weise	modal	indem, dadurch dass	dadurch, so, derart
Zweck	final	damit, dass, auf dass	dafür, deshalb
Folge	konsekutiv	so ..., dass; sodass	folglich, also

Satzglieder und Satzbau beherrschen

Tipp

> **Adverbien** leiten immer **Hauptsätze** ein. Das erkennst du daran, dass nach einem Adverb, das am Satzanfang steht, immer sofort **das finite Verb folgt**. Nach einer nebenordnenden Konjunktion, die einen Hauptsatz einleitet, ist das dagegen nicht der Fall; auf die Konjunktion folgt z. B. das Subjekt (oder ein anderes Satzglied).
>
> Beispiel: *Die zentrale Prüfung rückt immer näher. Einige Schüler bereiten sich nicht darauf vor.*
>
> - mit **Adverb** am Anfang des zweiten Hauptsatzes:
>   *Die zentrale Prüfung rückt immer näher, **trotzdem** bereiten sich einige Schüler nicht darauf vor.*
>   → Reihenfolge der Satzglieder verändert: dem Adverb folgt unmittelbar das finite Verb
>
> - mit **Konjunktion** am Anfang des zweiten Hauptsatzes:
>   *Die zentrale Prüfung rückt immer näher, **aber** einige Schüler bereiten sich nicht darauf vor.*
>   → Reihenfolge der Satzglieder unverändert: der Konjunktion folgt das Subjekt

Übung 57

Verbinde die folgenden Satzpaare durch passende Konjunktionen oder Adverbien. Du kannst die Reihenfolge der Sätze ändern.

Hinweis: In der tabellarischen Übersicht (S. 128) findest du Anregungen für die Auswahl von Konjunktionen und Adverbien.

a) Es stehen nicht mehr genügend Bewerber für Lehrstellen zur Verfügung. Die Betriebe klagen zunehmend darüber.

b) Die Anzahl der Abiturienten ist gestiegen. Es gibt einen Rückgang bei den Schulabgängern an Haupt- und Realschulen.

c) Die Abiturienten möchten lieber an einer Universität studieren. Die Lehrstellen in einem Betrieb haben an Attraktivität verloren.

d) Bei der Firma Siemens ist die Zahl der Bewerber deutlich gesunken. Sogar große Betriebe werben inzwischen um Auszubildende.

e) Man sollte sich auf ein Bewerbungsgespräch vorbereiten. Es gibt nicht mehr so viele Konkurrenten um einen Ausbildungsplatz.

f) Der erste Eindruck ist oft entscheidend. Man sollte angemessen gekleidet sein.

11.4 Relativsätze geschickt nutzen

Relativsätze sind eine besondere Art von Nebensätzen: Sie **beziehen sich** auf etwas oder jemanden **zurück**, von dem gerade die Rede gewesen ist. Der Zusammenhang zwischen dem Relativsatz und dem zugehörigen Hauptsatz wird durch **Relativpronomen** *(der/die/das; welcher/welche/welches)* hergestellt. Ein Relativsatz steht entweder nach dem Hauptsatz oder er ist in ihn eingeschoben.

Beispiel

Das Internet speichert dauerhaft Einträge, die uns später einmal peinlich sein können. (Nachfolgender Relativsatz)
Peinliche Fotos, die wir aus einer Laune heraus ins Netz gestellt haben, lassen sich nicht so einfach wieder löschen. (Eingeschobener Relativsatz)

Tipp

> Mithilfe von Relativsätzen kannst du Sätze mit sehr langen Attributen **übersichtlicher** machen.
> Beispiel: *Allzu sorglos ins Internet gestellte* Daten können den User später einmal in Schwierigkeiten bringen. (Attribut) → Daten, *die allzu sorglos ins Internet gestellt wurden*, können den User später einmal in Schwierigkeiten bringen. (Relativsatz)

Übung 58

Wandle jeweils den zweiten Satz in einen Relativsatz um. Füge ihn entweder in den vorangestellten Hauptsatz ein oder lass ihn dem Hauptsatz folgen.

a) Bei jedem Surfen im Internet hinterlassen wir Spuren. Die Spuren lassen sich nicht so leicht löschen.

b) Es handelt sich stets nur um ein paar Daten. Unser Computer speichert die Daten und kann sie preisgeben.

c) Manchmal sind es nur einzelne Wörter. Wir haben die Wörter in Suchmaschinen eingegeben.

d) Bewerber können in einem Vorstellungsgespräch einen schlechten Eindruck machen. Sie haben allzu private Daten im Internet hinterlassen.

e) Inzwischen geben viele Chefs die Namen der Bewerber in eine Suchmaschine ein. Die Bewerber sollen sich bei ihnen vorstellen.

f) Ein Chef wird einem Bewerber kein großes Vertrauen entgegenbringen. Der Chef hat im Internet peinliche Fotos von dem Bewerber entdeckt.

11.5 „Das" und „dass" auseinanderhalten

Die Frage, ob du *das* oder *dass* schreiben musst, mag dir als ein Problem der Rechtschreibung vorkommen. In Wirklichkeit ist es ein Grammatikproblem: Das Wort *das* ist entweder ein **Artikel**, ein **Demonstrativpronomen** oder ein **Relativpronomen**, das Wort *dass* ist immer eine **Konjunktion**.

Auf einen Blick

Der Unterschied zwischen *das* und *dass*	
Das Wort *das* kann dreierlei sein: • ein **Artikel**. Bsp.: *das Geld, das Essen, das Spielen…* • ein **Relativpronomen**. Es verweist immer zurück auf etwas, das gerade genannt wurde. Bsp.: *Kennst du das Mädchen, das dort steht?* • ein **Demonstrativpronomen**. Es verweist meist auf mehrere Wörter zurück, die unmittelbar zuvor genannt worden sind. Bsp.: *Du kommst früh. Das hätte ich nicht gedacht.*	Das Wort *dass* ist immer: • eine **Konjunktion**. Sie leitet einen nachfolgenden Nebensatz ein, weist also immer nach vorne (nicht zurück). Bsp.: *Er weiß, dass es schon spät ist.* Beachte: Der Nebensatz kann auch an erster Stelle stehen. Bsp.: *Dass wir uns so schnell wiedersehen, hätte ich nicht gedacht.*

Es ist relativ leicht, den Artikel *das* in einem Satz zu identifizieren. Aber ob es sich bei dem Wort *das/dass* um ein Demonstrativpronomen, ein Relativpronomen oder eine Konjunktion handelt, ist meist nicht so einfach zu erkennen. Du kannst jedoch eine **Probe** durchführen, um es herauszufinden:

▸ Lässt sich das Wort *das/dass* durch das Wort *welches* ersetzen? Dann handelt es sich um das **Relativpronomen** *das*.

▸ Lässt sich das Wort *das/dass* durch das Wort *dieses* ersetzen? Dann handelt es sich um das **Demonstrativpronomen** *das*.

▸ Ist kein Austausch möglich? Dann handelt es sich um die **Konjunktion** *dass*.

Beispiel

Es ist erstaunlich, das/dass (?) ein Vulkanausbruch den ganzen Flugverkehr lahmlegen kann.

1. Probe: *Es ist erstaunlich, welches ein Vulkanausbruch …* → nicht möglich

2. Probe: *Es ist erstaunlich, dieses ein Vulkanausbruch …* → nicht möglich

Also handelt es sich um die Konjunktion *dass*: *Es ist erstaunlich, dass ein Vulkanausbruch den ganzen Flugverkehr lahmlegen kann.*

Tipp

> Die Konjunktion *dass* folgt häufig nach Formulierungen, die ausdrücken, dass eine Person (oder mehrere) **etwas denkt, fühlt oder sagt**. Am besten merkst du dir die typische Satzstruktur:
> *Ich weiß, dass … Mein Freund hat gesagt, dass … Sie hofft sehr, dass …*
> *Viele Menschen glauben, dass … Man hat gehört, dass … Es ist bekannt, dass …*

SPRACHKOMPETENZ

Übung 59

1. Was ist richtig: *das* oder *dass?* Trage die richtige Schreibweise in den Text ein.
2. Ordne die Wörter *(das/dass)* der jeweiligen Wortart zu. Orientiere dich an der Verwendung im Satz. Trage die Lösung in die rechte Spalte ein.

Letzte Chance für ein normales Leben	Wortart
Wer einmal notorischer Blaumacher ist, findet nur schwer zurück in die Schule. In Berlin gibt es ein Internatsprojekt, _____ notorischen Schwänzern helfen soll, diesen Teufelskreis zu durchbrechen. _____ ist ihre letzte Chance.	
Sie sind zwischen 12 und 16 Jahre alt und kommen aus Berlin-Neukölln. Eines haben die Jungen und Mädchen gemeinsam: _____ sie die Schule zuletzt nur selten besuchten. _____ hat sich inzwischen geändert. Denn jetzt lernen sie im Internat „Leben und Lernen".	
Von Sonntagabend bis Freitagnachmittag werden die Schüler dort ganztags betreut. Ganze 2 400 Euro kostet _____ pro Schüler – monatlich. Die Eltern zahlen davon _____, was _____ Familieneinkommen zulässt. Den Rest trägt _____ Jugendamt. _____ entscheidet auch, wer aufgenommen wird – gemeinsam mit den Mitarbeitern der Wohngruppe und den Lehrern.	
Ziel des Projekts ist es, _____ sich die Kinder an klare Strukturen gewöhnen. Um die Gewohnheiten zu durchbrechen, setzt _____ Internat auf Tagesstrukturen mit wenig persönlichen Rückzugsmöglichkeiten. Mit Ausnahme eines Einzelzimmers gibt es nur Doppelzimmer. Die aber sind so ausgestattet, _____ jeder einen eigenen Schreibtisch und etwas Platz für persönliche Dinge hat.	
Die Nutzung des Telefons wird nur eingeschränkt erlaubt, _____ gilt auch für Handys. Klar geregelt ist, _____ die Schüler zu einer bestimmten Zeit aufstehen müssen und _____ sie den Putzdienst für die Zimmer und Gemeinschaftsräume leisten müssen.	
Einfach ist die Arbeit nicht [...]. Denn wer im Internat lebt, steigt nicht automatisch ins normale Schulleben ein. _____ ist ein Entwicklungsprozess [...].	

Quelle: Mandy Hannemann; www.news.de/gesellschaft/855026951/letzte-chance-auf-ein-normales-leben/ (gekürzt und leicht geändert)

Kompetenz Hörverstehen

Interaktive Aufgaben: Hörverstehen

Was muss man können? Was wird geprüft?

Beim Hörverstehen geht es darum, die **wichtigsten Informationen** aus einem Text zu erfassen, der **nur mündlich vorgetragen** wird, der dir also nicht in gedruckter Form vorliegt.

Geprüft wird das in der Regel so:

▶ Zuerst hörst du einen Text – entweder liest dein Lehrer oder deine Lehrerin ihn vor, oder es wird die Aufnahme eines Hörbeitrags, z. B. eine Radioreportage, abgespielt.

▶ Der Hörtext wird dir **zweimal** vorgetragen oder vorgespielt.

- Beim ersten Mal hörst du zunächst einfach gut zu. Wichtig ist, dass du verstehst, worum es in dem Hörbeitrag überhaupt geht. Bestimme also als Erstes das **Thema** und versuche einige **allgemeine Informationen** zu behalten.

- Wenn du den Text das zweite Mal hörst, darfst du dir auf einem leeren Blatt **Notizen** machen. Frage dich hierbei, welche **Besonderheiten** der Hörer über das Thema erfährt. Versuche jetzt genauer auf bestimmte Stellen zu achten und die Einzelinformationen zu erfassen. Bedenke aber: Deine Hauptkonzentration sollte sich weiterhin auf das Zuhören richten, nicht auf das Schreiben!

▶ Im Anschluss an das zweite Hören erhältst du **vier bis sechs Aufgaben** zum Bearbeiten. Mit diesen sollst du zeigen, dass du die wesentlichen Informationen des Textes verstanden hast.
Es handelt sich um **geschlossene** und **halboffene** Aufgaben: Oft sind darunter **Multiple-Choice-Aufgaben**, bei denen du unter vorgegebenen Aussagen eine oder mehrere ankreuzen musst, die zum Text passen. Außerdem wird in der Regel von dir verlangt, dass du dich stichwortartig oder in wenigen Sätzen **mit eigenen Worten zum Hörbeitrag äußerst**, z. B. indem du den Inhalt des Hörtextes zusammenfasst, Fragen zum Inhalt kurz beantwortest oder bestimmte Aspekte, die im Hörbeitrag vorkamen, aufzählst.

Tipp

Es kann vorkommen, dass du in einer Aufgabe entscheiden sollst, welche **Funktion** der Text hat. Frage dich dann: Soll der Beitrag die Hörer unterhalten? Oder soll er sie sachlich informieren? Wird ein Missstand kritisiert? Oder wird ein Appell an die Hörer gerichtet?
Es kann sein, dass ein Text **mehrere Funktionen** erfüllt, z. B., weil er einerseits informativ ist, andererseits aber auch unterhält. Dann musst du überlegen, was die größere Rolle spielt.

HÖRKOMPETENZ

Schritt für Schritt

Hörverstehen

Arbeitsschritt **1**   Wenn der Hörbeitrag das erste Mal vorgespielt wird, **hörst** du **konzentriert zu**. Versuche zu verstehen, **worum es geht** und welche Informationen dem Hörer im Allgemeinen vermittelt werden sollen. Vielleicht hilft es dir, dich beim Zuhören besser zu konzentrieren, wenn du die Augen schließt.

Arbeitsschritt **2**   Beim zweiten Vorspielen machst du dir **Notizen** zu den wesentlichen Informationen. Da du den Beitrag schon einmal gehört hast, weißt du jetzt, worauf es ankommt. Achte darauf, wirklich **nur Stichworte** zu notieren. Sonst verpasst du womöglich wichtige Textstellen. Auf die Schönheit deiner Schrift kommt es dabei nicht an; dein Notizblatt wird nicht bewertet.

Arbeitsschritt **3**   **Bearbeite zügig** die vorliegenden **Aufgaben**, solange die Erinnerung an den Hörtext noch frisch ist. Grüble nicht zu lange, wenn du zwischendurch nicht weiterweißt, sondern löse die Aufgaben, bei denen du dir relativ sicher bist. Auf Aufgaben, die dich mehr Zeit zum Nachdenken kosten, kommst du danach zurück.

Hörverstehen zu einem Sachbeitrag

Übung 60

Höre den Beitrag „Zwischen Bingo und Seifenduft" zweimal an. Bearbeite danach die Aufgaben.

1. Worum geht es in dem Radiobeitrag? Nenne das Thema in einem Satz.

    _____

    _____

2. An welchen Orten wurden Redebeiträge aufgenommen? Kreuze alle richtigen Antworten an.

    Aufgenommen wurden Redebeiträge in …

    ☐ einem Kegelclub.
    ☐ einem Kosmetikladen.
    ☐ einer Cafeteria.
    ☐ einem Altenheim.
    ☐ einer Fußgängerzone.

3. Welche Aufgaben übernehmen die Jungen für alte Menschen, welche nicht? Kreuze entsprechend an.

	trifft zu	trifft nicht zu
a) Sie servieren ihnen das Mittagessen.	☐	☐
b) Sie hören sich ihre Geschichten an.	☐	☐
c) Sie spielen mit ihnen Bingo.	☐	☐
d) Sie lesen ihnen vor.	☐	☐
e) Sie begleiten sie beim Einkaufen.	☐	☐
f) Sie gehen mit ihnen kegeln.	☐	☐
g) Sie leisten Pflegedienste bei ihnen.	☐	☐

4. Wodurch unterscheidet sich der zweite Schauplatz des Hörbeitrags deutlich vom ersten Ort? Kreuze die passende Antwort an.

   ☐ Dort ist es sehr viel lauter.
   ☐ Es riecht dort ganz anders.
   ☐ Man hört dort keine Gespräche.
   ☐ Es geht dort viel ernster zu.

5. Wie wirken sich die Erfahrungen, die die Teilnehmer gemacht haben, auf sie aus? Kreuze die passende Aussage an.

   Die Teilnehmer …

   ☐ sind vollkommen erschöpft.
   ☐ haben sich gelangweilt.
   ☐ finden ihre Erfahrungen ganz interessant.
   ☐ ändern ihren bisherigen Berufswunsch.

6. a) Welche Absicht verfolgt die Journalistin mit ihrem Radiobeitrag? Kreuze die richtige Lösung an.

   Der Radiobeitrag will …

   ☐ sachlich informieren.
   ☐ informieren und unterhalten.
   ☐ für etwas werben.
   ☐ etwas kritisieren.

   b) Begründe deine Meinung. Beziehe dich dabei auf ein Beispiel aus dem Beitrag. Schreibe vollständige Sätze.

   _____
   _____
   _____
   _____

Hörverstehen zu einem literarischen Text

Höre den Text „Hauptsache weit" von Sibylle Berg zweimal. Bearbeite danach die Aufgaben.

Übung 61

1. Wo befindet sich der Junge, von dem erzählt wird? Kreuze passend an.

   Die Hauptperson befindet sich …

   ☐ in London.
   ☐ in Asien.
   ☐ in Südamerika.
   ☐ zu Hause.

2. Welches Ziel hat der Junge gehabt – und warum? Beantworte die Frage mit einem vollständigen Satz.

   _____
   _____

3. Wie haben die Freunde auf das Vorhaben des Jungen reagiert? Kreuze an, welche Aussagen passen und welche nicht.

Die Freunde wollten wissen, …	trifft zu	trifft nicht zu
ob sein Geld reichen würde.	☐	☐
ob sie mitkommen könnten.	☐	☐
ob seine Eltern das erlauben würden.	☐	☐
ob er keine Angst habe.	☐	☐

4. Hat der Junge sein Ziel erreicht? Begründe deine Entscheidung anschließend. Beziehe dich dabei auf den Text. Schreibe vollständige Sätze.

   ☐ Ja, der Junge hat sein Ziel erreicht.

   ☐ Nein, der Junge hat sein Ziel nicht erreicht.

   Begründung: _____
   _____
   _____

5. a) Um welche Textsorte handelt es sich? Kreuze passend an.

   Es handelt sich um …

   ☐ ein Märchen.

   ☐ eine Kurzgeschichte.

   ☐ eine Anekdote.

   ☐ eine Reportage.

   b) Begründe deine Entscheidung. Verweise auf typische Merkmale dieser Textsorte, die du an dem Text erkannt hast. Schreibe vollständige Sätze.

   Begründung: _____
   _____
   _____
   _____
   _____
   _____

Hörverstehenstexte

Zwischen Bingo und Seifenduft
Am Boys' Day erproben sich Jungen in Altenpflege und Kosmetikverkauf
Von Andrea Lueg

Hörtext zu Übung 60

Am Vormittag steigen die drei Jungen, die ihren Boys' Day im Wilhelmine Lübke Altenheim verbringen, erst mal ganz sanft ein in die Altenpflege: Bingo spielen und Kegeln stehen auf dem Programm. Dass sie nicht gleich in die tatsächliche Pflege gehen, sondern erst mal die sozialen Angebote kennenlernen, ist dabei durchaus Absicht, erklärt Betreuerin Kerstin Sandvoß-Becker.

„Ich denke schon, dass Altenheim für viele eine relativ abschreckende Wirkung noch hat und hier können auch die Jungen mal sehen, dass es auch sehr vielseitig ist und dass es auch ein Leben gibt, einen Alltag gibt in einer Einrichtung für ältere Menschen."

Yannic zum Beispiel ist 15 und hat Großeltern, die allerdings noch relativ jung und topfit sind. Dass es ihnen mal gehen wird, wie den alten Menschen hier, die zum Teil im Rollstuhl sitzen, zum Teil auch gefüttert werden müssen, kann er sich überhaupt nicht vorstellen. Mit den Alten hier zu plaudern ist gar nicht so einfach.

„Öfters kommt mal irgendwas wie: Kann ich nach Hause? Dann geh ich meistens zum Helfer, die reden dann mit dem und dann geht das schon wieder."

Die Jungen sind aufgeschlossen und auch wenn sie meist nur mitlaufen oder zuschauen können, sind sie mit voller Aufmerksamkeit dabei. Alte Leute, meint Marc, hätten ja auch schon ganz schön viel erlebt und es sei interessant, ihre Geschichten zu hören. Aber erst mal gibt's Mittagessen.

„Wir holen jetzt die bedürftigen Leute, weil es gleich Essen gibt. Ich geh mit, um die Leute dann zu holen."

Kerstin Sandvoß-Becker hatte auch schon im letzten Jahr einige Jungen am Boys' Day zu Besuch. Danach hat sie eine Altersgrenze eingeführt. Mindestens 13 sollen die Schüler sein, Jüngere seien mit der Situation unter Umständen überfordert. Ihren eigenen Sohn konnte sie übrigens nicht überzeugen, mal in den Beruf der Mutter reinzuschnuppern. Am Nachmittag sollen die Jungen noch die tatsächlichen Pflegeaufgaben kennenlernen.

„Ich muss jetzt erst mal noch kucken, was nach der Mittagspause passiert, und muss das dann mit dem Bingospiel zusammenfassen, sowohl die Pflege und den sozialen Bereich mit einbeziehen."

Doch dass Yannic kein Altenpfleger wird, steht schon fest: Er wird ein technisches Fach studieren.

Szenenwechsel: Schon der Geruch ist ein ganz anderer: Vanille, Limone, Kokos kann man aus einigen Metern Entfernung erschnuppern, wenn man sich dem Kosmetikladen in der Kölner Fußgängerzone nähert. Hier werden frische, handgemachte Seifen, Shampoos und andere Schönmacher verkauft. Milo ist der einzige Mann heute im Verkaufsteam und sieht in seiner langen blauen Schürze ziemlich professionell aus.

„Am interessantesten finde ich die Seifen, die riechen einfach ziemlich gut und da ist auch was für Männer dabei."

Die Kunden nehmen Milo ernst und er gibt freundlich und nach Kräften Auskunft – das macht Spaß. Den Laden kannte der 14-Jährige schon und er wollte gerne etwas mit Kundenkontakt machen.

„Meine Mutter geht öfters mal hierhin. Und ich war schon ein paarmal mit, und ich finde auch der Laden, der ist eigentlich ganz cool, find' ich ganz gut."

Bei der Kosmetikkette könnte Milo einer der wenigen männlichen Shopmanager werden oder auch Leiter für die Shops in der ganzen Region, aber:

„Also Ausbildung oder hinterher hier arbeiten will ich nicht, aber vielleicht will ich mal aushelfen, als Aushilfsjob."

Denn Milo hat schon einen ganz anderen Traumberuf:

„Ich will unbedingt Koch werden."

Ein Männerberuf also?

„Also in Großküchen sieht man eher Männer, sagen wir mal so."

Wie die anderen Jungen hat Milo aber kein Problem damit, sich mal einen Tag in einem Frauenberuf auszuprobieren. Dass er den einzigen Platz in einem Kosmetikgeschäft in der Region ergattert hat und nicht, wie die meisten seiner Freunde, in ihrer früheren Grundschule gelandet ist, gefällt ihm besonders. Die Angebote für die Jungen insgesamt findet er allerdings noch ausbaufähig.

„Ich find' das Angebot ganz gut, vor allem dieser Austausch, dass Jungen Frauenjobs machen und Frauen auch Männerjobs, allerdings, muss man schon sagen, wird für Jungen schon ein bisschen wenig angeboten, also wenn man mal gekuckt hat auf der Mädchenseite waren irgendwie dreißig verschiedene Möglichkeiten im Umkreis von zehn Kilometern, für Jungen waren das nur zwei, drei Sachen, soziale Sachen und dann halt hier."

Quelle: © 2011 Deutschlandradio (Andrea Lueg, 16.04.2011)

Hörtext zu Übung 61

Sibylle Berg: Hauptsache weit

Und weg, hatte er gedacht. Die Schule war zu Ende, das Leben noch nicht, hatte noch nicht begonnen, das Leben. Er hatte nicht viel Angst davor, weil er noch keine Enttäuschungen kannte. Er war ein schöner Junge mit langen dunklen Haaren, er spielte Gitarre, komponierte am Computer und dachte, irgendwie werde ich wohl später nach London gehen, was Kreatives machen. Aber das war später.

Und nun?

Warum kommt der Spaß nicht? Der Junge hockt in einem Zimmer, das Zimmer ist grün, wegen der Neonleuchte, es hat kein Fenster und der Ventilator ist sehr laut. Schatten huschen über den Betonboden, das Glück ist das nicht, eine Wolldecke auf dem Bett, auf der schon einige Kriege ausgetragen wurden. Magen gegen Tom Yan, Darm gegen Curry. Immer verloren die Eingeweide. Der Junge ist 18, und jetzt aber Asien, hatte er sich gedacht. Mit 1 000 Dollar durch Thailand, Indien, Kambodscha, drei Monate unterwegs und dann wieder heim, nach Deutschland. Das ist so eng, so langweilig, jetzt was erleben und vielleicht nie zurück. Hast du keine Angst, hatten die blassen Freunde zu Hause gefragt, so ganz alleine? Nein, hatte er geantwortet, man lernt ja so viele Leute kennen unterwegs. Bis jetzt hatte er hauptsächlich Mädchen kennen gelernt, nett waren die schon, wenn man Leute mag, die einen bei jedem Satz anfassen. Mädchen, die aussahen wie dreißig und doch so alt waren wie er, seit Monaten unterwegs, die Mädchen, da werden sie komisch. Übermorgen würde er in Laos sein, da mag er jetzt gar nicht dran denken, in seinem hässlichen Pensionszimmer, muss Obacht geben, dass er sich nicht aufs Bett wirft und weint, auf die Decke, wo schon die anderen Dinge drauf sind. In dem kleinen Fernseher kommen nur Leute vor, die ihm völlig fremd sind, das ist das Zeichen, dass man einsam ist, wenn man die Fernsehstars eines Landes nicht kennt und die eigenen keine Bedeutung haben. Der Junge sehnt sich nach Stefan Raab, nach Harald Schmidt und Echt. Er merkt weiter, dass er gar nicht existiert, wenn er nichts hat, was er kennt. Wenn er keine Zeitung in seiner Sprache kaufen kann, keine Klatschgeschichten über heimische Prominente lesen, wenn keiner anruft und fragt, wie es ihm geht. Dann gibt es ihn nicht. Denkt er. Und ist unterdessen aus seinem heißen Zimmer in die heiße Nacht gegangen, hat fremdes Essen vor sich, von einer fremdsprachigen Serviererin gebracht, die sich nicht für ihn interessiert, wie niemand hier. Das ist wie tot sein, denkt der Junge. Weit weg von zu Hause, um anderen beim Leben zuzusehen, könnte man umfallen und sterben in der tropischen Nacht und niemand würde weinen darum. Jetzt weint er doch, denkt an die lange Zeit, die er noch rumbekommen muss, alleine in heißen Ländern mit seinem Rucksack, und das stimmt so gar nicht mit den Bildern überein, die er zu Hause von sich hatte. Wie er entspannt mit Wasserbüffeln spielen wollte, in Straßencafés sitzen und cool sein. Was ist, ist einer mit Sonnenbrand und Heimweh nach den Stars zu Hause, die sind wie ein Geländer zum Festhalten.

Er geht durch die Nacht, selbst die Tiere reden ausländisch, und dann sieht er etwas, sein Herz schlägt schneller: Ein Computer, ein Internet-Café. Und er setzt sich, schaltet den Computer an, liest seine E-Mails. Kleine Sätze von seinen Freunden, und denen antwortet er, dass es ihm gut geht und alles großartig ist, und er schreibt und schreibt und es ist auf einmal völlig egal, dass zu seinen Füßen ausländische Insekten so groß wie Meerkatzen herumlaufen, dass das fremde Essen im Magen drückt, die fremde Welt um ihn verschwimmt, er ist nicht mehr allein, taucht in den Bildschirm ein, der ist wie ein weiches Bett, er denkt an Bill Gates und Fred Apple, er schickt eine Mail an Sat 1, und für ein paar Stunden ist er wieder am Leben, in der heißen Nacht und weg von zu Hause.

Quelle: Sibylle Berg: Hauptsache weit. In: Dies.: Das Unerfreuliche zuerst. Herrengeschichten. Kiepenheuer & Witsch: Köln 2001.

Merkwissen

Digitales Glossar: Begriffe nachschlagen

Stilmittel

Ein Autor setzt Stilmittel bewusst ein, um eine bestimmte Wirkung zu erzielen. Aus der Vielzahl an Stilmitteln werden hier die häufigsten aufgeführt. Ihre Wirkung (gekennzeichnet mit →) wird allgemein beschrieben, im konkreten Einzelfall musst du sie auf den Text abstimmen.

Alliteration: gleicher Anlaut aufeinanderfolgender Wörter → Betonung, Einprägsamkeit, lautmalerisch, melodisch
Beispiel: *Kind und Kegel, wahre Wunder*

Anapher: Wiederholung gleicher Vers- oder Satzanfänge (Gegenteil: Epipher) → Hervorhebung, oft Ausdruck von Gefühlen
Beispiel: *Das Wasser rauscht | Das Wasser schwoll.*

Antithese: Gegenüberstellung von gegensätzlichen Begriffen oder Gedanken → Betonung des Gegensatzes
Beispiel: *Friede den Hütten | Krieg den Palästen, Himmel und Hölle*

Antonym: Begriff mit gegensätzlicher Bedeutung (Gegenteil: Synonym) → Gegenüberstellung von Dingen, Ideen
Beispiel: *lang – kurz, kaufen – verkaufen*

Archaismus: veralteter, heute nicht mehr gebräuchlicher Begriff (Gegenteil: Neologismus) → Charakterisierung des Sprechers, Darstellung eines bestimmten Zeitgeistes
Beispiel: *Oheim* (für: *Onkel*), *Fremdenverkehrsamt* (für: *Touristeninformation*)

Assonanz: Gleichklang von Vokalen in benachbarten Wörtern, Vokalhäufung, v. a. in der Lyrik → Erzeugen einer bestimmten Stimmung, melodisch
Beispiel: *will verblühen – in der Frühe, Ottos Mops kotzt*

Beispiel: → Veranschaulichung, Verdeutlichung
Beispiel: *Kinder lieben Süßes; wenn z. B. der Eismann kommt, hält sie nichts ...*

Chiasmus: Überkreuzstellung von Sätzen oder Satzteilen → Verstärkung, Betonung
Beispiel: *Ich weiß nicht, was ich will, ich will nicht, was ich weiß.*

Ellipse: verkürzter, unvollständiger Satz durch Auslassung von Satzteilen → erregtes, gefühlsbetontes Sprechen (Ausdruck von Freude, Angst, Entsetzen, Erleichterung, Verzweiflung), auch typisch für die Umgangssprache
Beispiel: *Je früher (du kommst), desto besser (finde ich es). Endlich (bin ich) allein!*

Enjambement: Zeilensprung in der Lyrik; ein Satz erstreckt sich über zwei oder mehr Verse → Lebendigkeit, Abwechslung, Erzeugen von Spannung, Hervorhebung bestimmter Wörter/Satzteile
Beispiel: *Daraus rennt | Mit wildem Sprunge | Ein Tiger hervor*

Epipher: Wiederholung gleicher Vers- oder Satzenden (Gegenteil: Anapher) → Hervorhebung, oft Ausdruck von Gefühlen
Beispiel: *Doch alle Lust will Ewigkeit –, – will tiefe, tiefe Ewigkeit!*

Euphemismus: beschönigender Ausdruck, Ersetzung eines unangenehm oder anstößig wirkenden Ausdrucks durch einen weniger verletzenden → Verschleierung, Abmilderung
Beispiel: *entschlummern, ableben, entschlafen* (statt: *sterben*)

Hyperbel: sehr starke Übertreibung → Hervorhebung, manchmal auch ironisch gemeint (versteckte Kritik)
Beispiel: *ein Meer von Tränen, himmelhoch jauchzend, zu Tode betrübt*

Inversion: Umstellung der normalen Satzstellung → Verstärkung, Hervorhebung des Satzanfangs
Beispiel: *Unendlich mühsam war der Weg!* (statt: *Der Weg war unendlich mühsam.*)

Ironie: versteckter, feiner Spott, meint das Gegenteil des Gesagten → humorvolle Kritik, Bloßstellung von Missständen
Beispiel: *Du bist mir ein schöner Freund.*

Klimax: Steigerung → Hervorhebung
Beispiel: *Sie arbeiten täglich zehn, zwölf, ja vierzehn Stunden am Erfolg!*

Lautmalerei: Nachahmung von Klängen, Lauten → Veranschaulichung, Verlebendigung, Spiel mit der Sprache
Beispiel: *Klingeling, Das Feuer leckt, knistert und zischt.*

Litotes: doppelte Verneinung → Hervorhebung durch Untertreibung
Beispiel: *nicht selten* (statt: *oft*), *nicht unschön* (statt: *schön*)

Metapher: bildhafter Ausdruck mit übertragener Bedeutung, nicht wortwörtlich zu verstehen, Vergleich ohne Vergleichswort → Veranschaulichung, sprachliche Verdichtung, Betonung
Beispiel: *Flug der Gedanken* (statt: *Die Gedanken bewegen sich so leicht, als ob sie fliegen könnten.*), *Bücher verschlingen* (statt: *sehr gerne lesen*), *Rabenvater* (statt: *schlechter Vater*)

Neologismus: Wortneuschöpfung, nicht im gängigen Sprachgebrauch enthalten (Gegenteil: Archaismus) → starke Aussagekraft, oft Sprachspielerei
Beispiel: *wirrflirrbunt*

Oxymoron: Verbindung von gegensätzlichen, einander ausschließenden Begriffen → stutzig machen
Beispiel: *stummer Schrei, alter Knabe, verschlimmbessern*

Parallelismus: Folge von gleich oder ähnlich gebauten Sätzen oder Satzteilen → Verstärkung, Betonung
Beispiel: *Schnell lief er hin, langsam kam er zurück.*

Parenthese: Einschub in einen Satz → ergänzender, kommentierender Gedanke, Betonung, evtl. aufgeregtes Sprechen
Beispiel: *Sein letzter Besuch – ich werde es nie vergessen – hat uns viel Gutes gebracht.*

Personifikation: Gegenstände/Begriffe werden vermenschlicht → Veranschaulichung, Verlebendigung
Beispiel: *Mutter Natur, die Säge kreischt*

Pleonasmus: überflüssige Information durch die Verbindung mehrerer Wörter mit gleicher Bedeutung → Verstärkung, Betonung, auch Ironisierung
Beispiel: *zwei Zwillinge, schweig still*

Pointe: Höhe-/Schlusspunkt bei Anekdote, Glosse, Kurzgeschichte oder Witz → Auslösen eines Überraschungseffekts

Rhetorische Frage: Scheinfrage, die keine Antwort erwartet → Betonung der Aussage, Anregung zum Nachdenken
Beispiel: *Machen wir nicht alle Fehler?*

Sarkasmus: beißender Spott, verletzender Hohn → bloßstellen, Missstände aufdecken, Ausdruck von Bitterkeit

Satire: Kritik durch scharfen Witz, Übertreibung, Ironie und beißenden Spott (auch Textsorte) → etwas oder jemanden lächerlich machen, angreifen

Symbol: Sinnbild, verweist (anders als die Metapher) auf einen umfassenden Bereich, der meist in einer sprachlichen oder kulturellen Tradition begründet ist und mit dem eine Vielzahl von Vorstellungen und Gefühlen verbunden sind → Veranschaulichung, starke sprachliche Verdichtung, Betonung
Beispiel: *Teufel* (Symbol des Bösen), *Ring* (Symbol der Treue)

Synonym: Wort mit gleicher oder sehr ähnlicher Bedeutung (Gegenteil: Antonym) → sprachliche Abwechslung
Beispiel: *Pferd, Ross, Gaul, Mähre, Reittier*

Vergleich: Aufzeigen von Ähnlichkeiten zwischen einem bildhaften Ausdruck und einer Sache oder Person mithilfe eines Vergleichswortes (z. B. *wie, als ob*) → Veranschaulichung
Beispiel: *Sie ist stark wie ein Löwe. Er stolziert, als ob er der Kaiser von China wäre.*

Wiederholung: mehrmalige Verwendung eines Wortes oder einer Wortgruppe → Hervorhebung, Betonung
Beispiel: *Die Frau war in großer Eile. Man sah ihr die Eile an.*

Wortspiel: Ausnutzen von sprachlicher Vieldeutigkeit → witzig, geistreich
Beispiel: *Ich habe den Saal schon voller und leerer gesehen, aber so voller Lehrer noch nie.*

Zynismus: verächtlicher, beißender Spott unter Missachtung von gesellschaftlichen Konventionen und von Gefühlen anderer → Missstände aufdecken, Protest, Ausdruck von Resignation oder empfundener Sinnlosigkeit

Arbeitsaufträge (Operatoren)

In der **Prüfung** wirst du in den **Aufgabenstellungen** mit verschiedenen Verben (sogenannten Operatoren) dazu aufgefordert, etwas zu tun. Meist geht es darum, dass du dich **in einer ganz bestimmten Art und Weise** zu einem Text oder einem Thema **äußern** sollst. Es ist wichtig, dass du die Bedeutungen dieser Verben unterscheiden kannst, damit du immer genau weißt, **was von dir verlangt wird**. Die folgende Übersicht hilft dir dabei.

analysieren: etwas in seine Bestandteile zerlegen; sagen, aus welchen Einzelheiten es besteht
→ *einen Text analysieren*: untersuchen, aus welchen Abschnitten ein Text besteht, welche Satzstrukturen er aufweist, welche (auffälligen) Wörter darin enthalten sind, was seine Aussage ist usw.

belegen: etwas beweisen, anhand von Verweisen oder Zitaten nachweisen, dass eine Aussage stimmt (oder nicht stimmt)
→ *am Text belegen*: Textstellen (Zitat) oder Fundstellen (Seite, Zeile) anführen, die zeigen, dass und ggf. warum etwas so ist, wie behauptet

begründen: den Grund für etwas angeben
→ *eine Meinung begründen*: sagen, weshalb man diese Meinung vertritt

berichten: das Wesentliche eines Geschehens sachlich, in richtiger zeitlicher Reihenfolge darstellen
→ *von einem Ereignis berichten*: knapp sagen, was wann wo wem warum passiert ist

beschreiben: mit eigenen Worten sagen, wie eine Person oder Sache ist/aussieht
→ *die Form eines Gedichts beschreiben*: sagen, wie die äußere Form des Textes aussieht (Strophen, Verse usw.)

beurteilen: ein eigenständiges Urteil zu etwas/jemandem äußern und es begründen
→ *das Verhalten einer Figur beurteilen*: das Verhalten einschätzen (z. B. als zuverlässig) und sagen, warum man so denkt

bewerten: ein Werturteil zu etwas abgeben, sagen, wie man etwas findet (gut oder schlecht) und warum
→ *eine Aussage bewerten*: begründet sagen, was man von der Aussage hält

darstellen: auf neutrale Weise und mit eigenen Worten sagen, was für ein Sachverhalt vorliegt
→ *eine Situation darstellen*: ohne Wertung sagen, wie die Lage ist und wie es dazu kam

einordnen: sagen, in welchen Zusammenhang etwas gehört oder passt
→ *in das Textgeschehen einordnen*: sagen, an welche Stelle der dargestellten Handlung etwas einzufügen ist

erklären: die Ursachen oder Gründe von etwas ausführlich darstellen, Zusammenhänge herstellen
→ *ein Verhalten erklären*: ausführlich sagen, warum sich jemand auf eine bestimmte Art und Weise verhält, indem man Zusammenhänge aufzeigt (z. B. was vorher geschehen ist, was die Absicht dieser Person ist, wie sie sich fühlt usw.)

erläutern: Inhalte oder Aussagen veranschaulichen und nachvollziehbar machen
→ *den Sinn einer Textstelle erläutern*: sagen, wie die Textstelle zu verstehen ist

erörtern: ein Problem diskutieren, unterschiedliche Positionen abwägen und eine Schlussfolgerung erarbeiten
→ *eine Fragestellung erörtern*: Argumente ausführen und gegeneinander abwägen, um am Ende ein Fazit daraus zu ziehen

erwähnen: etwas beiläufig nennen
→ *einen Vorfall erwähnen*: in einem bestimmten Zusammenhang kurz auf den Vorfall zu sprechen kommen

gliedern: einen Text in Sinnabschnitte einteilen, ihn strukturieren
→ *einen Aufsatz gliedern*: ihn sinnvoll unterteilen (z. B. in Einleitung, Hauptteil, Schluss; der Hauptteil ist wiederum in Absätze untergliedert)

herausarbeiten: Sachverhalte aus dem Zusammenhang isolieren und auf den Punkt gebracht darstellen
→ *die Kritik des Autors herausarbeiten*: prägnant sagen, worin genau die Kritik besteht

interpretieren: Kernaussagen eines Textes erfassen, Zusammenhänge erkennen, Schlüsse ziehen und die Inhalte deuten
→ *einen Text interpretieren:* sagen, wie der Text zu verstehen ist, was darin zum Ausdruck kommt und was es bedeutet

nennen: etwas knapp, ohne ausführliche Erklärung oder Begründung anführen
→ *verschiedene Möglichkeiten nennen:* die Möglichkeiten aufzählen, ohne zu begründen, zu bewerten usw.

schildern: etwas sehr ausführlich und anschaulich darstellen (eine Situation, eine Atmosphäre …)
→ *schildern, wie die Stimmung ist*

Stellung nehmen: sich ein Urteil über etwas bilden, eine eigene Position dazu vertreten und diese begründen
→ *zu einer Aussage Stellung nehmen:* sagen, was man von der Aussage hält, welcher Meinung man selbst ist und warum

überprüfen: etwas genau betrachten und beurteilen, dabei ggf. Fehler oder Widersprüche aufdecken
→ *eine Aussage überprüfen:* sagen, wie die Aussage nach eigenem Kenntnisstand einzuschätzen ist (z. B. un-/glaubwürdig)

umschreiben: die Bedeutung eines Wortes oder Satzes mit mehreren (anderen) Worten zum Ausdruck bringen
→ *das Wort „Mobbing" umschreiben:* mit mehreren Worten sagen, was „Mobbing" bedeutet

untersuchen: etwas nach vorgegebenen Kriterien prüfen, Zusammenhänge herstellen und Ergebnisse formulieren
→ *einen Text untersuchen:* ihn in Einzelheiten zerlegen (Sinnabschnitte, Wortgruppen usw.), seine Eigenheiten und Besonderheiten feststellen und die Ergebnisse zusammenfassend darstellen

verfassen: einen zusammenhängenden Text schreiben
→ *einen Bericht verfassen:* nach den Regeln der Textsorte Bericht einen eigenen Text erstellen

vergleichen: Gemeinsamkeiten und Unterschiede von zwei oder mehr Dingen herausfinden und darstellen
→ *zwei Gedichte vergleichen:* beide Texte gegenüberstellen und sagen, was an ihnen ähnlich und was verschieden ist (z. B. Aufbau, Thema)

wiedergeben: knapp und sachlich sagen, was geschehen ist oder was in einem Text dargestellt ist
→ *die Handlung eines Texts wiedergeben:* sie in eigenen Worten formulieren

zitieren: einen Text oder Textauszug exakt wie in der Vorlage wiedergeben, dabei Anführungszeichen setzen und die Quelle angeben
→ *eine Textstelle zitieren:* den genauen Wortlaut aufschreiben und die zugehörige Seite oder Zeile angeben

zusammenfassen: wichtige Aussagen oder Inhalte kurz und strukturiert wiedergeben
→ *den Inhalt eines Textes zusammenfassen:* mit wenigen Sätzen knapp und sachlich sagen, was in dem Text steht

zusammenstellen: Inhalte (nach bestimmten Kriterien) geordnet aufschreiben
→ *Textinformationen zusammenstellen:* in einer Liste, Tabelle oder Grafik einzelne Informationen sortiert festhalten

▶ **Übungsaufgaben im Stil der Abschlussprüfung**

Aufgaben im Stil der Abschlussprüfung
Realschulabschluss / Sekundarabschluss I – Deutsch
Übungsaufgabe 1: Hörverstehen

Hörverstehen

1. a) Von welchem Trend ist zu Beginn des Beitrags die Rede? (Stichworte)

    _____

    _____

   b) Erkläre, was das Erstaunliche an diesem Trend ist.

    _____

    _____

2. Welches Ziel verfolgt die Initiative „Berlin summt"? Welche beiden Mittel hat die Initiative ergriffen, um dieses Ziel zu erreichen?

   Ziel: _____

   _____

   Mittel 1: _____

   _____

   Mittel 2: _____

   _____

3. Nenne die beiden Personengruppen, von denen im Beitrag die Rede ist. Notiere außerdem, welches Wissen den einzelnen Gruppen oft fehlt.

Personengruppe	Was diese Gruppe oft nicht weiß

4. Erkläre, warum der Hobbygärtner Martin Höfft sofort von dem Projekt begeistert war.

    _____

    _____

    _____

    _____

5. Warum unterstützt das Unternehmen Vattenfall das Projekt – und warum nicht? Kreuze entsprechend an.

	trifft zu	trifft nicht zu
a) Das Projekt passt zu einer Umweltstiftung des Unternehmens.	☐	☐
b) Man will durch das Engagement für das Projekt Steuern sparen.	☐	☐
c) Das Projekt soll für eine Werbekampagne genutzt werden.	☐	☐
d) Die Biene wird als sympathisches kleines Tier angesehen.	☐	☐
e) Man erhofft sich davon wissenschaftliche Erkenntnisse.	☐	☐
f) Das Unternehmen will den Teilnehmern Strom verkaufen.	☐	☐

Hörverstehenstext

Summ, summ, summ

Wer mit offenen Augen durch Deutschlands Großstädte streift, trifft immer wieder auf liebevoll angelegte Stadtgärten. Da wird zwischen Wolkenkratzern und U-Bahn-Schächten Obst und Gemüse angebaut und die Bienen summen fröhlich herum. Oder auch nicht, wie Dr. Corinna Hölzer von der 2011 gegründeten Initiative „Berlin summt" herausgefunden hat:

„Wir haben gemerkt, dass viele Imker gar nicht so unbedingt wissen, welche Pflanzen ihre Bienen brauchen, um den Nektar und Pollen nach Hause zu tragen, und andersrum wissen viele Gärtner nicht, dass und wie sie mit relativ wenig Aufwand Bienenoasen herstellen können."

Um die Bienen zurück in die Hauptstadt zu holen, hat die Initiative bereits an 16 repräsentativen Standorten in Berlin Bienenstöcke aufgestellt, zum Beispiel am Berliner Dom oder am Abgeordnetenhaus. Außerdem rief sie in diesem Jahr einen Gartenwettbewerb ins Leben, um neue Freizeitimker zu gewinnen.

„Ja, wir fördern das indirekt. Wir finden, dass über dieses interessante Hobby eine neue Nähe zur Natur hergestellt werden kann, gerade in der Stadt. Also, Bienen zu halten, fühlt sich eben anders an, als mit einem Hund Gassi zu gehen."

Hobbygärtner Martin Höfft war sofort Feuer und Flamme für diese Idee und legte sich sogar gleich zwei Bienenvölker zu:

„Man ist natürlich so, dass man als Gärtner in der Stadt sich schon Gedanken machen muss: Wer bestäubt eigentlich jetzt meine Pflanzen? Also wenn ich jetzt Fruchtgemüse und Obst hab', kann's durchaus mal sein, dass man in der Innenstadt eben keine Bienen hat oder nicht genügend Bienen hat, um wirklich 'ne gute Ernte zu kriegen. Deswegen war das immer ein Interesse von mir, auch Bienen in der Nähe zu haben."

Finanziell unterstützt wurde der Wettbewerb von der Vattenfall-Europe-Umweltstiftung. Dort war man von dem Projekt auch sofort begeistert, wie Dr. Bernd Grünewald erklärt:

„Also die Biene ist ein Sympathieträger, zweifelsfrei. Es ist ein ausgesprochen liebenswertes Projekt, aus dem man aber eben auch fachlich bis wissenschaftlich ausgesprochen wertvolle Erkenntnisse und wertvolle Weiterentwicklung ziehen kann."

Und wer weiß, vielleicht finden sich ja auch bald in anderen Großstädten noch ein paar interessierte Hobbyimker.

Quelle: © Vattenfall; Interview: Jessica Martin

Aufgaben im Stil der Abschlussprüfung
Realschulabschluss / Sekundarabschluss I – Deutsch
Übungsaufgabe 1: Basisteil

Die folgenden Texte sowie das Diagramm und der Cartoon befassen sich aus unterschiedlichen Perspektiven mit dem Thema „Urban Gardening"[1]. Lies alles aufmerksam, markiere die für dich wichtigen Stellen und bearbeite dann zunächst die sich anschließenden Aufgaben im **Basisteil**.

Im Anschluss daran musst du dich entscheiden, ob du die Schreibaufgabe im **Wahlteil A oder B** bearbeitest.

1 *Urban Gardening: Gärtnern in der Stadt*

Text 1

Die Robin Hoods der Stadtnatur

1 Sie treffen sich im Geheimen zum Bombenbasteln und platzieren diese anschließend, in der Deckung der Nacht, an strategischen Orten in der Stadt.
5 Doch wenn die Sprengkörper explodieren, kommt mit Sicherheit niemand zu Schaden. Denn die handlichen Geschosse bestehen aus Ton, Erde und Blumensamen und verwandeln trostlose Seiten-
10 streifen, kahle Verkehrsinseln und Brachflächen in kleine Oasen. Obwohl die sogenannten Guerilla-Gärtner[2] mit ihren geheimen Begrünungsaktionen nichts Böses beabsichtigen, ist ihr
15 Schaffen illegal. Denn für die Bepflanzung öffentlicher Flächen braucht man eine Genehmigung. Doch womöglich ist es gerade der Reiz des Verbotenen, der dafür sorgt, dass „Guerilla Garde-
20 ning" auch in Deutschland immer populärer wird. [...]

Von London um die ganze Welt

Die grünen Robin Hoods sind vor allem online vernetzt. Internet-Plattformen
25 wie Twitter und Facebook nutzen sie, um sich auszutauschen, Pflanzaktionen zu planen und zu besprechen, wer gießen geht. [...]

Beim Guerilla Gardening kann und
30 soll jeder mitmachen. Auf Facebook, aber auch in anderen Online-Portalen riefen Fans/Mitglieder zum Beispiel dazu auf, beim „Sunflower Guerilla Day" aktiv zu werden und am 1. Mai Sonnenblumen
35 auszusäen. [...]

2 *Guerilla (gesprochen Gerija): spanisch für „kleiner Krieg". Gemeint ist ein Widerstandskampf, der von sog. „Guerilleros" geführt wird. Das sind Kämpfer, die heimlich im Untergrund kämpfen.*

Gewusst wie und wo

Einige Ratschläge hält auch der NABU parat. „Es ist zum Beispiel wichtig, dass die Samen oder Sprösslinge von einhei-
40 mischen Arten stammen", betont Naturschutz-Experte Julian Heiermann. „Denn sonst sorgen sie zwar für ein herrliches Grün zwischen den Mauern, helfen aber Schmetterlingen und anderen Insekten
45 nicht, die bei der Nahrungssuche auf ihnen bekannte Arten angewiesen sind." [...]

Wer im Geheimen gärtnert, muss frustresistent sein. Denn die meisten Pflan-
50 zen fallen dem Vandalismus zum Opfer, sie werden ausgerissen oder plattge-

treten. Vielleicht ist das ein Grund, warum aus einigen Begrünungsaktivisten aus dem Untergrund mit der Zeit urbane Landwirte geworden sind. Anders als die kleinen Aktionen, die vor allem der Verschönerung dienen, werden in der urbanen Landwirtschaft gezielt Brachflächen in der Stadt genutzt, um dort Gemüse anzubauen. Das passiert des Öfteren sogar legal. So zum Beispiel in den Prinzessinnengärten am Moritzplatz in Berlin. Hier werden in ausgedienten Bäckerkisten auf einer 6 000 Quadratmeter großen Brachfläche sämtliche Arten von Gemüse angepflanzt.

Vom Guerilla- zum Gemüsegärtner

„Wir nutzen das Gelände so lange, bis hier etwas Neues entsteht. Daran stört sich niemand, denn die Kisten können unproblematisch wieder abgebaut werden. Aber wir sind keine Guerilleros. Wir zahlen Miete hier. Die Leute können herkommen und unser Gemüse ernten und wie am Erdbeerfeld auf dem Land wird das Gemüse abgewogen und per Kilo bezahlt", erzählt Robert Shaw, Initiator des Gartenprojekts. Damit geht das Projekt weit über den Agrareffekt hinaus, es geht auch um das soziale Miteinander. Inzwischen gibt es in den Prinzessinnengärten ein kleines Café sowie einmal im Monat einen Flohmarkt. Auch ein Spielplatz ist geplant. Das Projekt wurde bereits mit vielen Preisen ausgezeichnet und expandiert in andere Städte, wie Hamburg zum Beispiel.

Urbanes Gärtnern liegt im Trend. Ob heimlich oder mit Erlaubnis des Grünflächenamtes: Es gibt in jeder Stadt Flächen, derer es sich anzunehmen lohnt. [...]

Quelle: Julja Koch, Naturschutz heute, Ausgabe 3/11 vom 29.7.11; www.nabu.de/nabu/nh/2011/3/13976.html

Cartoon

Neues aus Neukölle, wa!

© toonpool.com/JWD

Text 2

Jeder kann Guerilla-Gärtner werden!

1 **So leicht geht's:**
- Suche dir ein verwaistes Plätzchen wie beispielsweise verwahrloste Blumenbeete, Baumscheiben, Pflanzenkübel oder Verkehrsinseln. Um möglichst einfach nach deinen Pflanzen sehen zu können, wählst du am besten einen Platz in deiner Nachbarschaft oder auf dem Weg zur Arbeit.
- Plane deine Pflanzaktion. Überlege dir, was du pflanzen willst und ob der Standort zu dieser Pflanze passt. Fixiere einen Termin und lade deine Freunde dazu ein [...].
- Überlege dir, was du sonst benötigst: Schaufel, Gummistiefel, Müllsäcke, Wasserflaschen, evtl. Blumenerde ...
- Säubere den Platz von Müll und lockere eventuell den Boden.
- Beginne zu pflanzen und gieße anschließend. Vergiss nicht, Müll, Pflanzenreste und ähnliches aufzusammeln.
- Pflege deine Pflanzen regelmäßig und gieße eventuell an heißen Tagen.
- Lass andere Leute von deiner Aktion wissen und markiere die Aktion so, dass sie als Guerilla-Gärtner-Aktion erkannt wird.

[...] Egal was du vorhast, denk dran, nur unbenütztes oder ungewollt heruntergekommenes Land zu bepflanzen, und verlasse es in besserem Zustand, als du es vorgefunden hast!

Rezept für Samenbomben

Samenbomben sind kleine Kügelchen aus Ton, Erde oder Kompost und Samen. Sie lassen sich gut verwenden, um schwer zugängliche Orte zu bepflanzen. Über Zäune geworfen oder in kleine Ritzen im Asphalt gelegt fangen sie bald an zu sprießen.

5 Teile rote Tonerde mit 3 Teilen Erde oder Kompost und einem Teil Samen mischen. Einen Teil Wasser hinzufügen und zu kleinen Kügelchen formen. Ein bis zwei Tage trocknen lassen.

Quelle: www.guerillagaertner.com/tipps

Diagramm

Anteil der Grün- und Freiflächen im Stadtgebiet Frankfurt
(in Prozent; Gesamtfläche: 248,3 km²)

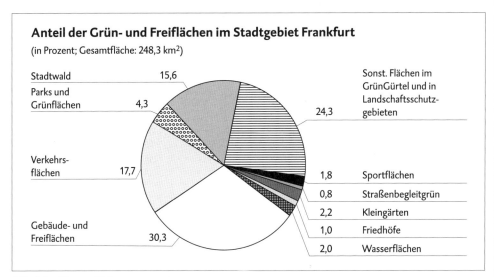

- Stadtwald 15,6
- Parks und Grünflächen 4,3
- Verkehrsflächen 17,7
- Gebäude- und Freiflächen 30,3
- Sonst. Flächen im GrünGürtel und in Landschaftsschutzgebieten 24,3
- Sportflächen 1,8
- Straßenbegleitgrün 0,8
- Kleingärten 2,2
- Friedhöfe 1,0
- Wasserflächen 2,0

© Stadt Frankfurt am Main

ÜBUNGSAUFGABE 1

Basisteil

1. Fasse Text 1 in nicht mehr als zwei bis drei Sätzen zusammen.

2. a) In Text 1 werden die „Begrünungsaktivisten" (Z. 53 f.) auch „Guerilla-Gärtner" (Z. 12) genannt. Finde eine Erklärung für diese Bezeichnung: Nenne drei Besonderheiten ihrer Aktivitäten, die auf Parallelen zu Guerilleros hinweisen. (Stichworte genügen.)

   b) Notiere drei Textstellen, die zeigen, dass die Autorin von Text 1 auch mit ihrer Wortwahl auf Guerilleros im üblichen Sinne anspielt. (Es genügt, wenn du einzelne Wörter oder Wortgruppen herausschreibst.)

3. Was unterscheidet einen „urbanen Landwirt" (Z. 55) von einem „Guerilla-Gärtner" (Z. 12)?

4. Welche Ziele vertreten die Guerilla-Gärtner und welche vertreten sie nicht? Orientiere dich an den Tipps, die in Text 2 gegeben werden. Kreuze an.

Guerilla-Gärtner wollen ...	trifft zu	trifft nicht zu
a) Obst und Gemüse pflanzen.	☐	☐
b) die Stadt mithilfe von Pflanzen verschönern.	☐	☐
c) nur brach liegende Plätze nutzen.	☐	☐
d) nicht als Guerilla-Gärtner erkannt werden.	☐	☐
e) nur schwer zugängliche Orte begrünen.	☐	☐
f) zusammen mit anderen aktiv werden.	☐	☐
g) mit ihren Aktivitäten Geld verdienen.	☐	☐
h) für ihre Aktivitäten weitere Anhänger finden.	☐	☐

5. Alle vier Materialien befassen sich mit dem Thema „Stadtbegrünung". Formuliere jeweils mit einem Satz die zentrale Aussage. Entscheide außerdem, welche Funktion das jeweilige Material erfüllt. Denkbar sind diese Funktionen: informieren, appellieren, beraten, unterhalten.

   ✏ Hinweis: Es ist möglich, dass ein Material mehr als eine Funktion erfüllt. Trage sie dann beide ein; nenne aber die Hauptfunktion zuerst.

Material	Zentrale Aussage	Funktion/en
Text 1		
Cartoon		
Text 2		
Diagramm		

6. „An der Art und Weise, wie die Verfasserin von Text 1 über die Guerilla-Gärtner schreibt, kann man erkennen, dass sie mit ihnen sympathisiert."

   Hältst du diese Äußerung für zutreffend oder nicht? Begründe deine Meinung und beziehe dich dabei auf Textstellen.

Aufgaben im Stil der Abschlussprüfung
Realschulabschluss / Sekundarabschluss I – Deutsch
Übungsaufgabe 1: Wahlteil

Wahlteil A

Auf dem Gelände eurer Schule gibt es einige brach liegende Flächen, auf denen entweder gar nichts wächst – oder Unkraut. An manchen Stellen gibt es auch Verunreinigungen durch Abfälle. Nicht nur dir, sondern auch deinen Mitschülern sind die Zustände auf dem Schulgelände schon seit einiger Zeit ein Dorn im Auge.

Nachdem ihr im Biologie-Unterricht einige Materialien zum Thema „Urban Gardening" behandelt habt, bist du auf die Idee gekommen, dass ihr Schüler es selbst in die Hand nehmen könntet, das Umfeld rund um eure Schule zu verschönern. Allerdings ist dir klar, dass ihr dazu die Erlaubnis des Schulleiters braucht. Nach einem Gespräch mit deinen Mitschülern willst du deshalb einen Brief an ihn schreiben, um diese Genehmigung einzuholen.

Bearbeite hierfür die folgenden Aufgaben in einem zusammenhängenden Text. Beachte auch die Überleitungen.

a) Beschreibe in der Einleitung das Problem, das dich veranlasst, den Brief zu schreiben.

b) Äußere dich kurz zu eurem Vorschlag und verweise in dem Zusammenhang auf den neuen Trend des Guerilla- und des Urban Gardening. Gehe dabei auch auf die Beweggründe der Aktivisten ein und erkläre, warum sie euch als Vorbild dienen können.

c) Nenne nun dein Anliegen: Bitte den Schulleiter um die Genehmigung für eure Pflanzaktionen. Formuliere mindestens zwei Argumente aus, um ihn davon zu überzeugen, dass eure geplanten Aktivitäten im Interesse der ganzen Schulgemeinschaft sind.

d) Bekräftige zum Schluss deine Bitte an den Schulleiter. Beziehe dich dabei auf deinen entscheidenden Gedanken.

Anzahl der geschriebenen Wörter in **WAHLTEIL A**	

Wahlteil B

Du hast zusammen mit einigen Klassenkameraden auf einem verwahrlosten Randstreifen in der Nähe eurer Schule eine Begrünungsaktion durchgeführt – mit Erfolg! Schon zwei Wochen später zeigen sich die ersten zarten Triebe. Doch kurz darauf müsst ihr feststellen, dass euer schönes Werk komplett zerstört ist. Fast alle Pflänzchen sind herausgerissen oder zertrampelt worden; stattdessen liegen dort nur noch einige leere Bierflaschen herum.

Ihr wisst zwar nicht, wer die Übeltäter waren, aber ihr habt zumindest einen Verdacht: Es müssen Schüler eurer Schule gewesen sein! Denn die meisten kommen auf ihrem Schulweg genau da vorbei, wo ihr eure Pflanzen gesät habt.

Ihr wollt euch allerdings nicht entmutigen lassen. Damit eure nächste Aktion nicht wieder zunichte gemacht wird, schreibst du einen Aufruf für eure Schülerzeitung.

Bearbeite hierfür die folgenden Aufgaben in einem zusammenhängenden Text. Beachte auch die Überleitungen.

a) In der Einleitung äußerst du deine Empörung über den Vandalismus, der dazu geführt hat, dass eure Begrünungsaktion gescheitert ist.

b) Anschließend klärst du deine Mitschüler über die Bewegung der Guerilla-Gärtner auf. Beschreibe deren Motive und ihr Vorgehen.

c) Überzeuge die Leser davon, dass solche Begrünungsaktionen im Interesse aller sind. Nenne mindestens zwei Gründe, die dafür sprechen.

d) Appelliere an deine Mitschüler, euch in Zukunft bei euren Pflanzaktionen zu unterstützen. Biete ihnen auch an, sich euch anzuschließen.

e) Füge zum Schluss eine passende Überschrift hinzu.

Anzahl der geschriebenen Wörter in **WAHLTEIL B**	

Aufgaben im Stil der Abschlussprüfung
Realschulabschluss / Sekundarabschluss I – Deutsch
Übungsaufgabe 2: Hörverstehen

Hörverstehen

1. Wer ist Obelix? (Stichworte)

2. Fasse den Inhalt des Hörbeitrags knapp zusammen. Schreibe nicht mehr als zwei bis drei Sätze.

3. In dem Radiobeitrag ist von zwei Tests mit Obelix die Rede. Wer testet was? Vervollständige die Sätze.

   Die Wissenschaftler testen, ob …

   Passanten testen, ob …

4. Was kann bei dem Experiment schiefgehen? Nenne mögliche Probleme, von denen im Radiobeitrag die Rede ist. (Stichworte)

5. Warum hält Obelix an einer Stelle abrupt an? Schreibe maximal zwei Sätze.

6. Welche Personen kommen neben der Sprecherin in dem Beitrag zu Wort und welche nicht? Kreuze entsprechend an.

Zu Wort kommen:	trifft zu	trifft nicht zu
a) ein Polizist	☐	☐
b) der Projektleiter	☐	☐
c) Obelix	☐	☐
d) eine Passantin	☐	☐
e) der Enkel der Passantin	☐	☐
f) drei Jungen	☐	☐
g) zwei Forscher	☐	☐
h) ein Fotograf	☐	☐

Hörverstehenstext

Ein Roboter zieht alleine los
Freiburger Informatiker schicken autonomes Gefährt in die Fußgängerzone

1 „Man nennt mich Obelix und ich werde heute selbstständig zum Bertholdsbrunnen fahren. Auf geht's!"
5 Ganz so schnell geht's nicht. Denn es sind so viele Leute gekommen, die den Roboterspaziergang sehen wollen, dass Obelix zuerst gar 10 nicht weiß, wo er hin muss. Das Entwickler-Team eilt zur Hilfe.
„Können Sie uns bitte den Gefallen tun: Wenn Sie direkt 15 vor dem Roboter stehen, dann versperren Sie ihm halt den Weg und er versucht, um Sie herum zu planen. Das wird dann halt auf die Dauer echt schwierig."
20 Obelix – der Name passt. Der Roboter hat einen dicken Bauch, einen runden Sensor als Bauchnabel und ist auf Rädern unterwegs. Oben drauf: ein rechteckiger Kopf, zwei rote Ohren und freundliche 25 LED-Augen. Auch das Gewicht stimmt: Knapp 100 Kilo wiegt Obelix – und bei seiner Größe von 1,65 m kann ich ihm direkt in die Augen schauen.

Vier Kilometer muss der Roboter 30 alleine zurücklegen. Vom Campus der Technischen Fakultät der Uni bis in die Freiburger Innenstadt. Professor Wolfram Burgard ist der Projektleiter. Trotz vieler erfolgreicher Testfahrten in den 35 letzten Wochen könnte doch auch immer 'was schiefgehen.

„Dass er nicht mehr weiß, wo er sich befindet, das könnte 'n bisschen problematisch werden, weil zu viele Leute tat-40 sächlich drum herum stehen, um ihn. Und dann, dass irgendein Hindernis da im Weg ist, womit niemand gerechnet hat. Also er könnte im Sand stecken bleiben oder vielleicht auch in einem Busch hängen bleiben oder irgendwie so etwas."

Was wäre denn das Schlimmste, also „Worst Case" heute?

„Der ‚Worst Case' wäre, dass wir nicht ankommen. Aber davon gehe ich mal nicht aus!"

Sehen kann Obelix durch Infrarot-Sensoren. Sie reichen bis zu 50 Meter weit. Was er sieht, gleicht Obelix mit einer elektronischen Karte ab, die er bei mehreren Testfahrten erstellt hat.

Vor einer Fußgängerampel an einer 4-spurigen Straße hält Obelix abrupt an. Auf einem Touchscreen an seinem Rücken erscheint ein rotes Stoppschild. Für gefährliche Stellen haben die Forscher ein Sicherheitssystem eingebaut, erklärt Bastian Steder. Er hat den Roboter mitentwickelt:

„Die Straße ist im Prinzip von uns markiert als ein Bereich, wo er anhalten muss und um Erlaubnis fragen muss, bis er weiterfahren darf. Das ist einfach 'ne Sicherheitsfrage, weil er im Prinzip von seiner Sensorik nicht die Reichweite und den Sichtbereich hat, um wirklich vernünftig beurteilen zu können, ob da Autos kommen, ob es zu gefährlich ist zu fahren, oder um zu beurteilen, ob eine Ampel grün ist oder rot."

Und wenn es dann doch mal eng wird, gibt es immer noch Michael Ruhnke. Er ist ebenfalls einer der Entwickler und läuft direkt hinter Obelix – in der Hand den Not-Stopp-Knopf.

„Das ist alles Forschungssoftware. Die ist zwar ausgiebig getestet, aber im Zweifelsfall ist es wichtig, dann doch noch verhindern zu können, dass eine Kollision erfolgt."

Nachdem Obelix eine weitere Straße überquert hat, kommt er plötzlich ins Stocken, dreht sich hin und her, fährt vor und zurück. Projektleiter Wolfram Burgard analysiert:

„Das Problem ist, dass er wahrscheinlich im Moment nicht so genau weiß, wo er sich befindet. Es sind einfach zu viele Leute drum herum und er sieht fast nichts von dem, was er eigentlich erwarten würde. Und wahrscheinlich müssen wir gleich ihm tatsächlich noch mal an einer Stelle helfen. Wir warten mal ab und sehen mal, was passiert."

Nach kurzer Neuausrichtung per Menschenhand rollt Obelix weiter in Richtung Stadtmitte. In der Fußgängerzone testen einige Passanten den Roboter gleich mal:

„Ich wollt' unbedingt wissen, ob er erkennt, dass wir ihm im Weg stehen. Er ist drum herum, er ist uns ausgewichen sozusagen. Hat gedacht, die gehen nicht weg, also muss ich weg. Das macht er gut, finde ich."

Können Sie sich vorstellen, so 'was vielleicht später mal als Boten oder so 'was zu nutzen, so 'nen Roboter?

„Ja, ich hab' mir schon überlegt heute, ob unsere Enkel das als völlig natürlich betrachten, dass ihnen so 'was auf der Straße begegnet und um sie herum geht."

Nach gut anderthalb Stunden hat Obelix sein Ziel erreicht – den Bertoldsbrunnen mitten in der Stadt.

„Hurra – ich bin am Bertoldsbrunnen angekommen!"

Am Zielfähnchen gibt's ein Fotofinish mit allen Beteiligten und Projektleiter Wolfram Burgard ist hochzufrieden:

„Es hätte nicht besser sein können. Er war zwar einmal ein wenig verwirrt, aber das geht uns manchmal auch so. Oder haben Sie noch nie auf die Karte geschaut, ob Sie noch richtig sind?"

Quelle: Christine Ricken, 22.8.2012; www.dradio.de/dlf/sendungen/forschak/1846542

Aufgaben im Stil der Abschlussprüfung
Realschulabschluss / Sekundarabschluss I – Deutsch
Übungsaufgabe 2: Basisteil

Hinweis: Die folgenden Texte sowie das Diagramm befassen sich aus unterschiedlicher Perspektive mit dem Thema „Roboter". Lies alles aufmerksam, markiere die für dich wichtigen Stellen und bearbeite dann zunächst die sich anschließenden Aufgaben im **Basisteil**.

Im Anschluss daran musst du dich entscheiden, ob du die Schreibaufgabe im **Wahlteil A oder B** bearbeitest.

Foto mit Bildunterschrift

„Guten Tag, ich heiße Robot. Ich freue mich, Dich zu sehen", begrüßt der humanoide[1] Roboter einen Besucher auf einer Messe. Dabei verzieht er sein nach menschlichem Vorbild modelliertes Gesicht zu so etwas, was „echte" Menschen als ein Lachen interpretieren. Und tatsächlich: Die meisten Besucher reagieren bei diesem Anblick ebenfalls mit einem Lachen, mindestens aber mit einem erfreuten Lächeln.
Allerdings: Egal, wie freundlich oder freudig die Besucher Robot anlachen – seine Reaktion ist wenig variabel, sie bleibt monoton. Ein chipgesteuertes Standardlachen. Menschliche Emotionen hingegen sind aufwändige Rechenleistung. Wirkliche Freude ist diesem menschenähnlich geformten Gerät aus Metall, Kunststoff und Computerchips völlig fremd.

Quelle (Text): Andrea Wengel; www.planet-wissen.de

[1] *humanoid: menschenähnlich*

Text 1

Roboter

Roboter sind stationäre oder mobile Maschinen, die nach einem bestimmten Programm festgelegte Aufgaben erfüllen. Allerdings hat sich die Bedeutung im Laufe der Zeit gewandelt.

Der Begriff Roboter (tschechisch: *robot*) wurde von Josef und Karel Čapek Anfang des 20. Jahrhunderts durch die Science-Fiction-Literatur geprägt. Der Ursprung liegt im slawischen Wort *robota*, welches mit Arbeit, Fronarbeit oder Zwangsarbeit übersetzt werden kann. 1921 beschrieb Karel Čapek in seinem Theaterstück R.U.R. in Tanks gezüchtete menschenähnliche künstliche Arbeiter. Mit seinem Werk greift Čapek das klassische Motiv des Golems[1] auf. Heute würde man Čapeks Kunstgeschöpfe als Androiden[2] bezeichnen. Vor der Prägung dieses Begriffes wurden Roboter zum Beispiel in den Werken von Stanislaw Lem als Automaten oder Halbautomaten bezeichnet.

1 Golem: eine aus Lehm und Ton geformte menschenähnliche Kunstfigur, die Befehle ausführen, aber nicht sprechen kann

2 Android: Bezeichnung für einen Roboter, der einem Menschen täuschend ähnlich sieht

Text 2

Der persönliche Butler

Eine spannende Frage ist [...], inwieweit sich im Haushalt der Zukunft Roboter durchsetzen werden. Bereits im T-Com-Haus von 2005 fuhren kleine automatische Staubsauger unermüdlich putzend durch die Räume, wobei sie allen Hindernissen elegant auswichen und ihre Ladestation ansteuerten, wenn ihnen die Energie ausging. Laut Internationaler Robotervereinigung gibt es weltweit inzwischen über zehn Millionen Serviceroboter, die meisten in Japan und den USA. Etwa die Hälfte davon sind Haushaltsroboter: Dazu gehören neben den Reinigungsrobotern für Boden, Fenster oder Swimmingpool auch Überwachungsroboter mit Webcam, Mikrofon und Lautsprecher sowie Rasenmähroboter.

Die andere Hälfte der Serviceroboter sind vielfältigste Spielzeugroboter, meist in Form von allerlei Plüschtieren, von der Kuschelrobbe bis zum Dinosaurier. In Japan ist zum Beispiel der weiße Seehund Paro sehr beliebt. Er reagiert auf Berührung, Licht, Temperatur und Laute, kann seinen Namen oder eine gesprochene Begrüßung erkennen und entsprechend antworten. Er lernt sogar, sich so zu verhalten, wie es der Mensch bevorzugt – etwa bestimmte Aktionen zu wiederholen, um gestreichelt zu werden. Die kleine Robbe gilt daher in Japan als therapeutischer Roboter, ideal zum Kuscheln, zur Beruhigung und zum Stressabbau für demenzkranke Patienten.

Da weltweit die Menschen immer älter werden und möglichst lange ein selbstbestimmtes Leben in den eigenen vier Wänden führen wollen, gehen die meisten Experten davon aus, dass Roboterassistenten künftig immer mehr gebraucht und akzeptiert werden – etwa um schwere Lasten zu heben, die Wohnung zu reinigen, Küchengeräte zu bedienen oder ein Buch vorzulesen. [...]

Grundsätzlich ist es kein Problem, in solche Roboter auch eine fortgeschrittene Sprachsteuerung und Gestikerkennung einzubauen: Ein Befehl wie „Fahre dorthin und hole das Glas" oder „Bitte, räum den Teller dort in die Spülmaschine" verbunden mit einer Zeigegeste kann von geeignet konstruierten Robotern im Prinzip heute schon verstanden werden. Einige können sogar Gesichtsmimik und Gefühlsregungen in der

Stimme richtig interpretieren. Auch Treppen steigen können manche Roboter bereits, und für Fußball spielende Roboter gibt es sogar eigene Wettbewerbe – beim seit 1997 jährlich stattfindenden internationalen RoboCup haben sich die Veranstalter ein sehr ehrgeiziges, langfristiges Ziel gesteckt: Roboter sollen im Jahr 2050 ein Spiel gegen den menschlichen Fußballweltmeister gewinnen!

[…] Es ist nicht unwahrscheinlich, dass ein Kunde im Elektromarkt der Zukunft – vielleicht schon in 15 oder 20 Jahren – nicht mehr einen PC kauft, sondern einen PR, einen Personal Robot. Vermutlich werden die ersten Roboterassistenten in Fabriken, Krankenhäusern und Pflegeheimen eingesetzt werden und erst nach und nach den Markt der Privatkunden erobern. Mit lernfähiger Software könnten solche persönlichen Butler dann auch die Vorlieben ihrer Besitzer kennenlernen und in ihrem Verhalten berücksichtigen. Nach einer gewissen Einarbeitungszeit gäbe es dann keine zwei gleichen PRs auf der Welt, obwohl alle vom Hersteller mit identischen Funktionen geliefert wurden. Die Hürden, die dabei zu überwinden sind, werden wohl weniger technischer Art sein, sondern eher wirtschaftliche, soziale und juristische Fragen betreffen, wie zum Beispiel: Sind solche komplexen Systeme einigermaßen kostengünstig herzustellen, denn selbst für wohlhabende ältere Menschen dürften sie wohl nicht teurer sein als ein kleines Auto. Werden die Roboter als Mitbewohner des eigenen Haushalts akzeptiert, und wie menschenähnlich dürfen oder sollen sie sein? Und: Wer haftet, wenn die autonom agierenden persönlichen Butler einen Fehler machen oder gar einen Menschen versehentlich verletzen?

Quelle: Ulrich Eberl: Zukunft 2050: Wie wir schon heute die Zukunft erfinden. Beltz & Gelberg: Weinheim 2011, S. 115–117.

Diagramm

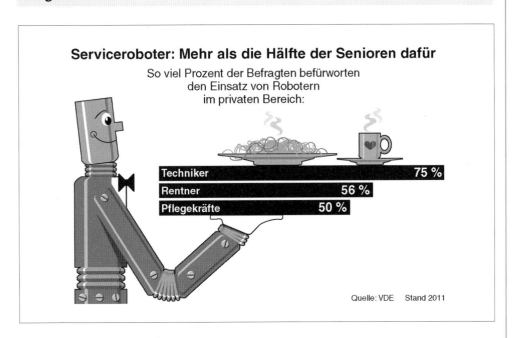

ÜBUNGSAUFGABE 2

Basisteil

1. Fasse die Hauptinformationen der Texte 1 und 2 knapp zusammen. Schreibe zu jedem Text nicht mehr als zwei Sätze.

   Text 1: _____

   _____

   _____

   Text 2: _____

   _____

   _____

2. Welche Informationen lassen sich Text 1 entnehmen und welche Text 2? Kreuze entsprechend an. Mache in jeder Zeile nur ein Kreuz.

	passt zu Text 1	passt zu Text 2
a) Es werden Aufgaben genannt, die Roboter bereits ausführen können.	☐	☐
b) Der Begriff „Roboter" wird auf einen Science-Fiction-Autor zurückgeführt.	☐	☐
c) Man erfährt, wo Roboter heute schon zum Einsatz kommen.	☐	☐
d) Der mögliche Einsatz von Robotern wird für die Zukunft als sinnvoll angesehen.	☐	☐
e) Es wird eine Definition des Begriffs „Roboter" gegeben.	☐	☐
f) Die Vorstellungen von einem Roboter haben sich im Laufe der Zeit geändert.	☐	☐
g) Man weiß noch nicht, ob Roboter irgendwann ganz normal in einem Haushalt eingesetzt werden.	☐	☐
h) Das Wort „Roboter" ist auf ein slawisches Wort zurückzuführen, das so viel bedeutet wie „harte Arbeit".	☐	☐

3. Welche Absichten haben je die Verfasser von Text 1 und 2? Ordne passend zu.

Der Verfasser will die Leser ...	nur unterhalten.	nur informieren.	sowohl informieren als auch unterhalten.	weder informieren noch unterhalten.
Text 1	☐	☐	☐	☐
Text 2	☐	☐	☐	☐

4. Nenne drei Fragen, die in Bezug auf den Einsatz von Robotern noch zu klären sind.

   _____

   _____

   _____

5. Stelle einen Zusammenhang zwischen dem Foto und dem Begleittext her.

   a) Beschreibe kurz das Foto. Entnimm die nötigen Informationen über den Ort und die Beteiligten dem Begleittext.

   b) Schreibe auf, welche Textinformationen sich in dem Foto widerspiegeln und welche nicht. Beziehe dich auf eine Textstelle.

6. a) Fasse die Ergebnisse des Diagramms in maximal drei Sätzen zusammen.

   b) Was zeigen die Ergebnisse des Diagramms? Finde eine Erklärung dafür, warum verschiedene Personenkreise unterschiedliche Meinungen zum Einsatz von Robotern in Privathaushalten vertreten.

Aufgaben im Stil der Abschlussprüfung
Realschulabschluss / Sekundarabschluss I – Deutsch
Übungsaufgabe 2: Wahlteil

Wahlteil A

In eurer Schule ist eine Projektwoche zum Thema „Die Welt von morgen" geplant. Deine Klasse will sich mit den zu erwartenden Weiterentwicklungen auf dem Gebiet der Technik befassen.

Die Arbeitsergebnisse aller Klassen sollen am Ende in Form einer Broschüre herausgegeben werden. Deine Aufgabe ist es, einen informierenden Text über den möglichen Einsatz von Robotern zu schreiben. Dein Text soll mit einer persönlichen Stellungnahme schließen.

Bearbeite dazu die folgenden Aufgaben in einem zusammenhängenden Text. Beachte auch die Überleitungen.

a) Verfasse zunächst eine Einleitung. Führe entweder mit allgemeinen Worten zum Thema hin oder beschreibe kurz eine Zukunftsvision aus dem Alltag einer Familie.

b) Schreibe auf, was für Roboter es gibt und was sie heute schon können. Beziehe dich auf Beispiele.

c) Beschreibe die denkbaren Einsatzorte von Robotern in der Zukunft.

d) Stelle dar, welche Erwartungen an Roboter sich wahrscheinlich **nicht** erfüllen werden, und erkläre, warum das so ist.

e) Äußere am Schluss deine persönliche Meinung zum Einsatz von Robotern und begründe sie.

Anzahl der geschriebenen Wörter in **WAHLTEIL A**	

Wahlteil B

Du bist Praktikant in einer städtischen Kindertagesstätte. Während deines Praktikums hat der Leiter der Einrichtung eine Anfrage von der Stadtverwaltung erhalten. Er soll zu der folgenden Frage Stellung zu nehmen:

Wäre der Einsatz von Robotern in Kindertagesstätten empfehlenswert, um dort das Problem des Personalmangels zu lösen?

Dein Chef bittet dich darum, diese Stellungnahme für ihn vorzubereiten.

Bearbeite hierfür die folgenden Aufgaben in einem zusammenhängenden Text. Berücksichtige die Informationen aus den verschiedenen Materialien. Beachte auch die Überleitungen.

a) Nenne in der Einleitung den Anlass deines Schreibens.

b) Beziehe eine Position und begründe diese ausführlich.
- Entkräfte zunächst mindestens ein mögliches Gegenargument.
- Führe dann mindestens zwei Argumente aus, um deine Position zu stützen.

c) Äußere am Schluss nochmals klar deine Ansicht. Beziehe dich dabei auf das entscheidende Argument.

Anzahl der geschriebenen Wörter in **WAHLTEIL B**	

▶ **Original-
Prüfungsaufgabe**

Abschlussprüfung Niedersachsen 2018
Realschulabschluss / Sekundarabschluss I – Deutsch
Hauptteil 1 (Hörverstehen)

Hörverstehen

1. Fasse die wesentlichen Inhalte des Radiobeitrags kurz zusammen.

   1 P.

2. Kreuze die richtigen Aussagen an.

   Der Film „Invention of Trust" des deutschen Regisseurs Alex Schaad handelt von einem Lehrer, …

   ☐ dessen Internet-Daten durch einen Unternehmensfehler verloren gegangen sind.

   ☐ der durch die Veröffentlichung seines Privatlebens im Internet von Kollegen gemobbt wird.

   ☐ der sämtliche Internet-Daten seiner Schüler an ein Unternehmen verkauft.

   ☐ dessen sämtliche Internet-Daten von einem Unternehmen gekauft wurden.

   ☐ der von dem Unternehmen mit der Veröffentlichung seiner Daten erpresst wird.

   ☐ dessen persönliche Daten von einem Schüler im Internet veröffentlicht wurden.

   1 P.

3. Begründe, warum nach Ansicht des Regisseurs durch leichtfertiges Nutzen des Internets das Vertrauen in Freunde, Bekannte und Kollegen verloren gehen kann.

   2 P.

1 P. 4. Stelle dar, wie der Regisseur die Reaktion der meisten Menschen auf die Veröffentlichung ihrer Daten im Internet beschreibt.

1 P. 5. Beschreibe, wie sich die Haltung des Regisseurs zu den Internet-Medien durch seinen Film verändert hat.

Hörverstehenstext

Radiobeitrag

MODERATORIN: In diesem Jahr sind über 1 700 Filme bei der Oscar-Akademie in Beverly-Hills eingereicht worden. So viele wie nie. Und es ist großartig, dass drei Filmproduktionen deutscher Hochschulen – wie schon im vergangenen Jahr – unter den diesjährigen Gewinnern der Studenten-Oscars sind. Alex Schaad von der Münchner Hochschule ist einer der Gewinner. Ich freue mich sehr, ihn am Telefon zu haben. Herzlichen Glückwunsch, Herr Schaad.

ALEX SCHAAD: Vielen, vielen Dank. Ich grüße Sie.

MODERATORIN: Ihr Bruder Dimitri spielt in Ihrem Film „Invention of Trust" mit. Das ist ja geradezu ein Familienfest, was da gefeiert werden kann.

ALEX SCHAAD: Ja, nee, absolut, absolut. Wir freuen uns gemeinsam. Wir, wir sind, wir sind stolz aufeinander. Das ist das tollste Gefühl der Welt, das mit jemandem aus der Familie natürlich auch noch teilen zu dürfen. Großartig.

MODERATORIN: „Invention of Trust" heißt Ihr Film. Ein junger Lehrer – ich fass mal schnell zusammen – erhält die Nachricht, dass sämtliche Daten, die in den vergangenen Jahren auf seinem Handy und seinem Computer eingegangen sind und gespeichert wurden, von einem Unternehmen gekauft wurden. Dies setzt ihn dann enorm unter Druck. Ist er nicht bereit, monatlich einen bestimmten Betrag zu zahlen, dann soll sein Privatleben im Netz öffentlich gemacht werden. Weil Sie, Herr Schaad, das Wort „Vertrauen" so groß im Titel machen, riskiert man denn durch hemmungsloses Nutzen des Internets den Verlust von Vertrauen in Freunde, in Bekannte, in Kollegen?

ALEX SCHAAD: Ich glaube, dies hat man schon zu einem sehr, sehr großen Teil riskiert. Weil das Ding ist, ich bin der festen Überzeugung, dass man einfach den Bildern, die man im Internet findet und den Informationen und allem, was dazugehört, sehr viel mehr Vertrauen schenkt, als dem, was man vielleicht erfährt, und als dem, was man aus persönlichen Beziehungen so mitnimmt und hört. Und deswegen glaube ich, dass die Gefahr, dieses Vertrauen zu verlieren, absolut, absolut akut ist und eigentlich schon, schon eingetroffen.

MODERATORIN: Wie zeigen Sie denn die Angst, die den erpressten Lehrer plötzlich anfallen muss?

ALEX SCHAAD: Na ja, es ist natürlich so wie, so wie sich, wie sich das Ganze dann auch verhalten würde. Im nächsten Umfeld fängt das ja natürlich an so, man, Freunde, Familie, die Kollegen, die Schüler. All das auf einmal bildet so einen Kreis aus Informationen, die einer hat, die geteilt werden, die weitergereicht werden. Und dann auf einmal erschließt sich so das Bild in alle, alle, ähm, in das komplette soziale Umfeld, was dann auf einmal davon betroffen ist. So, und alles nimmt seinen Lauf.

MODERATORIN: Und wie reagiert er dann aber trotzdem? Also wie geht er denn um damit, dass das Intimste preisgegeben werden kann?

ALEX SCHAAD: Ja, er ist ja so ein kleines bisschen das Bild, das wir damit schaffen wollten, von einem Jedermann. Also so, wie eigentlich die meisten Leute damit umgehen naiverweise, dass man sagt: „Ja, ist doch egal, ist doch egal. Ich hab' nichts zu verheimlichen. Wen soll das denn interessieren? Für wen soll das denn wichtig sein? Was soll mir schon groß passieren?" Und er gerät eben in dieses fiktive Szenario, dass es eben wichtig wird auf einmal. Und dass auf einmal aus Informationen, die nichts Besonderes sind, die einfach nur unseren Alltag widerspiegeln, mit dem, was man halt so macht, und mit dem, was man halt so tut, auf einmal dann auf öffentliches Interesse trifft. So, und er verweigert sich, er glaubt nicht, dass er von Interesse ist für die anderen Leute, macht aber dadurch natürlich alles noch viel schlimmer.

MODERATORIN: Sie wurden 1990 geboren, haben also noch eine Kindheit ohne das Internet und Smartphone erlebt.

ALEX SCHAAD: Ja.

MODERATORIN: Hat sich denn Ihr Verhalten als Internet-Nutzer verändert, seitdem Sie den Plot für Ihren Film geschrieben haben und ihn dann auch umgesetzt, gedreht?

ALEX SCHAAD: Mh, das Verhalten war immer schon sehr ähnlich. Ich hab' nie, ich hab' mich nie bei Facebook angemeldet, ich hab' diese Social-Media-Plattform nie benutzt, weil ich das schlicht und einfach nicht gebraucht habe, weil ich nie wirklich den Sinn darin entdeckt habe für mich. Das Verhalten ist insofern einfach ein noch sensibilisierteres geworden, weil ich noch mehr die Mechanismen dahinter kenne und die große Fläche, die das Internet einfach ausmacht. Das ist mir alles bewusster geworden. Aber dass sich mein Verhalten geändert hätte, das glaube ich nicht. Es wird konzentrierter und ich bin fester davon überzeugt von dem, was ich früher schon immer vermutet oder gedacht habe, glaube ich.

MODERATORIN: Alex Schaad von der Münchner Filmhochschule hat für seinen ersten 29 Minuten langen Spielfilm „Invention of Trust" einen Studenten-Oscar gewonnen. Die anderen beiden Studenten-Oscars gehen ebenfalls an junge deutsche Filmregisseure. Schönen Dank für das Gespräch, Herr Schaad.

ALEX SCHAAD: Ich danke Ihnen. Vielen herzlichen Dank.

© Transkript nach der Audiodatei „Studenten-Oscar für ‚Invention of Trust, Alexander Schaad' ". Deutschlandradio Kultur, 30.08.2016

Abschlussprüfung Niedersachsen 2018
Realschulabschluss / Sekundarabschluss I – Deutsch
Hauptteil 2 (Basisteil)

Hinweis: Die folgenden Texte befassen sich mit dem Thema „Der gläserne Mensch". Lies alle Texte aufmerksam.
Im Anschluss daran musst du dich für die Schreibaufgabe im **Wahlteil A** oder **B** entscheiden. Streiche den Wahlteil durch, den du nicht bearbeiten möchtest.

Text 1

Der gläserne Mensch

Privatsphäre ade: Im Internet werden immer mehr Daten über uns gesammelt. Die daraus erstellten Persönlichkeitsprofile kennen uns teilweise besser als der eigene Partner. So wurde in einer aktuellen Studie festgestellt, dass mittels Computeranalyse aus 70 Likes ein Persönlichkeitsprofil erstellt werden kann, das mehr über einen Nutzer verrät, als dessen Freunde über ihn wissen. Ab 100 Likes soll das Profil genauer sein als das Wissen von Familienmitgliedern, 300 sind vonnöten, um den Partner in den Schatten zu stellen. Der durchschnittliche Facebook-Nutzer kommt übrigens auf 227 „Gefällt mir"-Angaben.

Durch die Entwicklung des Internets und vielseitiger Kommunikationswege genießen viele Menschen mehr Freiheiten als je zuvor. Mehr als fraglich ist, ob die Balance zwischen Nutzen und Schaden noch stimmt.

Selbst strenge Datenschutz-Regelungen können Privatpersonen nicht umfassend schützen. Dies gilt vor allem dann, wenn man mit seinen persönlichen Daten allzu sorglos umgeht. Wer sich zum Beispiel bei dem sozialen Netzwerk Facebook anmeldet, stimmt den Allgemeinen Geschäftsbedingungen (AGBs) zu, welche die Datenweitergabe an den Mutterkonzern in den USA vorsehen, der die Daten umfangreich auswertet und auf Anfrage an den Geheimdienst NSA weitergibt. Dating-Seiten nutzen die Profilangaben ihrer Kunden nicht nur, um einen passenden Partner für diesen zu finden, sondern auch, um auf den Nutzer abgestimmte, sogenannte interessenbasierte Werbeanzeigen einzublenden.

Generell sollte man beim Surfen und Online-Shoppen unbedingt auf die Datenschutzangaben der jeweiligen Seiten achten, um sich zusätzlich zu schützen. Oder haben Sie sich noch nie gewundert, warum ein Artikel, den Sie kürzlich Ihrem Amazon-Wunschzettel hinzugefügt haben, plötzlich auf zahlreichen Internetseiten beworben wird? Wie im Fall eines Mädchens aus Minnesota. Deren Vater beschwerte sich im örtlichen Supermarkt, dass seine minderjährige Tochter Werbung für Baby-Produkte erhalte. Hinterher stellte sich heraus, dass das Mädchen dem Vater ihre Schwangerschaft verheimlicht und bereits einige Baby-Artikel online gekauft hatte.

Wer möchte, dass möglichst wenige persönliche Details und Vorlieben im Netz landen, muss sehr vorsichtig sein. Kein Online-Shopping, keine sozialen Netzwerke, keine Benutzerkonten. Damit ist man aber von vornherein vom Gebrauch eines Smartphones ausgeschlossen. Dafür ist nämlich ein Benutzerkonto bei Apple, Samsung, Google & Co. erforderlich.

Im öffentlichen Raum sieht es ähnlich aus. In nahezu jeder Straßen- und U-Bahn in Deutschland sowie an Bahnsteigen und Bahnhöfen sind Kameras zu finden. In Einkaufsgeschäften und um die Geschäfte herum befindet sich ebenfalls viel Überwachungstechnik, die in den meisten Großstädten zum Alltag gehört.

1 Cloud, die (engl.): Ein internetbasierter Speicherplatz. Daten werden nicht auf dem eigenen PC, sondern auf dem Server eines Internetanbieters online gespeichert.

2 Verifizierung, die (lat.): hier der Nachweis der tatsächlichen Identität

3 Cookie, das (engl.): hier eine kleine Datei, die auf dem Rechner gespeichert wird, um Daten über besuchte Webseiten zu speichern.

4 GPS-Signal, das: GPS steht für ein „globales Positionsbestimmungssystem". Der aktuelle Standort wird per Satellit bestimmt.

90 Prozent der befragten Unternehmen nutzen Videoüberwachung, um Ladendiebstähle oder Sachbeschädigungen zu verhindern. Dabei müssen sie auf die Videoüberwachung hinweisen, denn versteckte Kameras verletzten die Persönlichkeitsrechte. Die Polizei erklärt dazu, dass die Videoüberwachung in Bussen und Bahnen zu einer deutlichen Aufklärungssteigerung geführt habe. Aber ob diese Steigerung der Aufklärungsquote zum Beispiel 160 Überwachungskameras auf dem Hauptbahnhof Hannover rechtfertigt, ist zumindest aus Sicht von Datenschützern fraglich. Der Bundesdatenschutzbeauftragte bemerkt generell zu dieser Thematik, dass das erhöhte Sicherheitsinteresse der Bevölkerung nicht zu einer grundrechtswidrigen Totalüberwachung führen darf.

Zudem gibt es immer wieder Skandale über zu massive Überwachung von Privatpersonen oder politischen Aktivisten, die als nicht verhältnismäßig angesehen wird. Seit 2007 gibt es in Deutschland die Anti-Terror-Datei, auf die insgesamt 38 verschiedene Sicherheitsbehörden Zugriff haben. Der Nutzen dieser gemeinsamen Datenbank von Polizisten, Geheimdienstlern, Zollbeamten und Verfassungsschützern soll darin liegen, dass man potentielle terroristische Attentäter schon weit im Vorfeld ausmachen kann. Das Bundesverfassungsgericht stellt dazu fest, dass die Anti-Terror-Datei prinzipiell zur Erhöhung der Sicherheit und zur Gefahrenabwehr mit unserem Grundgesetz vereinbar sei. Jedoch kritisierte man, dass mitunter zu viele Behörden zu viel über unbescholtene Privatpersonen wüssten. Durch die Verbreitung eigener Fotos, Tagebucheinträge als Blog oder eigene Homepages ist jeder heutzutage deutlich weniger anonym als vor zwanzig Jahren. Die Digitalisierung erlaubt es außerdem, diese Informationen für die „Ewigkeit" zu speichern, zum Beispiel durch das Herunterladen oder das Sichern in einer Cloud[1]. Der positive Effekt ist, dass die Erinnerungen durch die digitale Sicherung vor Verlust geschützt werden. Nachteile sind der Missbrauch dieser Informationen und der Verlust der Anonymität.

Viele Nutzer versuchen ihre Persönlichkeitsrechte zu schützen, indem sie ein Pseudonym anstelle ihres Klarnamens verwenden. Dies ist jedoch nicht bei allen Online-Diensten möglich, da zum Beispiel Online-Banking oder Kreditkarten eine Verifizierung[2] verlangen. Zusätzlich kann durch die IP-Adresse (Internetprotokolladresse) des Computers dessen Standort festgestellt werden. Auch sogenannte „Cookies"[3] speichern während des Surfens Informationen wie Serverangaben, um den Rechner wiederzuerkennen. Das hilft beim Einloggen ohne erneute Anmeldung oder bei Vorschlägen von ähnlichen Artikeln eines Shops. Bei Smartphones helfen GPS-Signale[4] bei der Orientierung und speichern den Standort des Benutzers. Anonymität ist also nur möglich, wenn der Nutzer offline bleibt oder spezielle Verschlüsselungsprogramme einsetzt.

Viele Verbraucherschützer klagen darüber, dass Internetnutzer die Gefahren und den Schutz der persönlichen Daten im Internet nicht ernst genug nehmen. Besonders Jugendliche gehen sorglos mit ihrer Datenfreigabe um und sehen Netzwerke hauptsächlich als Unterhaltungs- und Kommunikationsmittel. Dabei sollten Nutzer über öffentliche Netzwerke niemals sensible Daten übermitteln. Denn selbst hochspezialisierte Sicherungen können nur begrenzt schützen, da sogenannte Ausspähprogramme ständig weiterentwickelt werden.

Ein positives Beispiel für Datenschutz ist das „Recht auf Vergessen", das Google auf Antrag dazu zwingt, Verlinkungen auf persönliche Informationen oder Bilder zu löschen, so dass diese nicht mehr in der Suche auftauchen. Wenn also mehr Personen konsequent ihre Rechte einfordern, kann der gläserne Mensch zumindest teilweise wieder undurchsichtiger werden. Gleichwohl sind viele Funktionen der digitalen Welt nützlich und erleichtern das Leben, wie

Onlineshopping, Kommunikation oder den Austausch von kreativen Ideen. Längst ist das smarte[5] Zeitalter ausgerufen, ist von der smarten Welt die Rede, von Smart Cities und Smart Homes, von Smart Software und eben auch von Smart Data, also von der intelligenten Analyse riesiger Datenmengen. In jeder Minute werden 120 Stunden Videomaterial auf Youtube hochgeladen, 200 Millionen E-Mails versandt, über 2,4 Millionen Suchanfragen an Google übermittelt, 6 Millionen Inhalte auf Facebook geteilt und rund 340.000 Tweets verbreitet. Nach Prognosen wird die verfügbare Datenmenge bis 2020 auf 40 Zettabyte wachsen, das ist eine Vier mit 22 Nullen und entspricht der Textmenge von drei Millionen Büchern pro Erdbewohner.

[5] smart (engl.): intelligent, clever

Quelle: Leander Bruckbög: Der gläserne Mensch, in: OÖNachrichten vom 30.01.2016, im Internet unter: http://www.nachrichten.at/nachrichten/web/20jahre-nachrichtenat/Der-glaeserne-Mensch;art178691,2099356

Basisteil

1. Stelle den Artikel und sein zentrales Thema in nicht mehr als drei Sätzen vor.

   3 P.

2. Erkläre den Begriff „gläserner Mensch".

   2 P.

2 P. 3. Belege anhand von drei Beispielen aus Text 1, wie wir durch unser Verhalten zum gläsernen Menschen werden können.

4. Begründe anhand von Text 1, worin durch Weitergabe persönlicher Daten der jeweilige Nutzen für den Bürger, den Staat und verschiedene Unternehmen besteht.

3 P.

	Nutzen	Begründung
Bürger	Benutzer-freundlich-keit	
Staat	Sicherheit	
Unter-nehmen	Umsatz-steigerung	

Grafik

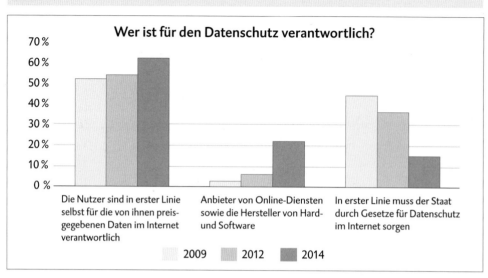

Quelle: Daten nach Bundesverband Informationswirtschaft, Telekommunikation und neue Medien e.V. (Bitkom) und ARIS

5. Fasse die Ergebnisse der Grafik zur Frage der Verantwortlichkeit für den Datenschutz zusammen.

6. Nenne stichwortartig drei Möglichkeiten, wie du selbst mehr Verantwortung für den Schutz deiner Daten übernehmen kannst. Nutze hierbei auch die Informationen aus Text 1.

3 P.

Abschlussprüfung Niedersachsen 2018
Realschulabschluss / Sekundarabschluss I – Deutsch
Wahlteil

Wahlteil A

Ein Internet-Unternehmen bietet der Cafeteria deiner Schule einen kostenlosen WLAN-Internetzugang für seine Gäste an. Für die Nutzung dieses Zugangs müssen alle Schülerinnen und Schüler den Allgemeinen Geschäftsbedingungen zustimmen, die dem Unternehmen die uneingeschränkte Nutzung ihrer Internetdaten erlauben. Als Mitglied der Schülervertretung machst du dir Sorgen um die Folgen der uneingeschränkten Datennutzung. Deshalb recherchierst du zu der Thematik „Der gläserne Mensch" und stößt hierbei auf einen Textauszug aus dem Zukunftsroman „1984" von George Orwell und Informationen zum Buch in einer Infobox.

Auf der Grundlage deiner Recherchen verfasst du einen informierend-appellierenden Text an die Schülervertretung (SV).

Infobox

George Orwells Zukunftsroman 1984 erschien im Juni 1949. Die Handlung des Romans spielt in Ozeanien. In dem diktatorisch geführten Staat unterdrückt eine vom – nie wirklich sichtbaren – „Großen Bruder" (Big Brother) geführte Parteielite („Innere Partei") die restlichen Parteimitglieder („Äußere Partei") und die breite Masse des Volkes, die „Proles". Die allgegenwärtige „Gedankenpolizei" überwacht permanent die gesamte Bevölkerung. Mit nicht abschaltbaren Geräten („Televisoren"), die zugleich alle Wohnungen visuell kontrollieren und abhören, schürt das Staatsfernsehen Hass auf einen unsichtbaren „Staatsfeind". Dieser Hass wird bei den Menschen als Teil der allgegenwärtigen Propaganda täglich neu geschürt und dient dazu, die Bevölkerung durch das gemeinsame, allgegenwärtige und anscheinend übermächtige Feindbild zusammenzuschweißen und von ihrem entbehrungsreichen, von harter Arbeit geprägten Leben abzulenken. Die Bürger werden durch die ständig wiederholte Parole „Der Große Bruder beobachtet dich" („Big Brother is watching you") fortlaufend an ihre Überwachung erinnert.

Die Hauptfigur Winston Smith arbeitet im „Ministerium für Wahrheit" in London und ist damit beschäftigt, alte Zeitungsberichte und somit das vergangene Geschichtsbild fortlaufend an die gerade herrschende Parteilinie anzupassen. Obwohl er zur „Äußeren Partei" gehört, lehnt Smith das totalitäre System ab und führt heimlich Tagebuch über seine verbotenen Gefühle. Julia, ebenfalls Parteimitglied, wird zu seiner Geliebten und Mitwisserin. Am Ende des Romans bricht Smith unter der Folter im „Ministerium für Liebe" psychisch zusammen und verrät Julia, verliert sein gerade erst neu gewonnenes Selbstbewusstsein und glaubt nach einer Gehirnwäsche schließlich, durch seine neu entdeckte Liebe zum Großen Bruder endlich frei zu sein.

Der Roman wird oft dann zitiert bzw. sein Titel oder der Name Orwell genannt, wenn es darum geht, staatliche Überwachungsmaßnahmen kritisch zu kommentieren oder auf Tendenzen zu einem Überwachungsstaat hinzuweisen.

Quelle (bearbeitet): https://de.wikipedia.org/wiki/1984_(Roman), CC-BY-SA-3.0

Text 2 A

1984 (Textausschnitt)
Von George Orwell

[…] Auf jedem Treppenabsatz starrte ihn gegenüber dem Liftschacht das Plakat mit dem riesigen Gesicht an. Es gehörte zu den Bildnissen, die so gemalt sind, dass einen die Augen überallhin verfolgen. „Der Große Bruder sieht dich an!" lautete die Schlagzeile darunter.
Drinnen in der Wohnung verlas eine klangvolle Stimme eine Zahlenstatistik über die Roheisenproduktion. Die Stimme kam aus einer länglichen Metallplatte, die einem stumpfen Spiegel ähnelte und rechter Hand in die Wand eingelassen war. Winston drehte an einem Knopf, und die Stimme wurde daraufhin etwas leiser, wenn auch der Wortlaut noch zu verstehen blieb. Der Apparat, ein sogenannter Televisor oder Hörsehschirm, konnte gedämpft werden, doch gab es keine Möglichkeit, ihn völlig abzustellen. Smith trat ans Fenster, eine abgezehrte, gebrechliche Gestalt, deren Magerkeit durch den blauen Trainingsanzug der Parteiuniform noch betont wurde. Sein Haar war sehr hell, sein Gesicht unnatürlich gerötet, seine Haut rau von der groben Seife, den stumpfen Rasierklingen und der Kälte des gerade überstandenen Winters.
Die Welt draußen sah selbst durch die geschlossenen Fenster kalt aus. Unten auf der Straße wirbelten schwache Windstöße Staub und Papierfetzen in Spiralen hoch, und obwohl die Sonne strahlte und der Himmel leuchtend blau war, schien doch alles farblos, außer den überall angebrachten Plakaten. Das Gesicht mit dem schwarzen Schnurrbart blickte von jeder beherrschenden Ecke herunter. Ein Plakat klebte an der unmittelbar gegenüberliegenden Hausfront „Der Große Bruder sieht dich an!" hieß auch hier die Unterschrift, und die dunklen Augen bohrten sich tief in Winstons Blick. Unten in Straßenhöhe flatterte ein anderes, an einer Ecke eingerissenes Plakat unruhig im Winde und ließ nur das Wort „Engsoz" bald verdeckt, bald unverdeckt erscheinen. In der Ferne glitt ein Helikopter zwischen den Dächern herunter, brummte einen Augenblick wie eine Schmeißfliege und strich dann in einem Bogen wieder ab. Es war die Polizeistreife, die den Leuten in die Fenster schaute. Die Streifen waren jedoch nicht schlimm. Zu fürchten war nur die Gedankenpolizei.
Hinter Winstons Rücken schwatzte die leise Stimme aus dem Televisor noch immer von Roheisen und von der weit über das gesteckte Ziel hinausgehenden Erfüllung des neunten Dreijahresplans. Der Televisor war gleichzeitig Empfangs- und Sendegerät. Jedes von Winston verursachte Geräusch, das über ein ganz leises Flüstern hinausging, wurde von ihm registriert. Außerdem konnte Winston, solange er in dem von der Metallplatte beherrschten Sichtfeld blieb, nicht nur gehört, sondern auch gesehen werden. Es bestand natürlich keine Möglichkeit festzustellen, ob man in einem gegebenen Augenblick gerade überwacht wurde. Wie oft und nach welchem System die Gedankenpolizei sich in einen Privatapparat einschaltete, blieb der Mutmaßung überlassen. Es war sogar möglich, dass jeder einzelne ständig überwacht wurde. Auf alle Fälle aber konnte sie sich, wenn sie es wollte, jederzeit in einen Apparat einschalten. Man musste in der Annahme leben – und man stellte sich tatsächlich instinktiv darauf ein, dass jedes Geräusch, das man machte, überhört und, außer in der Dunkelheit, jede Bewegung beobachtet wurde.
Winston richtete es so ein, dass er dem Televisor den Rücken zuwandte. Das war sicherer, wenn auch, wie er wohl wusste, sogar ein Rücken verräterisch sein kann. Einen Kilometer entfernt ragte das Wahrheitsministerium, seine Arbeitsstätte, wuchtig und weiß über der düsteren Landschaft empor.

Das also, dachte er mit einer Art undeutlichen Abscheus, war London, die Hauptstadt des Luftstützpunkts Nr. 1, der am drittstärksten bevölkerten Provinz Ozeaniens. Er versuchte in seinen Kindheitserinnerungen nachzuforschen, ob London schon immer so ausgesehen hatte. Hatten da immer diese langen Reihen heruntergekommen aussehender Häuser aus dem neunzehnten Jahrhundert gestanden, deren Mauern mit Balken gestützt, deren Fenster mit Pappendeckeln verschalt und deren Dächer mit Wellblech gedeckt waren, während ihre schiefen Gartenmauern kreuz und quer in den Boden sackten? Und diese zerbombten Ruinen, wo der Pflasterstaub in der Luft wirbelte und Unkrautgestrüpp auf den Trümmern wucherte, dazu die Stellen, wo Bombeneinschläge eine größere Lücke gerissen hatten und trostlose Siedlungen von Holzbaracken entstanden waren, die wie Hühnerställe aussahen? Aber es führte zu nichts, er konnte sich nicht erinnern; von seiner Kindheit hatte er nichts nachbehalten als eine Reihe greller Bilder ohne Hintergrund, die ihm zumeist unverständlich waren. [...]

Quelle (bearbeitet): George Orwell: 1984. Übersetzt aus dem Englischen von Kurt Wagenstein. München 2001. (Erste Ausgabe erschienen unter dem Titel „Nineteen Eighty-Four" im Jahr 1949), S. 5–7

Bearbeite die folgenden Aufgaben in einem zusammenhängenden Text. Zähle abschließend die von dir geschriebenen Wörter.

Gehe folgendermaßen vor:

1 P. a) Erkläre in deiner Einleitung kurz die beiden Anlässe für deinen Beitrag.

3 P. b) Stelle den Inhalt des Textauszuges (Text 2 A) in wenigen Sätzen vor. Beziehe Informationen aus der Infobox mit ein.

2 P. c) Beschreibe zunächst, welche Rolle üblicherweise mit der Bezeichnung „großer Bruder" verbunden wird.

Vergleiche diese dann mit der Wirkung des „Großen Bruders" in Text 2 A.

4 P. d) George Orwells Roman 1984 war bei seiner Veröffentlichung eine Zukunftsvision. Aus heutiger Sicht sind viele seiner damaligen Beschreibungen Wirklichkeit geworden.

Beschreibe anhand der Infobox und Text 2 A zwei Methoden und Maßnahmen der „Gedankenpolizei".

Setze dann den Begriff der „Gedankenpolizei" in Beziehung zur Datennutzung durch einzelne Internetunternehmen in der Gegenwart.

Stelle schließlich zwei mögliche Folgen für dich als Internetnutzer dar.

2 P. e) Appelliere in einem abrundenden Schluss an die Schülervertretung, das Angebot des Internetunternehmens abzulehnen.

Beziehe hierbei auch deine Lösungen aus dem Basisteil zum Thema „gläserner Mensch" mit ein.

| Anzahl der geschriebenen Wörter in **WAHLTEIL A** | |

Text 2 A

1984 (Textausschnitt)
Von George Orwell

[...] Auf jedem Treppenabsatz starrte ihn gegenüber dem Liftschacht das Plakat mit dem riesigen Gesicht an. Es gehörte zu den Bildnissen, die so gemalt sind, dass einen die Augen überallhin verfolgen. „Der Große Bruder sieht dich an!" lautete die Schlagzeile darunter.

Drinnen in der Wohnung verlas eine klangvolle Stimme eine Zahlenstatistik über die Roheisenproduktion. Die Stimme kam aus einer länglichen Metallplatte, die einem stumpfen Spiegel ähnelte und rechter Hand in die Wand eingelassen war. Winston drehte an einem Knopf, und die Stimme wurde daraufhin etwas leiser, wenn auch der Wortlaut noch zu verstehen blieb. Der Apparat, ein sogenannter Televisor oder Hörsehschirm, konnte gedämpft werden, doch gab es keine Möglichkeit, ihn völlig abzustellen. Smith trat ans Fenster, eine abgezehrte, gebrechliche Gestalt, deren Magerkeit durch den blauen Trainingsanzug der Parteiuniform noch betont wurde. Sein Haar war sehr hell, sein Gesicht unnatürlich gerötet, seine Haut rau von der groben Seife, den stumpfen Rasierklingen und der Kälte des gerade überstandenen Winters.

Die Welt draußen sah selbst durch die geschlossenen Fenster kalt aus. Unten auf der Straße wirbelten schwache Windstöße Staub und Papierfetzen in Spiralen hoch, und obwohl die Sonne strahlte und der Himmel leuchtend blau war, schien doch alles farblos, außer den überall angebrachten Plakaten. Das Gesicht mit dem schwarzen Schnurrbart blickte von jeder beherrschenden Ecke herunter. Ein Plakat klebte an der unmittelbar gegenüberliegenden Hausfront „Der Große Bruder sieht dich an!" hieß auch hier die Unterschrift, und die dunklen Augen bohrten sich tief in Winstons Blick. Unten in Straßenhöhe flatterte ein anderes, an einer Ecke eingerissenes Plakat unruhig im Winde und ließ nur das Wort „Engsoz" bald verdeckt, bald unverdeckt erscheinen. In der Ferne glitt ein Helikopter zwischen den Dächern herunter, brummte einen Augenblick wie eine Schmeißfliege und strich dann in einem Bogen wieder ab. Es war die Polizeistreife, die den Leuten in die Fenster schaute. Die Streifen waren jedoch nicht schlimm. Zu fürchten war nur die Gedankenpolizei.

Hinter Winstons Rücken schwatzte die leise Stimme aus dem Televisor noch immer von Roheisen und von der weit über das gesteckte Ziel hinausgehenden Erfüllung des neunten Dreijahresplans. Der Televisor war gleichzeitig Empfangs- und Sendegerät. Jedes von Winston verursachte Geräusch, das über ein ganz leises Flüstern hinausging, wurde von ihm registriert. Außerdem konnte Winston, solange er in dem von der Metallplatte beherrschten Sichtfeld blieb, nicht nur gehört, sondern auch gesehen werden. Es bestand natürlich keine Möglichkeit festzustellen, ob man in einem gegebenen Augenblick gerade überwacht wurde. Wie oft und nach welchem System die Gedankenpolizei sich in einen Privatapparat einschaltete, blieb der Mutmaßung überlassen. Es war sogar möglich, dass jeder einzelne ständig überwacht wurde. Auf alle Fälle aber konnte sie sich, wenn sie es wollte, jederzeit in einen Apparat einschalten. Man musste in der Annahme leben – und man stellte sich tatsächlich instinktiv darauf ein, dass jedes Geräusch, das man machte, überhört und, außer in der Dunkelheit, jede Bewegung beobachtet wurde.

Winston richtete es so ein, dass er dem Televisor den Rücken zuwandte. Das war sicherer, wenn auch, wie er wohl wusste, sogar ein Rücken verräterisch sein kann. Einen Kilometer entfernt ragte das Wahrheitsministerium, seine Arbeitsstätte, wuchtig und weiß über der düsteren Landschaft empor.

Das also, dachte er mit einer Art undeutlichen Abscheus, war London, die Hauptstadt des Luftstützpunkts Nr. 1, der am drittstärksten bevölkerten Pro-
100 vinz Ozeaniens. Er versuchte in seinen Kindheitserinnerungen nachzuforschen, ob London schon immer so ausgesehen hatte. Hatten da immer diese langen Reihen heruntergekommen aus-
105 sehender Häuser aus dem neunzehnten Jahrhundert gestanden, deren Mauern mit Balken gestützt, deren Fenster mit Pappendeckeln verschalt und deren Dächer mit Wellblech gedeckt waren,
110 während ihre schiefen Gartenmauern kreuz und quer in den Boden sackten? Und diese zerbombten Ruinen, wo der Pflasterstaub in der Luft wirbelte und Unkrautgestrüpp auf den Trümmern
115 wucherte, dazu die Stellen, wo Bombeneinschläge eine größere Lücke gerissen hatten und trostlose Siedlungen von Holzbaracken entstanden waren, die wie Hühnerställe aussahen? Aber es
120 führte zu nichts, er konnte sich nicht erinnern; von seiner Kindheit hatte er nichts nachbehalten als eine Reihe greller Bilder ohne Hintergrund, die ihm zumeist unverständlich waren. [...]

Quelle (bearbeitet): George Orwell: 1984. Übersetzt aus dem Englischen von Kurt Wagenstein. München 2001. (Erste Ausgabe erschienen unter dem Titel „Nineteen Eighty-Four" im Jahr 1949), S. 5–7

Bearbeite die folgenden Aufgaben in einem zusammenhängenden Text. Zähle abschließend die von dir geschriebenen Wörter.

Gehe folgendermaßen vor:

1 P. a) Erkläre in deiner Einleitung kurz die beiden Anlässe für deinen Beitrag.

3 P. b) Stelle den Inhalt des Textauszuges (Text 2 A) in wenigen Sätzen vor. Beziehe Informationen aus der Infobox mit ein.

2 P. c) Beschreibe zunächst, welche Rolle üblicherweise mit der Bezeichnung „großer Bruder" verbunden wird.

Vergleiche diese dann mit der Wirkung des „Großen Bruders" in Text 2 A.

4 P. d) George Orwells Roman 1984 war bei seiner Veröffentlichung eine Zukunftsvision. Aus heutiger Sicht sind viele seiner damaligen Beschreibungen Wirklichkeit geworden.

Beschreibe anhand der Infobox und Text 2 A zwei Methoden und Maßnahmen der „Gedankenpolizei".

Setze dann den Begriff der „Gedankenpolizei" in Beziehung zur Datennutzung durch einzelne Internetunternehmen in der Gegenwart.

Stelle schließlich zwei mögliche Folgen für dich als Internetnutzer dar.

2 P. e) Appelliere in einem abrundenden Schluss an die Schülervertretung, das Angebot des Internetunternehmens abzulehnen.

Beziehe hierbei auch deine Lösungen aus dem Basisteil zum Thema „gläserner Mensch" mit ein.

| Anzahl der geschriebenen Wörter in **WAHLTEIL A** | |

Wahlteil B

Du bist Redakteurin bzw. Redakteur der Schülerzeitung und bereitest eine Ausgabe zum Thema „Der gläserne Bewerber" vor.

Deshalb erklärst du dich bereit, zur Thematik zu recherchieren und außerdem ein geeignetes Titelbild für die Schülerzeitung zu suchen. Bei deinen Recherchen stößt du auf den Artikel „Vorsicht vor allzu sorglosen Ausflügen in soziale Netzwerke!" und eine Karikatur.

Bereite die nächste Redaktionssitzung vor, indem du einen informierend-appellierenden Text für die Schülerzeitung verfasst und begründest, warum sich die vorliegende Karikatur als Titelbild der Ausgabe „Der gläserne Bewerber" eignet.

Text 2 B

Vorsicht vor allzu sorglosen Ausflügen in soziale Netzwerke!

1 Früher war die Welt noch in Ordnung. Wer einen Job suchte, schickte eine möglichst adrette Bewerbungsmappe an den Personalchef des Wunschunternehmens und vertraute auf die Überzeugungskraft von Zeugnissen und Lebenslauf. Heute ist die Vorgehensweise eine andere. Kaum ein Personalchef begnügt sich noch mit den Informationen, die der Bewerber freiwillig preisgibt – die meisten recherchieren auf eigene Faust, am liebsten im Internet.

Eine Umfrage des Bundes Deutscher Unternehmensberater (BDU) unter deutschen Personalberatern ergab: Jeder vierte Personalvermittler hat schon einmal einen Kandidaten nach einer Internetrecherche von seiner Liste gestrichen. „Bei Bewerbungen wird regelmäßig überprüft, was im Internet über den Menschen steht", bestätigt Klaus Reiners vom BDU. Vor allem die Bildersuche ist hier überaus beliebt: Finden sich etwa per Suchmaschine dutzende Fotos, auf denen der Kandidat unter dem Einfluss berauschender Substanzen im Dekolleté einer spärlich bekleideten Schönen versinkt, erweist sich das naturgemäß als wenig hilfreich für die Karriereplanung. „Auch Einträge über extreme politische Ansichten und exotische erotische Vorlieben sind oft ein Ausschlusskriterium für Arbeitgeber", so Reiners.

Aber: Keine Web-Präsenz zu haben, ist für Bewerber ähnlich schädlich wie allzu privates Bloggen.

Die Deutschen leben öffentlich: Bereits jeder Fünfte (18 Prozent) stellt private Informationen ins Internet, wie eine Umfrage des Branchenverbandes Bitkom belegt. Dabei handelt es sich meist um Steckbriefe, Fotos oder Blogs. In der Generation der 14- bis 29-Jährigen hat bereits jeder Zweite eine virtuelle Identität angelegt – bevorzugt in Profilen sozialer Netzwerke wie Instagram oder Facebook.

Das mag ein argloser Spaß zur Studienzeit sein – Berufseinsteiger oder Angestellte jedoch sollten sich beim Ausfüllen eines Internet-Profils genau überlegen, ob der aktuelle oder potenzielle Arbeitgeber all diese Informationen lesen darf. Passen die leichtfertig ins Internet gestellten Angaben nicht zu den Anforderungen einer ausgeschriebenen Stelle, werden Facebook und andere Freundes-Netzwerke schnell zum Karrierekiller. Andererseits können gute Internetprofile einen Bewerber auch interessanter für den Arbeitgeber machen. So oder so: Jeder vierte Arbeitgeber bezieht Inhalte aus dem Internet in seine Personalentscheidungen ein, wie eine aktuelle Studie des Bundesministeriums für Verbraucherschutz belegt.

Zwei Drittel der Personalverantwortlichen nutzen dabei allgemein zugängliche Informationen, die sie beispielsweise via Google finden. 36 Prozent von ihnen versuchen, in sozialen Netzwerken wie Facebook und Xing Persönliches über ihre Bewerber zu erfahren. Großunternehmen recherchieren übrigens häufiger online als kleinere Firmen: 46 Prozent der Arbeitgeber mit mehr als 1 000 Mitarbeitern und lediglich 21 Prozent der Firmen mit weniger als 100 Mitarbeitern analysieren die Blogs und Tweets ihrer Bewerber.

Vier von fünf Personalchefs gehen bereits auf virtuelle Schnüffeltour, bevor sie die Kandidaten zum Vorstellungstermin einladen. Jedes vierte Unternehmen gab in der Umfrage an, dass sie sich die Einladung zum Vorstellungsgespräch sparen, wenn das entsprechende Online-Profil nicht zu ihren Vorstellungen passt. Sich aus diesen Gründen komplett aus dem Internet zurückzuziehen, ist der Umfrage zufolge dennoch keine gute Lösung: Für immerhin 56 Prozent aller Firmen kann sich ein Bewerber gerade wegen seiner virtuellen Informationen als Traumkandidat für die zu vergebende Stelle herauskristallisieren. Zwölf Prozent der Unternehmen bezeichnen es sogar als negativ, wenn im Internet keine Angaben über den Bewerber zu finden sind.

Aus datenschutzrechtlicher Sicht ist das Vorgehen der Personaler allerdings ausgesprochen kritisch zu bewerten. Denn streng genommen fällt das Ausgoogeln von Bewerbern bereits unter den Begriff des „Erhebens und Verwertens von Daten". Und dies erlaubt das Bundesdatenschutzgesetz nur in recht begrenztem Umfang. In feinstem Juristendeutsch steht dort zu lesen: „Personenbezogene Daten eines Beschäftigten dürfen für Zwecke des Beschäftigungsverhältnisses erhoben, verarbeitet oder genutzt werden, wenn dies für die Entscheidung über die Begründung eines Beschäftigungsverhältnisses oder nach Begründung des Beschäftigungsverhältnisses für dessen Durchführung oder Beendigung erforderlich ist."

Mit anderen Worten: Die Eingabe des Namens in die Suchmaschine und das Abrufen und Lesen der gefundenen Seiten muss für die Entscheidung für oder gegen den Bewerber „erforderlich" sein. Ein dehnbarer Begriff. Denn auch wenn die Fotos eines sturztrunkenen Bewerbers sicherlich zur Erheiterung der Personaler beitragen – wenn sich der Delinquent nicht gerade um eine Stelle in der Suchtprävention bewirbt, hat seine Feierfreude den Arbeitgeber erst einmal nicht zu interessieren.

„Erforderlich im Rahmen einer Bewerbung sind vor allem Fakten, die die Angaben im Lebenslauf untermauern", erläutert Rechtsanwalt Pauly. „Hat ein Personaler zum Beispiel Zweifel, ob der 26 Jahre junge Informatiker trotz seiner Jugend tatsächlich drei volle Jahre Auslandserfahrung gesammelt hat, darf er im Netz nach Hinweisen auf diese Tätigkeit suchen. Private Informationen hingegen werden in den meisten Fällen nicht erforderlich sein, um sich ein Bild über die Person des Bewerbers zu machen."

So weit die Theorie. In der Praxis dürften die legalen Feinheiten die meisten Personalverantwortlichen jedoch nur wenig bekümmern. Dazu sagt Rainer Kienast, Fachanwalt für Arbeitsrecht: „Auch wenn es in der Regel unzulässig ist, Erkundigungen darüber einzuziehen, ob ein Kandidat in seiner Jugend in einer Kommune wohnte, sich hingebungsvoll im heimischen Schützenverein engagiert oder am Wochenende regelmäßig Alkohol konsumiert – jeder Bewerber sollte wissen, dass solche Überprüfungen stattfinden, und entsprechend vorsichtig agieren, wenn er persönliche Daten ins Internet stellt."

Personalchefs halten bevorzugt nach Hobbys und politischen Interessen Ausschau, und sie lesen Twitter-Nachrichten. Angaben zu Hobbys und sozialem Engagement wirken sich dabei nur in einem Prozent der Fälle negativ auf das Bild der Bewerber aus – in 62 Prozent der Fälle empfinden es Arbeitgeber als positiv, wenn ein Kandidat private Interessen verfolgt. Es sei denn, diese

Interessen weichen deutlich von denen ab, die in der Bewerbung angegeben sind: Damit wäre die Bewerbung unglaubwürdig geworden.

Auch Urlaubs- und Partyfotos sollten ehrgeizige Angestellte besser offline stellen: 46 Prozent der Personalchefs können sich darüber nicht amüsieren. Verkneifen sollten sich Bewerber darüber hinaus, sich über ihre Arbeitssituation zu äußern: Für 76 Prozent der Personalchefs ist es inakzeptabel, wenn Bewerber abfällig über ihren Job reden. Unbedenklicher sind der Studie zufolge politische Statements: Danach spiele es für 72 Prozent der Arbeitgeber keine Rolle, ob sich ihre Mitarbeiter politisch engagieren.

Die ehemalige Verbraucherschutz-Ministerin Ilse Aigner (CSU) kommentierte die Studienergebnisse, indem sie vor einem allzu freizügigen Umgang mit persönlichen Informationen im Internet warnte: „Die unbekümmerte Preisgabe persönlicher Daten im Netz kann zum Stolperstein für die berufliche Karriere werden", sagte sie.

Quellen (bearbeitet): http://www.focus.de/finanzen/karriere/bewerbung/studie-firmen-erschnueffeln-bewerberdaten-im-web aid 428350.html; https://www.focus.de/finanzen/karriere/arbeitsrecht/tid-16136/datenschutz-duerfen-personaler-nach-bewerbern-googlen_aid_452564.html

Karikatur

© Frankfurter Rundschau / Thomas Plaßmann.
Erschienen in Frankfurter Rundschau, 66. Jahrgang, 27./28. März 2010

Bearbeite die folgenden Aufgaben in einem zusammenhängenden Text. Zähle abschließend die von dir geschriebenen Wörter.

Gehe folgendermaßen vor:

1 P. a) Erkläre einleitend den Anlass für deinen Beitrag.

2 P. b) Stelle das Thema des Artikels „Vorsicht vor allzu sorglosen Ausflügen in soziale Netzwerke!" in ein bis zwei Sätzen kurz vor.

3 P. c) Informiere die Leserinnen und Leser mithilfe von Text 2 B über die Risiken und Chancen der Selbstdarstellung in sozialen Netzwerken vor dem Hintergrund einer Bewerbung, indem du …
- anhand von drei Beispielen erläuterst, welche Veröffentlichungen sich nachteilig auswirken können,
- anhand von drei Beispielen aufzeigst, warum es für eine Bewerbung dennoch vorteilhaft sein kann, sich im Internet zu präsentieren.

2 P. d) Appelliere in einem abrundenden Schluss, verantwortungsvoll mit persönlichen Daten im Internet umzugehen. Beziehe dich hierbei auf die Problematik des „gläsernen Bewerbers".

4 P. e) Im Folgenden begründest du die Auswahl der Karikatur als Titelbild der nächsten Schülerzeitung mit dem Thema „Der gläserne Bewerber".

Beschreibe zunächst die in der Karikatur dargestellte Situation.

Begründe dann, warum sich diese Karikatur besonders als Titelbild eignet. Berücksichtige hierbei auch die kritische Haltung des Zeichners.

| Anzahl der geschriebenen Wörter in **WAHLTEIL B** | |